Manfred Rommel

Auf der Suche
nach der Zukunft

Zeitzeichen unter dem Motto:
Ohne Nein kein Ja

Mit Beiträgen von
Richard von Weizsäcker,
Eberhard Jäckel und Ulrich Frank-Planitz
sowie einer Bibliographie
der Werke von Manfred Rommel

Hohenheim Verlag
Stuttgart · Leipzig

© 2008 Hohenheim Verlag GmbH, Stuttgart · Leipzig
Alle Rechte vorbehalten
Satz: Satz & mehr, Besigheim
Druck und Bindearbeiten:
CPI Moravia Books GmbH, Korneuburg
Printed in Austria

ISBN 978-3-89850-173-6

Hohenheim

● ● ●

Inhalt

Richard von Weizsäcker

Über Manfred Rommel

Seit meinem zweiten Lebensjahr bin ich ein Schwabe im Exil, aber mein Geburtsrecht und die freundliche Aufnahme in Stuttgart und Umgebung darf ich immer noch genießen. Auch Manfred Rommel hat – wenn ich das richtig weiß – Stuttgart relativ früh verlassen. Beinahe hätten wir uns schon in Potsdam kennengelernt: Da ging er zur Schule und ich war Rekrut. Aber schließlich ist er zurückgekehrt – in eine der erfolgreichsten Regionen Europas. Ich erinnere mich ganz gut an einen Besuch in Barcelona bei dem damaligen Präsidenten Pujol, der mit mir sachlich und nüchtern sprach, bis er von mir hörte, daß ich aus Stuttgart stamme und Manfred Rommel bewundere. Vom selben Zeitpunkt an war er aufgeschlossen und führte mit mir ein lebhaftes, intensives Gespräch.

Stuttgart ist nicht nur lebenswert geblieben und attraktiv, sondern interessanter als je zuvor. Das gilt für seine Bürger ebenso wie für die, die von weither nach Stuttgart kommen. Dazu mußte vielerlei zusammen kommen: sorgfältige Raum- und Verkehrsplanungen, Bekämpfung der Wohnraumnot, eine wachsame Umweltpolitik, größtmögliche Investitionen in Bildung und Forschung, behutsame Sozial- und Integrationspolitik und nicht zuletzt das Bewußtsein dafür, daß Kultur kein schmückendes Beiwerk ist, sondern die Grundlage menschlichen Zusammenlebens. Kultur ist Kernaufgabe der Politik in einem humanen Sinn.

Manfred Rommel hat Stuttgart als Oberbürgermeister lange gedient, seine politische Arbeit und vor allem auch seine menschliche Art haben die Stadt prägend entwickelt und verändert. Er symbolisiert diese Stadt und das Schwabentum. In der demokratischen Welt sind solche Verbindungen zwischen Polis und Politiker eher eine Seltenheit. Wenn einer in Deutschland als gewählter Amtsträger, als Stadtvater zum Vorbild geworden ist, dann ist es Manfred Rommel.

Die Aufgabe eines Bürgermeisters ist einmalig. Er ist dafür verantwortlich, daß jede Bank in irgendeinem Park richtig steht, daß die Parkuhren auch alle verfügbar sind, daß für Sicherheit gesorgt wird. Ich habe in meinem langen Leben in keinem Amt je soviel gelernt wie aus den eigenen Fehlern als Bürgermeister. Aber auch aus den beglückenden Erlebnissen, die sich damit verbinden. Bei einem Bürgermeister geht es ja immer um die Frage, ob er das, was er sagt, auch tut. Und das läßt sich halt in der Kommunalpolitik wirklich überprüfen.

Rommel hat es verstanden, unvoreingenommen zuzuhören und sich seine Meinungen sorgfältig zu bilden, dann aber Bürger und Parteien zu überzeugen. Er hat den Konsens gesucht, aber den Konflikt, wo es ihm unumgänglich schien, nicht gescheut, sei es mit politischen Gegnern, auch mit der eigenen Partei, mit der öffentlichen Meinung oder vielleicht auch mal mit dem ganzen Stadtrat. Eine Rommelsche Maxime lautet: Wenn immer der Klügere nachgibt, kann nichts Gescheites dabei herauskommen.

Die eigentlich kommunalpolitischen Projekte der Ära Rommel vom Bau der Stadtbahn bis zum Ansatz für das Großvorhaben Stuttgart 21, um nur etwas aus dem Verkehrsbereich zu nennen, können die Menschen in der Region viel besser ermessen und beurteilen als ich. Aber es gibt auch andere Themen, die mich besonders deutlich an Manfred Rommel erinnern. Zum Beispiel verbindet uns beide unsere Beziehung zu dem Schauspieldirektor Claus Peymann, der ja der Sympathie für Terroristen verdächtigt wurde. Rommel hielt trotzdem an ihm fest. Mir hat Peymann vorgeworfen, daß ich ihn nicht frühzeitig abgeworben habe, um ihm die Leitung des Berliner Schillertheaters anzuvertrauen. Rommel war hier erfolgreicher als ich. Seine Begründung: Kunst könne eben nur in einem Klima größtmöglicher Freiheit gedeihen. Bekannt ist seine Reaktion auf die Bitte, die Beerdigung von Terroristen in Stuttgart zu genehmigen. Rommel sagte, mit dem Tod höre jede Art von Feindschaft auf. Wenn uns diese Aussagen heute als selbstverständlich erscheinen, dann sollten wir nicht vergessen, wie es damals zuging: In einer aufgewühlten Zeit verlangten sie wahrhaft Standfestigkeit.

Der Ästhetik-Professor und Romancier Friedrich Theodor Vischer, von dem die These von der „Tücke des Objekt" stammt, hat über die Stuttgarter gesagt, sie seien eingeengt, denn sie könnten nicht oben hinausgucken. Dagegen war der bedeutende Theologe Helmut Thielicke, ein gebürtiger Rheinländer, damals in Tübingen tätig, der Meinung, für einen eingeengten Horizont seien die Schwaben zu klug. Auch Vischer meinte, die Schwaben seien schon gescheit wie nur irgend jemand, aber wie die Schildbürger nur heimlich gescheit.

Verstockten Eigensinn betreiben sie vor allem gegen die Schwatzvirtuosität und Besserwisserei etwa der Berliner. Der wackere Schwabe wehrt sich gegen wahres, vor allem jedoch gegen falsches Pathos. Aber was, um mit Manfred Rommel selbst zu sprechen, hat denn die Welt mehr verändert als die Hegelsche Philosophie oder die Motorfahrzeuge von Daimler oder die Zündkerzen von Bosch? Die Schwaben sind im allgemeinen relativ zurückhaltend und deshalb zu bescheiden, solche Leistungen als eigene herauszustreichen. Als Hegel in Berlin gestorben ist, erschien dort ein bedeutender Nachruf. Er wurde in einer Stuttgarter Zeitung einfach nachgedruckt – nur noch mit dem Zusatz: „Gebürtig aus Stuttgart".

Manfred Rommel hat als Oberbürgermeister vielfältige internationale Kontakte über die Trennlinie zwischen Ost und West hinweg aufgenommen und gepflegt, Städtepartnerschaften aufgebaut und besonders die Verbindung zum für uns so wichtigen Nachbarland Frankreich intensiviert. Die Aufgabe des Koordinators für die deutsch-französischen Beziehungen war ihm geradezu auf den Leib geschneidert. Auch als mehrmaliger Präsident des Deutschen Städtetages hat er Großes geleistet, zum Beispiel bei den Asylanten- und Aussiedlerfragen oder beim Streit um die Möglichkeit einer doppelten Staatsbürgerschaft. Noch stärker wirksam war und ist Manfred Rommel als Redner und Autor. Sein literarisches Schaffen reicht vom Aphorismus bis zum Theaterstück, vom Essay bis zu seinen Memoiren. Er führt einer breiten Öffentlichkeit die besonderen Werte und Eigenheiten des Schwabentums in ihrer ganzen Spannweite vor Augen. Er tut das mit einer so unnachahmlichen Verbindung von Heimatliebe, Humor und Selbstironie, daß seine schwäbischen Leser über sich selbst schmunzeln können und Nichtschwaben vor diesem Volksstamm um so mehr Respekt gewinnen – selbstbewußt, nie laut, sondern eher bescheiden. Man vergleiche es mit dem Lärm, den so manche halbwegs vergleichbare größere Stadt in Deutschland um sich selber herum veranstaltet.

Bei aller Volkstümlichkeit seines Tons und Stils wird manchmal überhört oder übersehen, wie Manfred Rommel ganz beiläufig nicht nur solche Lokalgrößen wie Schiller und Hegel zitiert, sondern auch Bert Brecht und Ernst Bloch, George Bernard Shaw und Mark Twain, Carl von Clausewitz und Otto von Bismarck, Immanuel Kant und Friedrich Nietzsche, Elias Canetti und Egon Friedell.

In Stuttgart hat Robert Bosch aus einer Hinterhofwerkstatt ein Weltunternehmen gemacht – immer mit dem einfachen Wahlspruch: das Beste vom Besten. Seine Maxime paßt gut zu dieser Region, auch wenn sie eigentlich nie eine Hinterhofwerkstatt gewesen ist. Die Maxime verkörpert keiner besser als Manfred Rommel, der, wie „Die Zeit" einmal geschrieben hat, das Talent habe, „die Wahrheit manchmal mit einem einzigen Satz zu treffen".

Eberhard Jäckel

Ein erstaunlicher Sinn für Geschichte

„Geschichte ist nicht einfach das, was einmal war: Geschichte ist durchdachte Vergangenheit." So könnte ein Historiker zu seinen Studenten im Proseminar sprechen und sie dabei auf die ganz ähnliche klassische Definition von Johann Gustav Droysen verweisen: „Geschichte ist nicht die Summe der Geschehnisse, nicht aller Verlauf aller Dinge, sondern ein Wissen von dem Geschehenen und das so gewußte Geschehene." Der treffliche Satz offenbart einen wahrhaft erstaunlichen Sinn für Geschichte. Er könnte in einem Lehrbuch stehen, aber er stammt nicht von einem Professor, sondern von einem Politiker. Er steht in einer Rede von Manfred Rommel, die unter dem Titel „Vom Nutzen der Geschichte" in dem Band „Die Grenzen des Möglichen" im Jahre 1995 veröffentlicht wurde. Rommel war damals noch Oberbürgermeister der baden-württembergischen Landeshauptstadt Stuttgart.

Vielleicht hat ihm sein Leben die Augen dafür geöffnet. Wenige haben so früh und so hautnah wie er Geschichte erlebt. Er mußte als 15jähriger mit ansehen, wie sein Vater, der Generalfeldmarschall Erwin Rommel, auf Befehl Hitlers in den Tod ging. Er war sein letzter Gesprächspartner und wußte damals von den Verbrechen des Regimes mehr als die meisten. Bei dem scheinheiligen Staatsbegräbnis in Ulm stand er in der Uniform eines Luftwaffenhelfers neben seiner Mutter Lucia. Natürlich haben ihn diese frühen Eindrücke nie mehr losgelassen. Er hat sie auf seine Weise vertieft.

In seinen vielen Reden sprach Manfred Rommel oft von Geschichte und davon, daß die Verpflichtung, sie zu durchdenken, desto größer sei, „je dramatischer und unheilvoller eine Vergangenheit war". Er ist berühmt dafür, daß er die deutsche Politik mit seinem Witz und seinen lockeren Sprüchen und Gedichten menschlicher gemacht hat. Man darf darüber aber nicht vergessen, daß für ihn das Vermächtnis der Geschichte, die Bewahrung der Demokratie und der Freiheit, eine zentrale Überzeugung ist.

AUF DER SUCHE NACH DER ZUKUNFT

Mit Gespenstern läßt sich keine Politik machen

Der Mensch braucht nicht nur warme Füße, sondern auch einen kühlen Kopf.

Die Politik sollte sich nicht vorwiegend mit der Reparatur von Fehlern befassen müssen, die bei mehr Sorgfalt und Umsicht nicht gemacht worden wären, sondern sich bemühen, von vornherein Fehler zu vermeiden, indem sie Ziele und Wege sucht, den künftigen Möglichkeiten, Notwendigkeiten und Risiken gerecht werden. Wer so etwas liest, denkt, das ist doch selbstverständlich! Leider täuscht er sich. Der Schwerpunkt des politischen Interesses liegt zu sehr in der Gegenwart und zu wenig in der Zukunft. Der Hinweis, daß das schon immer so war, ist nicht beruhigend. Denn Umfang und Wucht der kommenden Veränderungen sind viel größer als früher. Aber sie können nebst ihren Wechselwirkungen verhältnismäßig früh erkannt und teilweise auch gesteuert werden, dies allerdings nur mit besserer Voraussicht und mehr Wirklichkeitssinn.

Die Suche nach einer guten Zukunft ist kein blindes Stochern im dichten Nebel, sondern die Suche nach nützlichen und erreichbaren Zielen, die auf Kompromissen beruhen. Im Leben gibt es wenig Absolutes. Die Herstellung von Wunschzetteln reicht nicht. Absoluter Umweltschutz ist unmenschlich, absolute Wirtschaftsinteressen zerstören die ökologischen und sozialen Erfordernisse, wie wir spätestens seit der weltweiten Finanzkrise wissen oder doch wissen sollten. Entscheidend ist der Wille, Tatsachen zu erkennen, und der Mut, aus dieser Kenntnis heraus rechtzeitig Entscheidungen zu treffen. Mit Gespenstern läßt sich – trotz Karl Marx („Ein Gespenst geht um in Europa") – keine brauchbare Politik machen. In der Regel offenbart sich die Zukunft um so deutlicher, je näher die Gegenwart herankommt. Mit der Nähe zur Gegenwart verringern sich aber auch meistens die politischen Möglichkeiten, unerwünschte Entwicklungen vermeiden oder wenigstens mildern zu können.

Viele Vorhaben brauchen vom Beginn der Planung bis zur Inbetriebnahme Jahre und Jahrzehnte. Es zeigt sich manchmal während des Planungsprozesses, daß die Vorteile nicht eintreten werden, die man sich bei Planungsbeginn vorgestellt hat, so daß zu entscheiden ist, ob sich die Verwirklichung der Planung überhaupt noch lohnt. So hat die Vision der autogerechten Stadt beim Zusammenprall mit der Wirklichkeit einige Blessuren davongetragen, und dem menschlichen Ordnungstrieb entsprungene städtebauliche Vorstellungen haben nach der Kritik von Jane Jacobs gar nicht mehr so hundertprozentig richtig ausgesehen, wie die Jünger der Charta von Athen es verkündeten und selbst glaubten.

Inzwischen nagt der Zweifel auch an einigen Thesen von Jane Jacobs. Dieser Wechsel von Kritik und zögerlicher Zustimmung ist kein Krankheitssymptom, sondern ein Indiz für geistige Gesundheit, denn es ist heilsam, wenn der Mensch merkt, daß er sich irren, den Irrtum korrigieren und zu besseren Lösungen kommen kann. Krankhaft werden Kritik und Zustimmung erst dann, wenn sie einrosten und nur Resignation und Erstarrung bleiben. Wir brauchen eine Politik, die, um Realismus bemüht, den Kurs bestimmt und festlegt, den Kurs hält, ihn wenn nötig korrigiert, ihn neu festlegt und selbst beachtet.

Von großer Bedeutung für die Menschheit ist die Zukunft des Kraftfahrzeugs im Zusammenhang mit der Treibstofffrage, die wiederum zusammenhängt mit der Frage nach der Ergiebigkeit der Ölvorkommen, der Frage nach Ersatztreibstoffen und der Milderung des Treibhauseffekts, an dem das Kraftfahrzeug erheblich beteiligt ist. Durch ein paar Schaltungen läßt sich die

Energiegewinnung durch Kohle, Gas und Öl nicht auf regenerative Energien umstellen. Der Mensch braucht nicht nur warme Füße, sondern auch einen kühlen Kopf, wenn er vor Fragen steht wie: Inwieweit lassen sich zu welchen Kosten fossile Energien durch erneuerbare Energien ersetzen? Inwieweit läßt sich der Energieverbrauch durch die Raumheizung mit besserer Isolierung, Nutzung der Sonnenenergie und usw. zurückdrängen? Inwieweit könnte die Verknappung von Erdöl und Erdgas durch aus Kohle hergestellten Treibstoff kompensiert werden? Läßt sich ein solcher Treibstoff angesichts der in China und Indien und Rußland bevorstehenden Steigerung der Motorisierung im Blick auf den Treibhauseffekt überhaupt verantworten? Oder muß weltweit der Individualverkehr eingeschränkt und der öffentliche Nahverkehr ausgebaut werden? Welche Folgen hätte das für die Raumstruktur? Von den Verkehrsverhältnissen hängen in den Regionen Beschäftigungsgrad und Wirtschaftskraft ab. Das ist eine Lindenblattstelle.

Durchaus wirklichkeitsnah geht gegenwärtig die Raumplanung davon aus, daß es in jedem Haushalt ein oder mehrere Autobesitzer gibt. Wer kein Auto hat und auf dem Weg zur Arbeit, bei häuslichen Besorgungen, Arztbesuchen usw. auf das Fahrrad oder die eigenen Füße angewiesen ist, muß sich gewaltig anstrengen.

Etwas besser sieht es in den Städten aus, weil dort die Wege zu den Geschäften und Dienstleistern in der Regel kürzer sind. Würde aber eines Tages der Treibstoff für PKW so knapp und teuer, daß sich die meisten kein Auto mehr leisten können, müßten sich Raumordnung und Landesplanung auf die neue Lage einstellen. Wahrscheinlich würde in einer solchen Lage, angelehnt an Großstädte und günstig gelegene Mittelstädte, ein starker Trend zur Verdichtung einsetzen bei gleichzeitiger Minderung von Standortgunst und Lebensqualität in dünn besiedelten ländlichen Gebiet In den dicht besiedelten Räumen vollzöge sich die städtebauliche Entwicklung weniger in die Breite als in die Höhe und Tiefe. Obwohl es dort an Fahrgästen nicht mangelte, wäre der Ausbau des Nahverkehrs zum Zweck einer weitgehenden Übernahme des Autoverkehrs eine sehr schwierige Aufgabe. Dünn besiedelte Räume dagegen mit einem gleichwertigen öffentlichen Regionalverkehr auszustatten, wäre zu teuer. Es fehlte an Fahrgästen.

Ein anderes ist so gut wie sicher, wir können uns darauf verlassen, nämlich, daß das Geld knapp sein wird, trotz momentaner Mehreinnahmen. Wir können nun entweder den ironischen Klageruf des polnischen Literaten Marian Zalucki ausstoßen: „Die Phönizier haben das Geld erfunden. Alle Achtung! Aber warum so wenig?" Oder wir müssen versuchen, das Beste mit begrenzten Mitteln zu leisten.

Der Ausblick

„Mensch, du sollst,
mag es dir glücken,
rückwärts schauend
vorwärts blicken!"

Mein Gedicht reimt sich einigermaßen, so daß, wer es liest oder hört, nicht gleich merkt, daß es Unmögliches verlangt, denn man kann nicht lange gleichzeitig nach vorne und nach hinten schauen. Dem Autofahrer gelingt das kurze Zeit mit Hilfe seines Seiten- oder Rückspiegels. Für die Politiker reicht das nicht aus. Die müssen sich schon entscheiden, welches ihre Hauptblickrichtung sein soll – die Zukunft oder die Vergangenheit. In den Sprüchen des Konfuzius, überarbeitet und ergänzt von unserem Schiller, wird das Thema mit Tiefsinn angegangen:

Dreifach ist der Schritt der Zeit:
Zögernd kommt die Zukunft hergezogen,
pfeilschnell ist das Jetzt entflogen,
ewig still steht die Vergangenheit.

Heute scheint es, daß die Zukunft nicht mehr so zögerlich ist, wie es Schiller empfunden hat, sondern schnell und entschlossen voranschreitet – jedenfalls hat man im Rückblick diesen Eindruck. Es gibt in unserer Sprache einen Rückblick, einen Ausblick, einen Überblick und einen Einblick. Alle Blickrichtungen weisen hin auf die Erfahrung, daß die Gegenwart unermüdlich künftige Möglichkeiten und Risiken in vergangene und nicht mehr zu ändernde Gewißheit verwandelt. Sonst tut die Gegenwart eigentlich nichts. Aber ihr widmen wir den größten Teil unserer Aufmerksamkeit. Das ist zwar verständlich, weil künftiger Schmerz nicht so wehtut wie gegenwärtiger, und künftige

Lust nicht so froh macht wie gegenwärtige. Aber etwas mehr könnten wir mit unserem gar nicht so schlechten Verstand schon über die Zukunft nachdenken. Denn die Zukunft läßt sich noch ändern, und zwar um so mehr, je weiter sie von der Gegenwart entfernt ist. Es gibt Zeiten, in denen sich wenig, und solche, in denen sich viel verändert. In unserer Zeit verändert sich viel. Um so wichtiger ist es, daß wir uns um einigermaßen realistische Kenntnisse von der Zukunft bemühen und aus diesen Kenntnissen Ziele herleiten, an denen wir uns ausrichten. Das gilt für unseren privaten Lebenskreis, vor allem aber für die Politik. Gewiß kann ein solches Zielsystem nicht hundertprozentig richtig sein, aber es ist ganz falsch, wenn keins da ist und an seine Stelle die Trauer über das in der Vergangenheit Versäumte tritt. Es ist meistens möglich, Fehler zu korrigieren, wenn rasch gehandelt wird. Das erfordert, sie rasch zu erkennen und zuzugeben. Soll das geschehen, darf Sturheit nicht mit Charakterfestigkeit verwechselt und Unbelehrbarkeit nicht als Kardinaltugend gepriesen werden.

Bei der Kompliziertheit heutiger Verhältnisse und dem Tempo, in dem sie sich verändern, ist Fehlerfreiheit die Ausnahme. Um so mehr lohnt es sich, nach Fehlern zu fahnden und darauf zu verzichten, das, was beschlossen ist, heilig zu sprechen. In der Industrie ist die Suche nach eigenen Fehlern selbstverständlich, in der Politik leider noch nicht. Dort werden aus Meinungen zu rasch Überzeugungen, die keine Kritik an sich dulden. Überzeugungen, meint Nietzsche, seien größere Feinde der Wahrheit als Lügen. Das klingt so verführerisch einleuchtend, läßt aber die moralische Dimension unberücksichtigt, in der Glaubensinhalt, Wahrheit und Überzeugung zusammenfallen. Aber in Fragen der Energie, der Wirtschaft, der Technik, der Medizin, des Verkehrswesens, der Sozialpolitik? Bei einem so komplexen Unternehmen wie der Neukonstruktion des sozialen Netzes für Arbeitslose und Sozialhilfeempfänger ist Korrekturbedarf nicht zu vermeiden, wie sich bei praktischen Anwendungen zeigt.

Und es sollte auch selbstverständlich sein, daß solche Hinweise nicht in den Aktenschränken verschwinden. In der Politik wird mehr denn je beruflicher Sachverstand benötigt. Vorschläge, den Einfluß von Berufsbeamten zu gunsten politischer Gremien weiter zurückzudrängen, wie das ein Minister in Schleswig-Holstein empfohlen hat, wäre der falsche Weg. Bei dem Schwierigkeitsgrad heutiger politischer Verhältnisse würde sich eher eine rechtzeitige Einschaltung einer gut ausgebildeten Ministerialbeamtenschaft empfehlen. Eine Arbeitsteilung zwischen Politik und Beamten dergestalt, daß die Politik keine lästigen Ratschläge entgegennimmt, allein die Entscheidungen trifft und die Beamten auf den Vollzug der Entscheidungen beschränkt sind, wäre absurd.

Daß nicht jeder, der auf einem Amtssessel Platz genommen oder einen Beratungsauftrag erhalten hat, erleuchtet wird, ist eine Erfahrung, die gleichermaßen für Politiker wie für Beamte gilt. Sie gilt auch für manchen externen Sachverständigen, den die Politik als Berater herangezogen hat. Die Lindenblattstelle vieler Sachverständiger und Spezialisten ist, daß sie Teilbereiche, in denen sie sich auskennen, für das Ganze nehmen und die mit diesen zusammenhängenden Bereiche, die ihnen weniger vertraut sind, vernachlässigen. Dies gilt zum Beispiel für einige Vorschläge zur Vereinfachung des Steuerrechts, die außer Betracht lassen, in welchem Umfang heute das Steuerrecht zum Instrument der Gesellschafts- und Wirtschaftspolitik geworden ist, sowie für einige Empfehlungen zur Bekämpfung der Arbeitslosigkeit, die sich die Auseinandersetzung mit der Frage ersparen, inwieweit die Formel „Mehr Wirtschaftswachstum = mehr Arbeitsplätze" überhaupt noch gilt.

In dem Theaterstück von Bernard Shaw „The Man of Destiny" fragt Napoleon einen Italiener, was er mit einem Offizier machen soll. „Alles, was er sagt, ist falsch!" Der Italiener antwortet: „Machen Sie ihn zum General, und alles, was er sagt, wird richtig sein!" Das klappt in unserer heutigen Demokratie zum Glück nicht mehr. Es sollte das Argument gelten und nicht der Machtspruch, vor allem dann, wenn es um die Beurteilung und Gestaltung künftiger Abläufe geht. Denn von der Zukunft wissen wir nur dann etwas, wenn wir unsere Vorstellungen von ihr kritisch hinterfragen und bereit sind, unser Bild von ihr mit unserem Erkenntnisstand fortzuentwickeln.

Sinnieren über die Zukunft

*Es bleibt heute eigentlich nichts
geheim. Interessierte erfahren das
Neueste oft vor dem zuständigen
Minister.*

Wer wie ich als Pensionär täglich Zeitung liest, kommt schon ins
Sinnieren, wobei zu beachten ist, daß „Sinnieren" im Schwäbischen nicht mit „Einschlafen" gleichzusetzen ist, sondern in
etwa „freies Nachdenken" bedeutet. Das Alter legt einen moderaten Pessimismus nahe. Aber warten wir es ab und sinnieren
wir weiter.

„Herkunft braucht Zukunft", heißt es, aber Zukunft braucht
auch Auskunft, nämlich darüber, wo und wie sie für uns günstig
ist. Es reicht nicht, vom Ausgangspunkt bis zum erstrebten Ziel
einen Strich zu ziehen und zu sagen: Dies ist der Weg, auf dem
ich künftig wandern werde. So leicht macht es die Welt dem
Menschen nicht, daß er ohne jede Anstrengung den richtigen
Weg finden und auf ihm bleiben könnte. Der Mensch muß nicht
nur steuern, sondern auch gegensteuern können, wenn andere
Kräfte seinen Kurs verändern oder er selbst vom Kurs abweicht.
Ohne dieses Gegensteuern erreicht kein Schiff und kein Flugzeug sein Ziel und auch die Politik nicht. Die Politik kann sich
deshalb nicht bewegungslos und still verhalten, ohne falsch zu
werden. Sie ist wie alle anderen irdischen Dinge vor schicksalsbedingten Einflüssen nicht gefeit.

In der heutigen Zeit sind viele, die zufrieden sein könnten,
unzufrieden – einige, weil sie sich nur freuen können, wenn sie
sich ärgern. Da bleibt der Eindruck nicht aus, daß vieles falsch
läuft. Aber was und wem nützt es, wenn man sich auch noch

aufregt? So sollten wir gelassen bleiben angesichts des Bemühens, die Informationsflut durch noch mehr Informationen einzudeichen. Wir sollten die Informationsquellen sorgfältiger auswählen, aus denen wir unsere Weisheit schöpfen. Eine Tageszeitung muß auf jeden Fall dabei sein. Wenn ich alles gelesen hätte, was ich hätte lesen sollen, um für meine Tätigkeit gerüstet zu sein, wäre es zu gar keiner Tätigkeit gekommen. Das wäre ein Nachteil für Stadt und Land gewesen. Im Laufe der Zeit bildet sich ein Gespür dafür aus, was falsch und was richtig ist. Man irrt sich, aber selten zum eigenen Nachteil.

Als ich vor fünfzig Jahren in das Innenministerium Baden-Württembergs versetzt wurde, vollzog sich auf der Ministerialebene gerade eine grundlegende Veränderung. Zuvor waren die Ministerien des Landes mit ihren vielen Zuständigkeiten geradezu stolz darauf, wenn über sie nichts oder jedenfalls nur wenig in den Zeitungen zu lesen und im Rundfunk zu hören war. Die Pressearbeit des Innenministeriums hatte sich in den vorausgegangenen Jahren jeweils mit zwölf strohtrockenen Verkehrsberichten begnügt. Nur in einem Jahr kam eine weitere Pressemitteilung hinzu, die mit einem Satz bekannt gab, daß der Minister sechzig Jahre alt geworden war.

Das ergab ein unzulängliches Bild von der Tätigkeit in den Ministerien und pflegte den nicht ganz abwegigen Verdacht, die Ministerialebene wollen Politiker und Bürger von den Sachentscheidungen möglichst fern halten. Zwar hätte das manche Aufgabe erleichtert, hätte aber die Idee eines demokratischen Staates, in dem der Bürger an den öffentlichen Aufgaben mitwirken soll, etwas eingetrübt. Überdies zeigte sich in der Praxis, daß Planungen und Entwürfe fast immer durch eine öffentliche Diskussion verbessert wurden. Die Ministerialebene erkannte das, öffnete sich den Medien und beglückte diese mit einem Schwall von Pressemitteilungen, so daß Karl Valentins Feststellung, daß täglich nur soviel passiere wie in die Zeitung passe, widerlegt wurde.

Wir Beamte, früher daran gewöhnt, die Akten umzudrehen und auf unsere Verschwiegenheitspflicht hinzuweisen, wenn ein Journalist ein Dienstzimmer betrat, stellten uns um, waren fortan den Medienvertretern behilflich, informierten diese möglichst umfassend, sofern sie nicht bereits aus noch besseren Quellen informiert waren. Es bleibt heute eigentlich nichts geheim, der Interessierte erfährt das Neueste oft noch vor dem Minister, und das ist gut so. Bei dieser Sachlage dürfte sich eigentlich keine Verdrossenheit ausbreiten, sollte man meinen. Wer würde, wenn er die Wahl hätte, lieber in einer Epoche der Vergangenheit als jetzt leben? Ich brauche nur an den Fortschritt in der Zahnmedizin zu denken, um auszurufen: „Ich jedenfalls nicht!"

Ohne Nein kein Ja

*Die Freiheit enthält auch die
Freiheit, sich zu irren.*

In den Vereinigten Staaten erschien vor zwanzig Jahren ein Buch
mit dem Titel „The Right to say no!". Dieses Buch entsprang
offenbar einem Bedürfnis, denn es wurde ein Erfolg. Auch in
Deutschland kommt man ohne die Fähigkeit „Nein" zu sagen
nicht über die Runden. Die Bereitschaft, populäre Forderungen
in der Politik abzulehnen, ist zwar in den letzten Jahren gewachsen; aber die Sorge, sich durch eine offene und zutreffende
Schilderung der Lage unpopulär zu machen, ist nach wie vor
groß. Doch jedes „Nein" schafft die Voraussetzungen für ein
„Ja" an anderer Stelle. Dem Bürger nützt es gar nichts, wenn
ihm 100 angekündigt oder sogar versprochen werden, er aber
nur 80 bekommt. Oft wird die Verheißung von Leistungen, die
nicht möglich sind, mit Moral begründet. Was aber soll an
Versprechungen moralisch sein, die nicht gehalten werden können? Moral ist zunächst Aufrichtigkeit. Wer zu viel verspricht,
ist nicht besonders gutmütig, sondern im günstigen Falle einer,
der nicht zu rechnen vermag, und im ungünstigsten Fall einer,
der lügt. Und das sollte der moralische Mensch möglichst überhaupt nicht und der nicht mit Moral belastete Mensch nur tun,
wenn sicher ist, daß es nicht herauskommt.

Eine Ursache der Neigung, zu viel zu versprechen, ist das
schlechte Gewissen, das der zivilisierte Mensch empfindet, weil
es ihm gut geht und anderen schlecht. Dieses schlechte Gewissen
ist zwar eine gute Eigenschaft. Dennoch ist nichts gewonnen,
wenn den Zufriedenen das genommen wird, was den Unzufriedenen fehlt und das Heil in der Umverteilung nach dem Schema

gesucht wird: Ermittle die Einkommen aller Bürger, addiere sie, dividiere die Gesamtsumme durch die Zahl der Bürger und gewinne dadurch das Idealeinkommen je Bürger. Hat ein Bürger ein höheres Einkommen, muß er den Überschuß abgeben, hat er weniger, erhält er einen Zuschuß in der Höhe, daß er den Durchschnitt erreicht. Aber solche Vorschläge muß man sich versagen, denn wer Gleiches ungleich und Ungleiches gleich behandelt, verstößt gegen den Gleichheitsgrundsatz.

Es gibt Bürger, die viel und gut arbeiten und solche, die nichts oder wenig und schlecht arbeiten oder nicht arbeiten können. Die einen bringen Geld, und die anderen kosten Geld. Denen, die etwas bringen, so viel zu nehmen, daß ihnen nur das bleibt, was sie auch hätten, wenn sie nicht arbeiteten, ist ein bizarrer Gedanke, der aber gerade deshalb dazu inspiriert, weitere Beiträge zu der umfangreichen Literatur über die Wirtschaft zu verfassen. Aber, wie es im Schwäbischen heißt: „Wir brauchen nicht Neues, wir hend am Alten genug." Gewiß gibt es eine moralische Pflicht jener, die etwas leisten können, denen zu helfen, die Hilfe brauchen. Aber diese moralische Pflicht verbietet auch wirtschaftliche Unvernunft, die dazu führt, daß die Leistungsbereitschaft und das Volumen der Mittel geschmälert wird, das für Hilfen aufgebracht werden kann. Die biblische Forderung, dem Ochsen, der drischt, nicht das Maul zuzubinden, ist nicht nur ein vernünftiges, sondern auch ein moralisches Anliegen.

Ich glaube, Nietzsche war es, der geschrieben hat, Überzeugungen seien größere Feinde der Wahrheit als Lügen. Wer immer das schrieb, er hat recht. Der Überzeugte sucht nicht nach der Wahrheit, weil er glaubt, er hätte sie, der Lügner weiß, daß er sie nicht hat, tut aber so, als besäße er sie. Ein Lügner läßt sich leichter überführen als ein Überzeugter bekehren. In der Politik kommen Überzeugungen viel öfter vor als Lügen, schon deshalb, weil der Zusammenschluß zu Gruppen, welche in der Sache dieselbe Meinung verbindet, Voraussetzung für die Erlangung politischer Macht ist. Kritik an Überzeugungen wird von den Überzeugten meist als kränkend empfunden. Unsere Demokratie funktionierte noch besser, wenn Politiker sich abgewöhnen könnten, beleidigt zu sein oder so zu tun als wären sie es, um sich anstatt des Sacharguments des moralischen Knüppels zu bedienen. Ich habe mir bei passenden Anlässen eingehämmert: „Du bist nicht beleidigungsfähig!" und bin gut damit gefahren.

Die Zeit der Ehrenhändel mit Degen und Pistole ist vorbei. Mark Twain braucht sich nicht mehr über die Frage den Kopf zu zerbrechen, ob ein dicker Duellant aus Gründen der Gerechtigkeit von einem mageren Gegner verlangen kann, daß sich so viele Mitglieder seiner Familie neben ihm aufstellen, daß wenigstens die Breite des Ziels gleich groß ist. Das Austragen einer Meinungsverschiedenheit mit der Waffe oder der Faust (außerhalb des Boxrings) gilt mit Recht als stillos.

Politik wird für die Zukunft gemacht. Sie für die Vergangenheit zu machen, war jedenfalls noch nie erfolgreich. Politik für die Zukunft findet nicht auf sicherem Boden statt, sondern auf schwankendem Grund, denn sie wird von der Wahrscheinlichkeit und nicht von der Sicherheit regiert. Eine Annahme kann unmöglich, möglich, wahrscheinlich, unwahrscheinlich und wieder unmöglich sein. Politiker sollten sich den Irrtum vorbehalten, um von dem Zwang befreit zu sein, die eigenen Fehler abstreiten und Fehler anderer dramatisieren zu müssen. Es sind nicht immer Schuldige da, wenn etwas falsch läuft. Hauptsache ist, daß der Fehler gefunden und beseitigt wird. Die Freiheit enthält auch die Freiheit, sich zu irren. Das soll dazu dienen, daß das Richtige gefunden wird. Das gelingt am ehesten, wenn jeder sagen kann, was er denkt. Man muß es den Menschen, auch dem Politiker, möglichst leicht machen, Nein zu sagen, wenn etwas falsch ist.

Die besondere Würde der Unverständlichkeit

*Um die Welt zugunsten der
Menschheit zu verändern,
brauchen wir zutreffende
Vorstellungen von der Zukunft.*

Wer einen normalen deutschen Satz von einem Computer ins
Englische übersetzen läßt, dann vom Englischen wieder zurück
ins Deutsche, der erhält ein Wort- und Buchstabengemisch, das
sich wie eine verschlüsselte Botschaft aus einer fernen Galaxis
liest. Nietzsche behauptete, der Deutsche halte alles für tief,
dessen Grund er nicht erkennen könne. Er verwechsle deshalb
trüb mit tief. Wäre das immer noch so, hätten wir es mit einer
gefährlichen Störung unserer Fähigkeit zu tun, die Wirklichkeit
zu erkennen, ein Krankheitssymptom, das nicht durch Verdrän-
gung verschwindet. Daß der Unverständlichkeit Kompetenz
und Autorität beigemessen wird, ist keine neue und auch keine
ausschließlich deutsche Eigenart. Aber im deutschen Kultur-
raum trat sie besonders deutlich hervor. Die Briten sprechen
von „German metaphysics". Meister einer verständlichen und
eleganten deutschen Sprache wie Kurt Tucholsky, Georg Chri-
stoph Lichtenberg, Arthur Schopenhauer und Friedrich Nietzsche versuchten, nicht ganz erfolglos, die hölzerne Sprachtradi-
tion zu überwinden. Aber vom Unverständlichen geht eine besondere Würde aus, auch von dem, der es darstellt und
verbreitet. „Der kann etwas schreiben, sagen und darstellen,
das ich nicht verstehe!" So etwas imponiert. Solange die Theologen, Mediziner, Juristen und Philosophen miteinander Latei-
nisch und Griechisch sprachen und deshalb unverständlich blie-

ben, zweifelte an ihnen niemand. Man verstand sie nicht, aber man glaubte ihnen.

Aber wo auch immer etwas geglaubt wird, stellt sich der Zweifel ein. Die Redewendung „Er tappt im dunkeln" sieht die Dunkelheit kritisch aus der Erfahrung heraus, daß, wer nichts sieht, aber trotzdem herumläuft, riskiert, in etwas hineinzutreten, an dem er keine Freude hat. Das Gute kommt aus dem Licht. Die Franzosen nennen die Periode der Aufklärung „Les Lumières", was in etwa die „helle Zeit" bedeutet. Die vom düsteren Aberglauben befreite menschliche Vernunft werde alle wesentlichen Fragen selbst beantworten können. Inzwischen haben wir aber etwas enttäuscht erfahren, daß auch die Leistungsfähigkeit der menschlichen Vernunft begrenzt ist. Aber die Grenzen sind viel weiter und die Möglichkeiten größer, als man sich das einstmals vorgestellt hatte. Nichts außer uns selbst verwehrt uns, von diesem Freiraum Gebrauch zu machen. Das gilt auch für die Politik. Politik kann nicht nur aus der Vergangenheit heraus in die Zukunft wachsen, sondern sie muß auch aus der Zukunft in die Gegenwart geholt werden. Sie braucht Ziele, die nicht nur darauf achten, daß nichts wegkommt, was noch gebraucht wird, sondern daß rechtzeitig beschafft wird, was fehlt.

Um eine gute Zukunft zu erreichen, benötigen wir, um mit dem vor einiger Zeit gestorbenen Pour-le-Mérite-Träger Professor Gadamer zu sprechen, gewiß Herkunft. Wir brauchen aber auch Auskunft. Das heißt: soviel und so zuverlässiges Wissen so früh wie möglich. Wer sich auf eine Meinung versteift, obwohl es mehrere Möglichkeiten gibt, liegt falsch. In der Regel wird es bei jeder Entscheidung Fragen geben, die sich, rückblickend betrachtet, hätten besser lösen lassen. Den größten Fehler macht unter solchen Voraussetzungen nicht, wer trotz des Restrisikos entscheidet, sondern wer wegen des Restrisikos überhaupt keine Entscheidung trifft, weil er sie nicht verantworten will. Aber wer gegen die Politik ist, ist für die Politik, die mit ihm gemacht wird, schreibt Bertolt Brecht. Ein Mensch, der nicht abwägen und entscheiden kann, sollte der Politik fernbleiben, denn dort genügt es heute gewiß nicht mehr, die Welt nur interpretieren und nichts verändern zu wollen.

Um die Welt zugunsten der Menschheit zu verändern, ohne sie zu ruinieren, brauchen wir einigermaßen zutreffende Vorstellungen von der Zukunft. Diese erhalten wir gewiß nicht durch Rechthaberei. Das Niveau einer Gesellschaft hängt davon ab, inwieweit sie abweichende Meinungen duldet und sich mit flachen Formulierungen nicht abspeisen läßt. „Das Richtige ist zu tun, das Falsche ist zu unterlassen", ist ein richtiger, aber völlig unbrauchbarer Satz, weil er sich über das ausschweigt, worum es geht, nämlich was denn in der konkreten Problemlage richtig oder falsch, wichtig oder weniger wichtig ist. Am wichtigsten sind möglichst fundierte, konkrete, kritikfähige und veränderbare Vorstellungen von der Zukunft. Irgendwann muß das Planen aufhören und das Bauen anfangen. Vorher sollte Klarheit herrschen, was gebaut werden soll. Nicht als Vorbild empfiehlt sich die Diskussion über die Energiewirtschaft und -versorgung in der Bundesrepublik.

Hier stoßen nicht nur Meinungen aufeinander, sondern auch Überzeugungen, vor allem die gefährliche Überzeugung von der Unfehlbarkeit der eigenen Meinung und der Weigerung, über andere Meinungen auch nur nachzudenken. Können wir davon ausgehen, daß Erdgas sicher und langfristig zu tragbaren Preisen bereitsteht? Wie realistisch sind die in den Prognosen dargestellten Zahlen über die künftigen Beiträge der Windenergie und der Auswirkung bei günstigerem und weniger günstigerem Verlauf? Wie sind die sozialen Folgen? Hier kann viel Licht in das Dunkle gebracht werden. Freilich gilt das Wort von Oscar Wilde: „to be understood is to be found out" (verstanden zu werden ist, durchschaut zu werden). Aber das müssen Politiker eben riskieren.

Ein paar Tips eines alten Mannes

Über die Zukunft sollte nur im
Konjunktiv und möglichst nicht
im Indikativ gesprochen werden.

Die parlamentarische Demokratie ist die Staatsform der Kritik. Sie gewährt Meinungsfreiheit, Pressefreiheit, Kunstfreiheit, geht davon aus, daß dort, wo kritisiert werden darf, weniger falsch und deshalb auch mehr richtig gemacht wird, und unterstellt, daß die Bürger diesen Vorzug erkennen. Gegen begründete Übereinstimmung ist nichts einzuwenden. Da aber im praktischen Betrieb der Demokratie der Meinungsstreit die Regel und die von der Nationalhymne gepriesene Einigkeit die Ausnahme ist, sehen es manche kluge Köpfe in Politik, Medien und Gesellschaft als bedenklich an, wenn in politischen Fragen Einigkeit herrscht. Besonders Große Koalitionen, also Bündnisse der Unionsparteien mit der SPD, begegnen solchen Bedenken, als ob die beiden Gruppierungen zur Zwietracht verpflichtet wären. Davon kann keine Rede sein. Es gibt genug Dinge, deren Bestand, Sicherung und Erneuerung im Interesse aller liegt, zum Beispiel die Sicherung des Friedens, eine geordnete Finanzwirtschaft, eine solide Finanzierung der Renten und des sozialen Netzes, eine bessere Beschäftigungsquote.

Das Streben nach Übereinstimmung ist ein vernünftiges politisches Ziel; es läßt sich nicht als eine Erschlaffung des politischen Willens zur Macht abtun. In der Lage, die gegenwärtig besteht und die sich für die Zukunft abzeichnet, ist die Große Koalition in Berlin sinnvoll, notwendig und ohne Alternative. Die Abgeordneten, die diesen Kurs halten, lassen sich nicht als Parteisoldaten abwerten. Der Abgeordnete soll im Dienste des

Volkswohles seinem Gewissen folgen. Aber das Gewissen verlangt auch das Engagement für einen geordneten und effektiven Politikbetrieb, und deshalb auch Loyalität gegenüber der eigenen Gruppierung. Vor allem sollte ein funktionierendes Gewissen keine Gelegenheit versäumen, um darauf hinzuweisen, daß eine kritische Position nicht latente Bereitschaft zu Streit und Hader bedeutet. Wenn die eigenen Vorstellungen keine Mehrheit finden, liefert das keinen moralischen Grund, einen Kompromiß abzulehnen, der zwar mit dem eigenen Programm nicht voll übereinstimmt, aber doch die bestehenden Verhältnisse verbessert. Die Partner der Großen Koalition müssen auf dem Wege, der die deutsche Politik auf den Boden der Wirklichkeit zurückführen soll, vor allem beisammen bleiben. Das erfordert einen fairen Umgang miteinander, der Form und Stil hat. Wenn das gelingt, gewinnen beide. Hier liegt die Chance der Profilierung.

Hierzu ein paar Tips eines alten Mannes: Ein Politiker darf beabsichtigen und fest entschlossen sein, etwas zu tun, zu wollen oder zu planen, aber er sollte nicht etwas versprechen, was außerhalb seiner Macht liegt. Er kann versprechen, sich eine Woche lang nicht zu rasieren, aber nicht, daß andere das auch tun. Tut er das doch, von der Begeisterung hingerissen oder aus Berechnung und kommt ihm kein glücklicher Zufall zu Hilfe, verfolgt ihn der immer wieder aufgewärmte Vorwurf des Wortbruchs möglicherweise jahrelang – es sein denn, er hätte sich von vornherein vorbehalten, seine Meinung aufzugeben, wenn sich die Verhältnisse ändern. Wem nicht geglaubt wird, dem helfen auch Schwur und Ehrenwort nicht, im Gegenteil, sie verstärken den Verdacht.

Politische Parteien werden so bewertet wie Menschen. Auch sie sollten nichts versprechen, was sie nicht überblicken und durchschauen oder was nicht nur von ihnen, sondern auch von anderen abhängt oder was in der Zukunft andere Personen entscheiden werden. Programme hingegen sind keine Versprechungen, sondern Wünsche und Ziele. Über die Zukunft sollte eigentlich nur im Konjunktiv und möglichst nicht im Indikativ gesprochen werden. Aber wir sollen, um mit dem großen Adenauer zu sprechen, nicht pingelig sein. Wer verspricht, daß etwas Bestimmtes geschehen wird, handelt leichtfertig, denn er liefert sich dem Zufall aus. Gewißheit hinsichtlich der Zukunft gibt es nicht. Und das ist gut so, denn so bleibt uns die Hoffnung, daß die Zukunft besser wird, als es die Prognosen voraussagen, aber auch das Risiko, daß sie schlechter wird. Aber diesen ungünstigen Fall ertragen alle Beteiligten leichter, wenn sie ihn schon einmal in Betracht gezogen und durchdacht haben.

Wenn es eine sichere Zukunft nicht gibt, müssen wir uns mit der Wahrscheinlichkeit zufrieden geben. Auch hier ein Beispiel, nicht für „Know-how", sondern für Know-how-not, also dafür, wie man es nicht machen sollte: Einer der vielen Fehler in der Diskussion über Anwendung und Nichtanwendung der Kernkraft ist, daß die Kritiker den physikalischen Beweis forderten, daß nichts passieren kann, die Befürworter aber hierfür nur eine hohe Wahrscheinlichkeit nachweisen konnten. So kam es in Deutschland zu der Entscheidung, auf Kernkraft zu verzichten. Auch dieser Beschluß erzeugt Risiken. Denn es ist nicht auszuschließen, daß seine konsequente Durchführung die umweltkonforme und preisgünstige Energieversorgung gefährdet, zumal das Bild des Öl- und Gasmarktes gar nicht mehr so ermutigend ist wie früher einmal und die Sorgen wegen des Treibhauseffekts sich eher vergrößert als verkleinert haben.

POLITIK AUS MEINER SICHT

Die Kernaufgabe der Großen Koalition

*Die Deutschen können nicht den
Küchendienst übernehmen und
den anderen Nationen die heiklen
Aufgaben überlassen.*

„Eng beieinander wohnen die Gedanken, doch hart im Raume stoßen sich die Sachen" schreibt Friedrich Schiller – und recht hat er. Je mehr Theorie zur Praxis und Allgemeines zu Besonderem wird, desto größer werden die Widerstände. Staatsmänner überwinden sie. An der Spitze unserer Bundesregierung steht eine Bundeskanzlerin, die durchaus staatsmännische Qualitäten hat. Sie weiß, was sie will, sie will, was ihr einleuchtet, und ihr leuchtet ein, was wünschenswert und auch möglich ist. Als Naturwissenschaftlerin weiß sie noch besser als mancher Jurist und Volkswirt, daß in der Welt der Sachen absolute Wahrheit selten ist und daß es um so mehr auf Plausibilität und Gültigkeit langfristiger Ziele ankommt.

Daß die Große Koalition nicht alles das geregelt hat, was in den letzten Jahren umstritten war, braucht niemand zu wundern. Politik zu machen ist schwieriger als es den Anschein hat. Bevor man entscheidet, sollte man schon wissen, was. Wichtig ist, daß die Koalition dem gemeinsamen Erfolg Vorrang einräumt. Wenn die Koalition am Ende der Legislaturperiode ihre Aufgabe erfüllt hat, kann immer noch jeder behaupten, das Ergebnis trage seine Handschrift. Aber bevor sein Fell verteilt wird, muß der Bär erlegt sein. Ich darf auf diese schlichte Volksweisheit hinweisen, ohne neu den Seelenschmerz der Tierfreunde anfachen zu wollen wegen des traurigen Endes des Bären, der nach Bayern einwandern wollte.

Die Große Berliner Koalition muß sich messen lassen an den Leistungen der Großen Bonner Koalition 1966 bis 1969 unter Kanzler Kiesinger und Vizekanzler Brandt. Diese hinterließ eine beachtliche Bilanz: Die Finanzen waren wieder geordnet, die ins Stottern geratene Konjunktur wieder zum Laufen gebracht, die Rechtsgrundlagen für eine antizyklische Finanzpolitik geschaffen, die Mehrwertsteuer eingeführt, die heikle Frage des Notstandsrechts gelöst. Allerdings erhielten in diesen Jahren rechter und linker Extremismus Zulauf, aber beide liefen sich tot. Das wird jetzt auch den neuen Rechtsextremisten widerfahren. Die Erkenntnis, daß Rechtsextremismus die mit Abstand unpatriotischste unter den politischen Meinungen ist, dürfte sich durchsetzen. Das Bekenntnis von Millionen Bürgern bei den Weltmeisterschaften im Fußball zum republikanischen Schwarz-Rot-Gold, zur Freundschaft unter den Völkern und zum Frieden unterstreicht das.

Ein auf Dauer angelegtes Bündnis der beiden großen Volksparteien ist weder beabsichtigt noch wünschenswert. Aber jetzt, das heißt in dieser Legislaturperiode, muß das Bündnis funktionieren. Es spricht manches dafür, zunächst die aktuellen Fragen anzugehen, damit es weitergeht. Aber letztlich kommt es auf die grundsätzlichen, miteinander verzahnten Fragen an, so die Ordnung der Finanzen, die Stabilisierung des Arbeitsmarkts, die Fundierung des Sozialstaates, die Einwanderung, die Sicherheit. Kleine Schritte in die richtige Richtung sind besser als große in die falsche – eine schlichte Wahrheit, an deren praktischer Nutzung es allerdings manchmal fehlt. Aber noch mehr kommt es bei den großen Schritten auf die Richtung an. Es gibt immer mehr Fragen, deren Beantwortung eine größere als die jeweiligen Koalitionsmehrheiten wünschenswert machen. Dies gilt auch für deutsche Beteiligung an Friedensmissionen. Lassen wir hier den Sonderfall Israel und Palästina beiseite. Auf die Dauer wird sich die Weltöffentlichkeit nicht damit zufrieden geben, daß die anderen beteiligten Nationen die heiklen Aufgaben und die Deutschen den Küchendienst übernehmen.

Was aber sollen die Parteien gegeneinander sagen, wenn sie in wesentlichen Punkten übereinstimmen? Als alter Kommunalpolitiker kann ich nur sagen: Das herauszufinden gelingt immer. Werden es die Wähler mehr schätzen, wenn die Parteien einer Großen Koalition die Zusammenarbeit auf ein Minimum beschränken? Oder wird jene Partei vom Wähler belohnt, die am deutlichsten dem allgemeinen Wohl den Vorrang vor dem Parteiinteresse einräumt, so daß ein Wettbewerb um die größere Uneigennützigkeit bevorsteht? Das wäre schön, aber doch recht seltsam, wenn wir unsere menschliche Natur („Gang du weg, lass mi na!") und den hohen Rang in Betracht ziehen, den taktisches und ökonomisches Denken in unserer Gesellschaft hat.

In einer Großen Koalition können die beteiligten Parteien nur gemeinsam gewinnen oder gemeinsam verlieren. Wenn die Koalition beendet wird, müssen die Partner mit dem leben, was sie zustande gebracht haben. Keiner kann sagen, er sei es nicht gewesen. Die Zusammenarbeit in der Großen Koalition wird kritisch beobachtet, von den eigenen Anhängern und, auf Streit hoffend, natürlich von den Medien. Wie viel Geistesgut die Koalitionspartner jeweils zu den gemeinsamen Beschlüssen beigetragen haben, ist dem Bürger ziemlich egal. Einige Koalitionspolitiker werden sich, wenn unverhofft Steuermehreinnahmen fließen, auf diese stürzen wie „die Gans auf den Äpfelbutzen". Man wehre sie ab. Auch wird mancher Abgeordneter sich öffentlich fragen, ob er die Zusammenarbeit mit dem Koalitionspartner mit seinem Gewissen vereinbaren kann. Aber das Gewissen verlangt auch das Engagement für einen geordneten und effektiven Politikbetrieb und deshalb auch Loyalität gegenüber der eigenen Gruppierung.

Die Kernaufgabe der Großen Koalition bleibt die „nachhaltige" Ordnung der Finanzen. Ohne diese werden ständig Ausgaben von anderen Ausgaben bedroht. Wenn eine bestimmte

Höhe der Renten oder der Sozialhilfe oder des Arbeitslosengeldes in Zukunft abgesichert werden soll, muß auch dafür gesorgt werden, daß die Ausgaben in anderen Aufgabengebieten auf dieses Ziel Rücksicht nehmen. Wenn das gelingt, ist alles gewonnen. Setzt sich hingegen der frühere Wettstreit der Illusionen fort, wird uns die Wirklichkeit noch einige kräftige Rippenstöße versetzen, bevor wir zur Vernunft kommen.

Über Angela Merkel

*Die Bundeskanzlerin verzichtet
auf Krafteffekte und hat Nerven
wie Drahtseile.*

Neben der Sorge um das Vaterland treibt unsere Parteien die
Furcht um, daß ihre Verdienste nicht ihnen, sondern anderen
zugute kommen könnten. Diese Furcht ist verständlich, aber
meistens nicht berechtigt. Daß unsere Bundeskanzlerin mehrere
internationale Konferenzen mit Geschick geleitet und wichtige
Entscheidungen durchgesetzt hat, obwohl das zu Beginn keineswegs sicher war, wird anerkannt. Sie genießt weltweites Ansehen. Die Präsidenten und Regierungschefs schätzen sie. Gewiß
haben zu dieser erfreulichen Entwicklung andere beigetragen,
auch der Koalitionspartner, besonders Bundesaußenminister
Steinmeier. Aber Frau Merkel ist eine Persönlichkeit eigener
Prägung. Sie muß, wie es salopp in der Umgangssprache heißt,
„Nerven wie Drahtseile" haben. Mit Geduld verfolgt sie das
Ziel, sei es ein besserer Klimaschutz oder der Grundlagenvertrag für die erweiterte EU. Was sie sagt, verzichtet auf Knall-
effekte und ist in einem wohltuenden Maße vernünftig, so daß
sich manche Politiker männlichen Geschlechts davon eine
Scheibe abschneiden könnten.

Max Weber, einst Professor an den Universitäten Freiburg
und Heidelberg, verlangte in seinen Betrachtungen über den
„Beruf zur Politik" von einem Politiker Verantwortungsgefühl,
Augenmaß, Leidenschaft und die Bereitschaft, dicke Bretter zu
bohren. Auch er wäre von unserer Kanzlerin beeindruckt: ver-
haltene, kontrollierte Leidenschaft für die Sache, aber keine
Spur jener „sterilen Aufgeregtheit", die Max Weber als Sym-

ptom mangelnder Eignung zum Politiker ansieht. Gelassen, höflich und kompetent geht die Kanzlerin in Verhandlungen, Konferenzen und Sitzungen, behält Überblick und Durchblick, sucht nach Lösungen und achtet darauf, daß nicht nur spezielle Interessen gefördert werden, sondern auch das Ganze gewinnt. Durch Addition von Egoismen ist nur höchst selten etwas Vernünftiges herausgekommen. Das gilt auch für Europa und überhaupt für die heutige und kommende Welt im Zustand der Globalisierung. Eine Welt, in der Informationen in Sekundenbruchteilen an den Adressaten gelangen, gleich wo dieser sich befindet, ist grundlegend anders als die vergangene Welt, in der es Monate kostete, um mit dem Segelschiff von Hamburg nach China zu gelangen und in der es Jahrhunderte dauerte, bevor die Europäer erfuhren, daß die Chinesen das Schießpulver erfunden hatten. Wenn die Staaten nicht zusammenhalten, sondern gegeneinander arbeiten, wird ihnen die nicht aufzuhaltende globale Entwicklung keine Chance lassen, sie zu beeinflussen. Eine dem Zufall überlassene Entwicklung orientiert sich nicht an dem Sozialstaatsprinzip, sondern nach dem Darwinschen Gesetz des „Überlebens des Tüchtigeren". Diesem Naturgesetz menschenwürdige Verhältnisse abzuringen, kann nicht vom Zufall erwartet werden, das muß der Mensch schon selbst besorgen. Den göttlichen Auftrag und das nötige Arbeitsmaterial hat er bereits.

Zu den Aufgaben, die menschengerechte Lebensbedingungen schaffen und sichern sollen, gehört der Zusammenschluß der europäischer Staaten. Nach den ablehnenden Entscheidungen in Frankreich und Holland drohte die Fortentwicklung der europäischen Einigung zu erlahmen und in einen Zustand der Erstarrung einzumünden. Die Staaten, die dem alten Vertragstext zugestimmt hatten, hatten Probleme, ihn zu ändern; die Staaten, in denen der Text abgelehnt worden war, konnten denselben Text schlecht noch mal ihrem Volk vorlegen mit der Ermahnung: „Diesmal entscheide bitte richtig!" In der von unserer Kanzlerin geleiteten Sitzung in Brüssel am 23. und 24. Juni 2007 stimmten die Vertreter der Mitgliedstaaten schließlich einstimmig einem Grundlagenvertrag zu, der die Erstarrung löst und wieder Bewegung in der Europapolitik ermöglicht. Der Grundvertrag enthält wesentliche Teile des alten Verfassungsentwurfs und soll 2008 ratifiziert werden. Noch manche Klippe gilt es zu umfahren und manches Unwetter zu überstehen. Ohne Vertrauen der europäischen Staaten zueinander geht es jedenfalls nicht. Es wäre verhängnisvoll, wenn die Möglichkeiten, die der Grundlagenvertrag eröffnen soll, durch zu detaillierte Vorschriften über Gebühr eingeschränkt würden. Ich bin selbst Jurist, kenne meine Pappenheimer und hoffe auch hier auf den Einfluß der Bundeskanzlerin.

Angela Merkel ist Kanzlerin durch Wahl der Großen Koalition. Sie ist auch Bundesvorsitzende der CDU – ein Problem für die SPD, die bei der nächsten Bundestagswahl wieder gegen die Unionsparteien antreten und sich überdies noch der veralteten Argumente der neuen Linken erwehren muß. Die SPD kann sich nicht in die erste Reihe derjenigen stellen, die der Kanzlerin zujubeln. Sie muß sich abgrenzen, ohne die Konsolidierungsaufgaben zu vernachlässigen, die sich die Koalition vorgenommen hat. Das ist kein Zeichen dafür, daß die Koalition nicht mehr arbeitsfähig wäre, denn die Partner haben sich weder den Gleichklang der Seelen versprochen noch angedeutet, daß eine spätere Ehe nicht ausgeschlossen sei. Kritik am jeweiligen Koalitionspartner ist zulässig, sollte aber sportlich gewertet werden und möglichst nicht Anlaß geben, um in Max Webers sterile Aufgeregtheit zu verfallen.

Die Demokratie ist keine
Wunscherfüllungsmaschine

Pragmatismus ist gut, wenn er
nicht zur Vernachlässigung des
Grundsätzlichen führt.

Vor mehr als einem Vierteljahrhundert habe ich ein Buch mit dem Titel „Abschied vom Schlaraffenland" veröffentlicht. Zu meiner Verblüffung kam das Buch auf die Bestsellerlisten verschiedener Zeitschriften und wurde ein beachtlicher Erfolg, aber seine Aufgabe, die Utopie des Schlaraffenlandes zu zerstören, erfüllte das Buch nicht. Diese Utopie hat ein zähes Leben. Sie lebt immer wieder auf, wo unterstellt wird, daß dem Bedarf jeweils die Mittel entsprächen, um ihn zu befriedigen. Dann wäre aber schließlich kein Bedarf mehr da, was angesichts der Fähigkeit des Konsumenten und Produzenten, neue Bedürfnisse zu entwickeln, völlig unrealistisch ist.

Die Gesetze, denen die Natur folgt, wenn sie sich selbst überlassen bleibt, zielen nicht auf Gerechtigkeit und Wunscherfüllung ab, sondern auf das „Überleben des Tüchtigsten", wie Darwin es formuliert hat. Die Veränderung der Natur zu seinen Gunsten muß der Mensch selbst in die Hand nehmen, und es dient der Sache, wenn er weiß, daß seine Möglichkeiten begrenzt sind. Die Erfüllung aller irdischen Wünsche im Sinne des Schlaraffenlands würde den Menschen eher unglücklich machen als glücklich, denn es fehlte am Ansporn, etwas zu leisten.

In Politik und Verwaltung alt geworden, habe ich erlebt, daß gar nicht so selten die Hoffnung stärker motiviert als die Erfüllung eines Wunsches und daß die Begeisterung für ein Projekt oft in dem Maße abnimmt, in dem es sich der Verwirklichung nähert, um nach Fertigstellung ganz zu erlöschen. Sich das vor Augen zu halten kann den nach Anerkennung lechzenden Politiker trösten.

In der Diskussion politischer Fragen kehren immer wieder dieselben Themen wieder, um eine kurze Zeit diskutiert und dann wieder fallen gelassen und später wieder aufgegriffen zu werden. Selten wird etwas zu Ende gedacht, Gedanken, deren Politik und Medien überdrüssig geworden sind, werden im halbfertigen Zustand aus dem aktuellen Bewußtsein entfernt, um dann gelegentlich wieder aufzutauchen. So entsteht kein Fortschritt, der Bestand hat, schon gar nicht einer, der von Generation zu Generation fortwirkt. Bei der Herstellung von Autos, Radios, Pantoffeln werden Fortschritte gemacht, die der Menschheit erhalten bleiben. In den großen Fragen der Politik und Gesellschaft, zum Beispiel den Fragen nach dem rechten Maß oder nach Freiheit, Gleichheit, Brüderlichkeit, muß jede Generation ihre Antworten und Einsichten aus eigener Kraft neu gewinnen, damit nicht zu oft dieselben Fehler gemacht und die Politik mit der Reparatur vermeidbarer Schäden ausgelastet und schließlich überfordert ist.

Pragmatismus ist gut, wenn er nicht zur Vernachlässigung des Grundsätzlichen führt. So ist nichts dagegen einzuwenden, wenn die öffentliche Hand gelegentlich sogenanntes Tafelsilber verkauft, um wichtige Programme oder Projekte zu finanzieren. Aber wenn auch noch die Bettwäsche ins Pfandhaus getragen wird, dann ist etwas falsch. Etwas Vermögen sollte die öffentliche Hand schon behalten, zumal, wenn das Vermögen weg ist, Finanzierungsmöglichkeiten für den Fall entfallen, daß die Zeiten noch schlechter werden als heute. Wobei man über die Frage, ob sie heute so schlecht sind, diskutieren kann. Sie sind jedenfalls nicht schon deshalb schlecht, weil wir uns vieles, was wir gerne hätten, nicht leisten können. Das war schon immer so.

Der Realismus und der Pragmatismus der Großen Koalition imponieren mir. Ich hoffe, das bleibt so. Dazu gehört die Fähigkeit, vernünftige Kompromisse einzugehen. Wenn eine Partei im Wahlkampf 1000 gefordert hat, aber nur 500 durchsetzen kann, und wenn sonst gar nichts geschieht, läßt sich nichts dagegen einwenden, wenn sie den Kompromiß mitträgt. Je mehr sich die Probleme ins Detail auffächern, desto mehr Tiefgang muß die Politik haben, wenn sie verläßlich und stabil sein soll. Es ist deshalb sinnvoll, daß Parteien sich mit ihren Programmen befassen, auch wenn es schon viele Programme unterschiedlicher Qualität und Aktualität gibt: Ihre Chance, gelesen zu werden und Beachtung zu finden, wächst mit Kürze, Klarheit und Beschränkung auf das Wesentliche. Ich muß gestehen, daß ich bei besonders umfangreichen Produkten des Fleißes von Politikern und deren Beratern, vom Bedürfnis, Vertrauen zu schenken, derart überwältigt wurde, daß ich auf die Lektüre verzichtete, ohne einen Schaden gehabt oder ausgelöst zu haben. Ich bin übrigens der Meinung, daß mit Ausführungen, die im flachen Wasser paddeln, niemand gedient ist. Tiefgang muß sein, sollte aber nicht mit Unverständlichkeit verwechselt werden. Was unverständlich ist, gehört gestrichen, ganz im Sinne der Theaterweisheit „Was gestrichen ist, kann nicht durchfallen."

Die wichtigste Erkenntnis der Gegenwart und der jüngsten Vergangenheit ist, daß es zur Demokratie keine Alternative gibt und daß jede andere Staatsform für das eigene, aber auch die übrigen Länder ein Risiko ist. Die Pflege des Vertrauens in die demokratische Staatsform durch das Streben nach vernünftigen Lösungen hat grundsätzliche Bedeutung. Wir alle sagen, daß wir die Demokratie schätzen. Aber wenn das so ist, weshalb gehen wir so rücksichtslos mit ihr um, indem wir versuchen, sie zu einer Wunscherfüllungsmaschine zu machen? Wird überhaupt noch akzeptiert, daß auch der demokratische Staat allenfalls mit begrenzten Mitteln das Wichtigste leisten kann und es nicht erträgt, wenn ihm die Rolle des Sündenbockes für die Nichterfüllung unerfüllbarer Wünsche aufgezwungen wird.

Utopisch ist auch die Überlegung, in einem wohl organisierten Staat müßte sich die Steuerehrlichkeit nahe bei 100 Prozent bewegen, während heute angeblich Jahr für Jahr dreistellige Milliardenbeträge entzogen werden. An einem solchen Staat, der den Bürger voll im Griff hat, hätte niemand eine Freude. Es wäre dann wohl nötig, vom Bürger nicht nur eine Einkommenserklärung zu fordern, sondern auch eine Ausgabenerklärung, um festzustellen, ob er, der Steuerpflichtige, sein Geld sinnvoll verwendet hat und ob er es überhaupt braucht. Die orwellschen Visionen wären harmlos im Vergleich mit den Verhältnissen im perfekten und totalen Staat, der seine Bürger voll im Griff zu haben bestrebt ist.

Vom Pessimismus ohne triftigen Grund

Schwaben glauben nicht, daß Gott allzu fröhliche Menschen schätzt.

Im Leben, in der Wirtschaft und der Politik gibt es Menschen, welche die Lage grundsätzlich besser darstellen als sie diese einschätzen, und Menschen, die entgegen ihrer wirklichen Meinung so tun, als sei alles so schlecht, daß sie ständig ihr von Tränen feuchtes Hemd auswringen müßten. Die Optimisten sind mir allemal lieber als die Pessimisten, vor allem jene, die den Mut zur Zukunft mit etwas Skepsis verbinden, von dieser Skepsis aber nicht gelähmt, sondern herausgefordert und angespornt werden. Dieser Typus hat bei unseren Unternehmern die Mehrheit, und das ist beruhigend. Man zögert, über Erfolge zu jubilieren und über Mißlungenes zu lamentieren.

Bei dem gebremsten Jubel spielt die in der schwäbischen Seele tief eingewurzelte Vorstellung mit, Gott schätze es nicht, wenn der Mensch allzu fröhlich werde. Ein klassischer Typ im baden-württembergischen Wirtschaftsleben ist seit jeher der Weingärtner, der nie ganz zufrieden ist und den ich deshalb gerne als typisch schwäbisch zitiere. Viele von ihnen sahen in jeder Ernte einen Nachteil: In dem einen Jahr gab es zwar viele Trauben, aber wenig Qualität, im nächsten Jahr zwar gute Qualität, aber zu wenig Trauben. Wenn jedoch ausnahmsweise weder gegen die Qualität noch gegen die Menge der Trauben etwas eingewendet werden konnte, hieß es: „Was meint ihr, wie die gute Ernte den Boden schlaucht!"

Unzufriedenheit mit dem Erreichten ist nicht immer ein Fehler, denn aus der Unzufriedenheit entsteht der Drang zum Besseren. Die Unzufriedenheit sollte nur nicht in einem Maße übertrieben werden, daß die eigenen Bedenken und Ängste zur fixen Idee werden. Wir neigen manchmal zu einer solchen zwanghaften Sicht. Als jahrelanger Weltmeister im Export vor den USA, Japan und China hat unser verhältnismäßig kleines Industrieland Deutschland eine Position, die herzzerbrechendes Jammern lächerlich macht. Es ist kein Ruhmesblatt, weder für die Politik noch für die öffentliche Meinung, daß die Bürger eine Zeitlang vor Schreck die Lust am Konsum verloren, die Binnenkonjunktur nicht belebten und ihr Geld für Notzeiten zurücklegten.

Wir stehen in der Welt ganz gut da, oder, nach neuem Sprachgebrauch, wir sind gut aufgestellt, aber nicht so gut, daß wir alles, was wir wollen, auch bekommen könnten. Das Grundgesetz unterstellt nicht, daß Utopien Realität werden könnten. Und es geht auch nicht davon aus, daß die Abgeordneten und Fraktionen grundsätzlich einig sein sollten, so daß Uneinigkeit die nicht erwünschte Ausnahme wäre. Das Grundgesetz beruht auf der realistischen Unterstellung, daß die Menschen in einem freiheitlichen Staat nicht von vorn herein einig sind, aber Einigkeit anstreben, damit sie Mehrheiten bilden und sich durchsetzen können. Uneinigkeit hat ihren Sinn im Austausch der Argumente. Obwohl unsere Nationalhymne die Einigkeit besonders hervorhebt, („Einigkeit und Recht und Freiheit") ist nicht sie das wichtigste Ziel, sondern das Ziel ist die Debatte über Lösungen. Weder der Zusammenschluß aller Abgeordneten zu einer einzigen Fraktion wäre sinnvoll noch eine Parteizersplitterung oder gar nach dem abschreckenden Beispiel des alten polnischen Reichstages die Einstimmigkeit. Hegel schreibt treffend in seiner Philosophie der Geschichte: „Auf dem polnischen Reichstag mußte jeder Einzelne seine Einwilligung geben und um dieser Freiheit willen ist der Staat zu Grunde gegangen." So war es!

Es tut mir fast leid, aber am besten bleibt alles so, wie es ist. Wenn die Parteien und Fraktionen streiten, deutet das nicht auf Fehler in der politischen Praxis hin, sondern darauf, daß unsere

Demokratie lebt. Wem Ruhe die erste Bürgerpflicht ist, wird das vielleicht nicht gefallen, aber so manches, was nützlich ist, gefällt nicht. So wie das Kartellrecht dafür sorgen soll, daß der Wettbewerb nicht ausgeschaltet wird, so empfiehlt es sich auch in den Parlamenten, daß nicht gerade die stärksten Fraktionen eine auf Dauer angelegte Koalition vereinbaren, welche die Opposition bedeutungslos macht. Deshalb denken CDU, CSU und SPD auch nicht an ein dauerhaftes Bündnis, sondern betrachten sich als Konkurrenten.

Es ist nicht zu vermeiden, daß die Koalitionspartner gelegentlich übereinander schimpfen, sich verdächtigen, sich mangelnde Klarheit vorwerfen und unzureichenden Mut, das Notwendige zu tun. Besonders geeignet für die Abgabe der härteren Erklärungen sind die Generalsekretäre der Parteien, während den Parteivorsitzenden Äußerungen von staatsmännischem Gewicht vorbehalten bleiben. Wenn die Parteien schimpfen, heißt das nicht, daß sie nichts denken. Hauptsache ist, die Große Koalition tut, was sie sich vorgenommen hat, so gut es eben geht.

Das Volk und die Macht

Was in Maßen vernünftig ist,
kann, wenn übertrieben, schädlich
werden.

Während der Demonstrationen in der ehemaligen DDR, die der Wiedervereinigung vorausgingen, ertönte der Ruf: „Wir sind das Volk!" So wie das gemeint war, war es richtig: ein totalitärer Staat kann das Volk nicht repräsentieren, schon deshalb nicht, weil dort nicht das zählt, was das Volk vom Staat will, sondern das, was der Staat vom Volk will. Aber auch bei uns meinen gelegentlich Bürgerinitiativen und sonstige Zusammenschlüsse von Bürgern, sie seien das Volk. Das aber sind sie nicht, wohl aber Bürger, die von ihren Rechten Gebrauch machen und deren Mitwirkung in öffentlichen Angelegenheiten erwünscht ist.

In Artikel 20 des Grundgesetzes lesen wir: „Alle Staatsgewalt geht vom Volke aus." Nun kann das ganze Volk sich unmöglich ständig versammeln, alle Gesetze beschließen und alle Verwaltungsakte erlassen. Deshalb heißt es gleich im nächsten Satz, daß die Staatsgewalt vom Volke in Wahlen und Abstimmungen durch besondere Organe der Gesetzgebung, der vollziehenden Gewalt und der Rechtsprechung ausgeübt wird. Als ein deutscher Bürger bin ich mit einem Anteil von etwa einem Sechzigmillionstel ein Teilhaber am wahlberechtigten deutschen Volk. Die geringe Beteiligungsquote des einzelnen Bürgers erfordert, daß er sich mit anderen einigt zum Zwecke einer gemeinsamen Machtausübung.

Produkte solchen Einigungsstrebens sind die politischen Parteien, deren Einfluß im allgemeinen etwas mit der Zahl ihrer Wähler zu tun hat, aber das Muß nicht so sein. Haben zwei große Parteien alleine keine absolute Mehrheit im Parlament, sondern nur im Bündnis mit einer kleinen Partei, bestimmt die kleine Partei, welche unter den großen Parteien zum Zuge kommt. Aber auch die beiden großen Parteien können sich verbünden. Sie müssen sich verbünden, wenn keine von ihnen mit einer oder mehreren kleinen Parteien ein mehrheitsfähiges Bündnis abschließen kann, weil keine kleine Partei oder alle kleinen nicht die dafür nötige Zahl der Parlamentssitze aufbringen können. Ist in einem solchen Fall das Verhältnis zwischen den beiden großen Parteien so schlecht, daß sie glauben, nicht zusammenarbeiten zu können, kommt es entweder zu Neuwahlen, deren Ergebnis die Verhältnisse klären, aber auch weiter verwirren kann.

Auch eine Minderheitsregierung einer oder mehrerer Parteien kommt in Betracht, vor der aber gewarnt werden muß, weil sie den Regierungsparteien ein Maß an Duldsamkeit gegenüber den Oppositionsparteien auferlegt, das weit überschreitet, was deutsche Politiker ertragen können. Mit der Zahl der Parteien im Parlament wachsen die Möglichkeiten, Bündnisse abzuschließen, aber unter Umständen vermindert sich bei zunehmend kleineren Parteien auch die Lust an der Verantwortung für das Ganze, vor allem dort, wo wenig demokratische Tradition vorhanden ist und Politik eher als Management und Public Relations (miß)verstanden wird.

Die Definition der Demokratie als Politik durch das Volk für das Volk wird in unserem Grundgesetz ernst genommen. Daß das Volk wichtig sei, behaupten auch totalitäre Staaten, sie halten es für so wichtig, daß sie ihm die Freiheit der Selbstbestimmung vorenthalten. Nach unserem Grundgesetz gibt das Volk nicht nur seinen Namen her, um einen Verwaltungsstaat mit einer freundlichen Fassade zu schmücken, sondern die Bürger können tatsächlich auf die öffentlichen Angelegenheiten Einfluß nehmen: 1. bei den Wahlen auf Bundes-, Landes- und kommunaler Ebene, 2. bei der Wahrung ihrer eigenen durch die Verfassung geschützten Rechte und 3. bei Volksentscheiden.

Nun erhebt sich die Frage: Wer ist mit „das Volk" gemeint? Lassen wir mal die Bundestagswahlen beiseite, meistens ist nicht das ganze Volk gemeint, sondern eine Teilmenge aus der Bürgerschaft, die ihr Recht, Einfluß zu nehmen, nicht auf eine Wahl oder eine Ernennung gründen, sondern unmittelbar auf die Rechtsposition, welche das Grundgesetz allen einräumt, die sich in unserem Staatsgebiet aufhalten. Es ist nicht gerechtfertigt, die Entscheidung öffentlicher Angelegenheiten unmittelbar durch die Bürger für demokratischer zu erklären als Entscheidungen der Behörden, deren Legitimation in einer Demokratie letztlich immer auf dem Volkswillen beruht. Meinungsverschiedenheiten zwischen Amtsträgern und Bürgern sind kein Hierarchieproblem.

Das Grundgesetz enthält weit mehr Erfahrungswissen und Weisheit, als wir uns bei seinem Inkrafttreten vorstellen konnten. Vor allem regelt es ausgewogen den Konflikt zwischen staatlicher Effizienz und Bürgerrechten. Der Volksentscheid ist die Ausnahme, nicht etwa die Regel. Das heißt nicht, daß eine Mitwirkung von Bürgern an kommunalen und staatlichen Planungen und Ermessensentscheidungen unerwünscht wäre. Im Gegenteil, sie ist nützlich als Gegengewicht zu einem theoretischen Selbstbewußtsein von Amtsträgern und Mitgliedern von Gremien. Aber es muß klar sein, wer die Verantwortung trägt, gegebenenfalls, um zu dieser gezogen zu werden. Die Teilung der Verantwortung ist ebenso wie die Teilung der Arbeit ein unsere Zeit prägendes Phänomen. Was in Maßen vernünftig ist, kann, wenn übertrieben, schädlich werden. Jedenfalls sollte die Teilung der Verantwortung nicht so weit getrieben werden, bis kein Verantwortlicher mehr auffindbar ist.

Die Abhängigkeit des Führungspersonals von den Spezialisten nimmt so zu, wie das menschliche Wissen zunimmt. Entscheidungen, die guten Willen erfordern und mit wenig Sachverstand auskommen, werden seltener. Eine Arbeitsteilung zwischen Politik und Verwaltung dahingehend, daß jene den guten Willen und diese die Sachkunde beiträgt, funktioniert nicht mehr, sofern sie das je getan hat. Das Volk und die Volksvertretungen können zwar entscheiden, was oder wer die Mehrheit bekommt, aber nicht, was eine Wahrheit ist. Ein Restrisiko bleibt immer. Sich dessen bewußt zu bleiben, wird von Jahr zu Jahr wichtiger, für die Erfüllung der Aufgaben und für den Bestand der Demokratie.

Die alten Germanen klopften auf ihre Schilde, heute wird richtig abgestimmt

*Ohne Parteien würde die
Demokratie nicht funktionieren,
jedenfalls nicht auf staatlicher
Ebene.*

„Ich kenne keine Parteien mehr, sondern nur noch Deutsche", sagte Kaiser Wilhelm II., als 1914 der Erste Weltkrieg ausbrach, der einige Völker Europas zuerst in Begeisterung versetzte. Die Begeisterung erlosch angesichts der Leichenberge auf den verwüsteten Schlachtfeldern, und die Parteien formierten sich wieder; aber es ist halt leichter, einen Krieg zu beginnen als ihn zu beenden. Die „Einigkeit", nach der wir Deutsche uns ausweislich der Nationalhymne besonders sehnen, kann teuer erkauft sein. Wer sich für einig hält, denkt weniger nach, und das ist gefährlich. Die Entwicklung verläuft selten von selber in Bahnen, die dem Menschen bekömmlich sind. Die Zukunft wird nicht einfach ein vergrößertes Abbild der Gegenwart sein, sondern anders. Die jahrzehntealte Erkenntnis, daß die Welt und ihre Mittel begrenzt sind, tritt in der Praxis in Erscheinung, so die Verknappung von Rohstoffen, der begrenzte Vorrat und die eingeschränkte Nutzung fossiler Brennstoffe. Es hat auch Folgen, daß die Zeiträume, für die Prognosen verläßlich sind, kürzer werden, mit bereits sichtbaren Auswirkungen auf die Gesellschaft und besonders die Familien.

Die politischen Parteien haben den größten Einfluß auf die Politik. Das ist im Prinzip auch richtig, aber man hört das nicht überall gerne. Es ist auch sinnvoll, daß Parteien miteinander streiten, besonders vor den Wahlen. Der sogenannte Parteienhader, den abzuschaffen Leute fordern, die über Demokratie zu viel oder zu wenig nachgedacht haben, hat den Zweck, Zusammenhänge und Varianten darzustellen. Wenn die Lust zum Denken die Kraft zu entscheiden lähmt und wenn der Wille, etwas zu tun, das kritische Denkvermögen auskuppelt, ist das Ergebnis immer unbefriedigend.

Ohne Parteien funktionierte die Demokratie nicht, jedenfalls nicht auf der staatlichen Ebene. Auf der kommunalen Ebene mögen kleinere Einheiten auch ohne politische Parteien zurechtkommen, aber in den Landkreisen, den größeren Städten und den kommunalen Spitzenverbänden bemühen sich die politischen Parteien, sich auf Positionen zu einigen und diese durchzusetzen. Daß in unseren Verfassungen steht, „Alle Staatsgewalt geht vom Volke aus", beschreibt einen Zustand, der bestehen sollte, der aber, damit er bestehen kann, organisiert werden muß. Bei den alten Germanen, deren Stärke nicht das Rechnen war, wurde als Sieger in einer Abstimmung diejenige Gruppe bestimmt, die am lautesten mit ihren Schwertern auf ihre Schilde klopfte. Heute ist der Entscheidungsweg in den Parteien komplizierter, aber die Ergebnisse sind in der Regel auch brauchbar.

In unserer Demokratie gilt das Mehrheitsprinzip. Das Einstimmigkeitsprinzip überlassen wir den Theoretikern, nicht weil Mehrheit mit Wahrheit gleichzusetzen wäre, sondern weil es nichts Besseres gibt. Aber jeder Minderheit muß das Recht zugebilligt werden, sich um eine Mehrheit zu bemühen, so daß in der Politik ständig alles im Fluß bleibt. Aber die Kultur, die Gesellschaft, die Wirtschaft, die Wissenschaft und Technik, auch die Moral und Ethik befinden sich im Fluß, ohne daß sich behaupten ließe, daß die Fließrichtung immer abwärts und nicht aufwärts sein könnte. Meistens haben Parteien ein oder auch mehrere Parteiprogramme, umfassende politische Äußerungen, die jeweils die Einigung der Partei zum Zeitpunkt der Beschlußfassung wiedergeben. Es ist natürlich nicht so, daß das Parteimitglied das Denken und das Reden dort einstellen müßte, wo auch das Programm schweigt oder etwas anderes sagt.

Das Bekenntnis zu Demokratie, Grundrechten, Rechtsstaat und Menschenwürde ausgenommen, ist das Programm kein Glaubensbekenntnis, kein heiliges Wort, das unverändert und für immer gültig in die Zukunft gelangen sollte. Eine Partei sollte eine enge Bindung an Vernunft und Wirklichkeit haben, ohne die es keine erfolgreiche politische Arbeit gibt. Und das einzelne Parteimitglied muß eine eigene Meinung haben und äußern dürfen, auch wenn diese vom Parteiprogramm abweicht.

Aber abweichende Meinungen müssen in einer Form und in einem Ton vorgebracht werden, die wenigstens erkennen lassen, daß Parteifreunde diskutieren. Und wenn einem Parteifreund gar nichts gefällt, was in seiner Partei geschieht, dann zügle er seine politische Kritiksucht im Interesse seiner Gesundheit und beschimpfe den Fernsehapparat. Der hält jede Beschimpfung aus. „Wer gegen die Politik ist, ist für die Politik, die mit ihm gemacht wird", schreibt Bertolt Brecht. In der Tat, wer selber nicht wählt, braucht sich nicht darüber zu beschweren, daß ihm das Wahlergebnis nicht gefällt. Das geschieht ihm gerade recht, könnte man sagen, wenn man vom Wahlergebnis nicht auch selber betroffen wäre.

Das Prophetenlied und die traurige Jungfrau mit bleiernen Händen

Eher legt ein Mops einen
Wurstvorrat an, als ein Politiker
Geld zurücklegt, hat einmal Franz
Josef Strauß gesagt.

„Seltsam klingt Prophetenlied, doppelt seltsam, wenn's geschieht", schreibt Goethe, und er hat wieder einmal recht: Wer sich auf Prophezeiungen verläßt oder sich mit Illusionen zufriedengibt, braucht keine Planung, wohl aber, wer in das wirkliche Geschehen eingreifen will. Dazu wird eine ständig überprüfte und aktualisierte Planung gebraucht, deren Aussagen möglichst klar sein sollten.

Die Zeiten sind schon längst vorbei, da es als ausreichend empfunden wurde, nach drei Grundsätzen zu handeln: 1. Das haben wir immer so gemacht. 2. Das haben wir nie so gemacht und 3. Da könnte ja jeder kommen. Die Veränderungen in Gesellschaft und Wirtschaft sind so umfassend und verlaufen so schnell, daß Regierungen Mühe haben, Schritt zu halten, zumal unter „Verläßlichkeit" oft die Pflicht (miß)verstanden wird, an einer Meinung auch dann festzuhalten, wenn sich zeigt, daß sie falsch ist. Regieren durch Vorausdenken steht nur dann auf einigermaßen sicherem Grund, wenn sich ideologische Versteifungen wieder auflösen und Fehler korrigiert werden können. Es gibt immer mehr Entwicklungen, die allenfalls durch wahrscheinliche, nicht durch absolut gesicherte Aussagen erfaßt werden können. Das Operieren mit den Begriffen „wahrscheinlich" und „unwahrscheinlich" muß noch geübt werden.

Angesichts solcher Unsicherheiten sollte das erhoffte Ausgabevolumen der öffentlichen Hand nicht bis zum letzten Euro verteilt und wieder eingesammelt werden. Es sollten vielmehr Reserven zur Finanzierung unvorhersehbarer Mehrausgaben und bei Mindereinnahmen gebildet werden. Wir müssen uns besser darauf einstellen, daß es mehrere Möglichkeiten einer künftigen Entwicklung gibt und wir der Herausforderung um so besser gewachsen sind, je sorgfältiger wir uns diese Möglichkeiten offenhalten. Die Festlegung auf nur eine Möglichkeit kann zum Scheitern führen. Winston Churchill schilderte in seinen Erinnerungen, wie die französischen und britischen Alliierten 1940 die Schlacht um Frankreich verloren haben, weil sie alles auf eine Karte setzten, nämlich auf die Erwartung, die Wehrmacht werde sich wieder nach dem bereits vom Ersten Weltkrieg her bekannten Schlieffenplan richten. Auf andere Möglichkeiten waren die Alliierten nicht vorbereitet. Sie hatten auch keine operative Reserve gebildet, sondern alles auf die Front verteilt. Die deutsche Seite legte aber den Schwerpunkt ihrer Offensive nicht auf den Norden, sondern auf die Mitte der Front und durchbrach sie. Die Katastrophe für das britische und französische Heer war perfekt. Am 16. Mai 1940 flog Winston Churchill nach Frankreich und fragte den französischen Oberbefehlshaber, General Gamelin, wo die Manövriermasse (Operative Reserve) sei. Der General antwortete: „Keine vorhanden!"

So dramatisch sind die Verhältnisse heute nicht. Die Gefahr einer militärischen Auseinandersetzung zwischen europäischen Staaten ist trotz des in wenigen Regionen noch vorhandenen Konfliktpotentials so gering, daß dieses Risiko auszuschließen ist. Anders verhält es sich mit wirtschaftlichen, ökologischen, sozialen und kulturellen Entwicklungen im globalen Rahmen. Was dort in Bewegung geraten ist, geraten wird oder geraten kann, ist schwer vorauszusagen. Wir müssen uns deshalb mit mehreren denkbaren politischen Lagebildern befassen. Hilfreich wäre oder, präziser, notwendig ist: 1. Die Pflege unserer

Beziehungen zu unseren Verbündeten und Partnern, aber nicht so, als bewürben wir uns um die Rolle von Everybody's Darling. 2. Die Ausweitung des finanziellen Operationsraums für die Politik. Die Manövriermasse ist auch in der Politik wichtig. Je höher der Anteil der Ausgaben im Haushalt ist, die gesetzlich gebunden sind oder auf die sogar ein Rechtsanspruch besteht, desto mehr ist der politische Spielraum eingeschränkt auf die Notwendigkeit, die Heinrich Heine eine Jungfrau mit traurigem Gesicht und bleiernen Händen nennt. Ist die Beschränkung auf das Notwendige zu schmerzhaft, wird die Versuchung fast unwiderstehlich, den Schmerz durch Kreditaufnahmen zu betäuben. Im Blick auf das Ganze wäre es besser, wenn gleichzeitig entschieden würde, wo das Geld für spontan beschlossene zusätzliche Ausgaben eigentlich herkommen soll.

Aber das ist im föderalen Staat nicht so leicht. Franz Josef Strauß hat am Ende der sechziger Jahre gesagt, eher lege ein Mops einen Wurstvorrat an, als Politiker Geld zurücklegen. Aber er hat, als er 1969 aus seinem Amt als Bundesfinanzminister ausschied, seinen Mopsvergleich widerlegt und den Bundeshaushalt in einem geordneten Zustand hinterlassen.

Vom Reden und Handeln

Jedes soziale System braucht nicht nur Menschen, die etwas zu bekommen haben, sondern auch solche, die etwas geben können.

Ein Politiker sollte ein guter Redner sein. Das heißt nicht, daß er reine Eloquenz von sich geben, jenen von der Qual des Redners zeugenden Laut „äh" nicht ausstoßen, nicht stottern darf. Im Gegenteil, solche scheinbaren Unzulänglichkeiten weisen darauf hin, daß der Redner, während er spricht, etwas denkt und nicht durch reine Lungenkraft Worte am Gehirn vorbei auf die Reise schickt. Dieses Zögerliche und Nachdenkliche, das bei Schwaben und Franken oft vorkommt, hat mich bei Edmund Stoiber immer beeindruckt. Als er als Spitzenkandidat der Unionsparteien auf dem Stuttgarter Marktplatz sprach und einige Andersdenkende ihn mit Eiern bewerfen wollten, habe ich diese unter Inkaufnahme erheblicher Risiken durch Hinweis auf meinen neuen Anzug von ihrem Vorhaben abgebracht. Das hätte ich nicht für jeden getan.

Gute Redner, die reinen Herzens sind, lassen sich gelegentlich von dem, was sie sagen, selbst überraschen, weil sie davon ausgehen, daß das Ziel, das sie verfolgen, ihnen während der Rede einfallen wird. Davor ist zu warnen. Es kann nämlich nur zum Mund herauskommen, was im Hirn drin ist, wobei zunächst einmal außer Betracht bleiben kann, wie es dort hineinkam. Ist gar nichts oder Unsinn im Hirn enthalten, kann der Redner nichts anderes sagen. Ein kluges Papier zu verlesen, bewahrt vor solcher Blamage. Jedenfalls sollten Redner sich immer einen Notausgang offen halten für den Fall, daß der Stoff zu früh zu

Ende geht oder sie sich irgendwo verheddern und dann immer schneller redend und immer leiser werdend einem schläfrigen oder bereits entschlummerten Publikum lästig sind.

Unmotivierter Applaus, Summen und Brummen oder gar der Ruf „Aufhören!" machen dem Redner schwer zu schaffen und beschädigen sein Selbstvertrauen. Wenn er aber dennoch weiterspricht, kann die Stimmung im Saale wieder zu seinen Gunsten umschlagen, falls er endlich zum Schluß kommt, weil der Eindruck entsteht, daß er über die Robustheit verfügt, die heute in der Politik gebraucht wird. Dies ist mir erstmals bewußt geworden, als ein bedeutender Wissenschaftler in den siebziger Jahren vor etwa tausend durstigen, moderat angeheiterten Künstlern ein einstündiges wissenschaftliches Referat hielt, ohne sich um das Brummen und Murren seiner Zuhörer zu kümmern. Der Applaus war beachtlich, wobei sich Respekt vor dem hochrangigen Redner mit Erleichterung über das Ende seiner Ausführungen vermengten.

Ich habe mit der Unverständlichkeit im ganzen gute Erfahrungen gemacht, denn die meisten Menschen sind gutartig. Sie glauben, es liege an ihnen, wenn sie einen Text nicht verstehen. Das eröffnet dem Politiker Fluchtwege. Aber immer mehr Menschen sind mißtrauischer, als das früher üblich war. Immer mehr fragen nach den Inhalten, das heißt, sie wollen verstehen, was ihnen mitgeteilt wird. Trotz unbestreitbarer Vorteile des Dunklen und Undeutlichen, man bemühe sich besser um etwas Verständlichkeit und Verständnis. Man braucht nicht immer ein Ohr am Mund des Volkes zu haben, vor allem dann nicht, wenn das, was in das Ohr hineingeht, ohne weitere Umwege direkt zum anderen wieder herausgeht. Aber gelegentlich auf das Volk hören, das sollte ein Politiker schon. Hört er etwas anderes, als er in seinen Akten liest, stimmen meistens die Akten nicht, was aber allenfalls der merkt, der sie liest oder von einem Mitarbeiter lesen läßt.

Wer sich zum Vorbild nicht eignet, kann immer noch als abschreckendes Beispiel nützlich sein. Das trifft auf alle Extremisten zu. Diese suchen nicht nach Erkenntnis, weil sie meinen, daß sie die Erkenntnisse, die sie brauchen, bereits besitzen. Dem Kalifen Omar warf die christliche Propaganda – wohl zu Unrecht – vor, er hätte auf die Bitte, die brennende Bibliothek von Alexandria löschen zu lassen, erwidert: „Was wichtig ist, steht im Koran, und was nicht im Koran steht, ist nicht wichtig".

Extremisten sind so weit rechts oder links, unten oder oben, daß sie die Mitte als das gemeinsame Fundament nicht wahrnehmen und sich in einer seltsam verbogenen, abstrakten und theoretischen Welt aufhalten.

Jeder glaubt, er wisse genau, was sozial ist und was nicht. Aber der Umgang mit dem Sozialstaatsprinzip ist schwieriger, als wir uns eingestehen. Ein Sozialstaat muß dafür sorgen, daß in jedem Fall die Menschenwürde respektiert und die Grundrechte geachtet werden. Selbst wenn ein Bürger nichts arbeitet, obwohl er arbeiten könnte, kann man ihn und seine Familie nicht verhungern lassen oder der Obdachlosigkeit ausliefern.

Zu den Grundrechten zählt auch das Recht auf Eigentum, das aber einer Sozialpflicht unterliegt. Diese Sozialpflicht kann jedoch nicht so weit ausgedehnt werden, daß vom Eigentum nur das Recht übrig bleibt, die Grundsteuer zahlen zu dürfen. Prinzipiell ist der soziale Staat berechtigt, dem einen etwas wegzunehmen, um es anderen zu geben, die ihren elementaren Bedarf aus eigener Kraft nicht decken können. Es kommt jedoch auf den Umfang an. Die Formel, „jenen, denen es besser geht, darf es etwas schlechter gehen, damit es jenen, denen es schlechter geht, etwas besser geht", ist jedenfalls nicht unbegrenzt anwendbar. Die Meinung des französischen Königs Philipp des Schönen (1268 bis 1314), der erstmals den Klerus besteuerte und sich nach der von ihm betriebenen Auflösung des reichen Templerordens dessen riesiges Vermögen aneignete, alles gemünzte Geld gehöre ihm und er dürfe es denen wegnehmen, die es besitzen, hat sich nicht durchgesetzt. Gott sei Dank, denn jedes soziale System braucht nicht nur Menschen, die etwas zu bekommen haben, sondern auch solche, die etwas geben können.

Politik kennt keine Wunder

Dem Wähler das Unmögliche zu
versprechen, ist zwar populär,
erschwert aber eine Lösung der
Probleme

Im „Filderboten" konnte man 1894 folgende Meldung lesen: „Plieningen. Der 74 Jahre alte Gemeindetaglöhner Heinrich Fehrle erhielt heute die Mitteilung, daß er jährlich 163 Mark und zurück bis 1. Juni 1891 Altersrente erhalte. Er könnte demnach 489 Mark erheben. Gewiß eine erfreuliche Mitteilung." Der Betrag von 163 Mark für ein Jahr ist mittlerweile eine lächerliche Summe, die aber, wenn sie fehlt, recht schmerzhaft sein kann. Heute können wir eine weit bessere Versorgung aufbringen, als sie damals Herr Fehrle erhalten hat.

1894 waren der Lebensstandard bescheidener, die Lebenserwartung kürzer und die Dauer des Renten- und Pensionsbezugs viel geringer als heute. Viele starben, bevor sie Altersrente „erheben" konnten. Damals mußte man früher sterben, wenn man arm war, allerdings hatte auch kein Wohlhabender eine Garantie für ein längeres Leben, worauf ein Berliner Dialog hinweist: Die Witwe zum Arzt: „Jetzt war doch alles umsonst!" Der Arzt erwidert: „Umsonst nicht, aber verjebens!"

Ohne Fortschritt der Medizin und Technik, ohne Wirtschaftswachstum und ohne soziales Engagement wäre der heutige Standard nicht erreicht worden und nicht zu halten. Wirtschaftserfolge im globalen Wettbewerb sind keine Alternativen, sondern Fundamente, von denen das eine das andere stützt. Der schwäbische Prälat Oetinger soll im 18. Jahrhundert den Unterschied zwischen „möglich" und „wünschenswert" hervorgehoben haben, indem er Gott bat, er möge ihm die Kraft geben zu ändern, was er ändern kann, die Geduld zu ertragen, was sich nicht ändern läßt, und die Weisheit, beides voneinander zu unterscheiden. Diesem Gebet können sich Politiker von heute eigentlich nur anschließen. Aber in der Politik geschieht das manchmal erst, wenn sie ihre Kräfte verbraucht hat, um das Unmögliche zu erreichen, und dadurch das Mögliche verfehlt hat. Zwar behaupten bedeutende Literaten und Theologen, wer das Mögliche anstrebe, müsse das Unmögliche wollen. Davon kann ich aber nur abraten.

Daß man nach oben zielen soll, damit man unten trifft, hat vielleicht manchmal auf dem Schießstand funktioniert oder in der Literatur. In der Politik aber noch nie. In der Literatur mag es noch Wunder geben, in der Politik hingegen ist, wenn sich ein Vorgang nur durch ein Wunder erklären läßt, die sofortige Einschaltung der Rechnungsprüfung und gegebenenfalls der Staatsanwaltschaft anzuraten. Es lohnt sich immer zu prüfen, was möglich und was unmöglich ist. Fürst Bismarck definierte Politik knapp und einleuchtend als „Kunst des Möglichen" und meinte, daß sich der Strom der Entwicklung nicht umleiten lasse. Allenfalls könne man auf ihm navigieren. Die Grenze zwischen möglich und unmöglich zu ermitteln und dafür zu sorgen, daß sie eingehalten wird, ist eine schwierige, aber auch die zurzeit wichtigste Aufgabe der Politik, auch die der Großen Berliner Koalition. Ordnung hat immer die Neigung, sich aufzulösen. Sie muß ständig repariert oder neu hergestellt werden.

Die Finanzminister schlagen sich wacker für die Ordnung der Finanzen. Respekt! Aber es ist beunruhigend, in welchem Umfang weitere Ausgaben beschlossen, vereinbart, in Aussicht genommen werden, ohne daß eine Gesamtdeckung ersichtlich wäre: Rentenerhöhung, Wohngeld, Kinderzuschläge, Krippenprogramm, Ausgleichsleistungen für die Eltern, die ihr Kind nicht der Krippe anvertrauen wollen, Ganztagsschulen und noch Steuersenkungen.

Ich habe nie verstanden, weshalb viele Politiker, die als fortschrittlich gelten, sich dagegen sträuben, dort tätig zu werden, wo sie Einfluß hätten, wenn sie ihn nutzen würden, statt dem Laster des Pessimismus zu frönen. Meistens geben sich solche Politiker moralisch, das heißt, sie beschimpfen jene, welche die Grenzen des Machbaren zwar ausschöpfen, aber beachten wollen. Als Waffe gegen politische Vernunft ist das Wort „menschenverachtend" in Gebrauch gekommen. Jede Politik, die sich an Tatsachen hält, muß damit rechnen, als menschenverachtend geziehen zu werden. Das muß sie aber aushalten, wenn sie die Lage von Menschen verbessern und sich nicht darauf beschränken will, allein die Leiden der Menschen zu beschreiben.

Diese melodramatische Art der Politik kann bei Wahlen recht erfolgreich sein. Auch für die Statistik läßt sie sich gut gebrauchen, um den Tatsachen auszuweichen. Im übrigen läge es nahe, wenn es nur auf die Öffentlichkeitswirkung ankäme, vor allem das zu fördern, was auch ohne Förderung stattfände. Es ergibt eine gute Statistik. Das war es dann aber auch.

Die Statistik kann verdunkeln und erleuchten. Sichtbar ist jedenfalls, daß die Sozialsysteme aller Industriestaaten sich einem schwierigen Finanzierungsproblem nähern. Das Problem wird immer größer. Die Zahl der Beitragspflichtigen in der Rentenversicherung nimmt ab und die der Rentner nimmt zu. Es sind Kompromisse notwendig, die um Ausgewogenheit bemüht sind.

Beide Seiten brauchen möglichst bald mehr Klarheit. Bleibt diese aus, könnte auf der Bevölkerung eines Tages eine Last liegen, die sie nicht mehr tragen kann. So weit sollte es nicht kommen. Deshalb versucht die Große Koalition, den Trend zur Illusion zu bremsen. Die wichtigsten Gründe für die Entwicklung kann die Politik ohnehin nur wenig beeinflussen. Den Bürgern ist nicht geholfen durch Träumereien vom Goldenen Zeitalter, verbunden mit Beschimpfung jener, die wach bleiben. Klarheit schaffen ist vor allem da nötig, wo die Lebensplanung von Menschen berührt ist.

Der Fußball kann Jubel auslösen – vernünftige Politik wird nur gelobt

Kein Erfolg ist so groß und so überzeugend, daß er der Kritik entginge.

Wer die Fußballspiele der Weltmeisterschaften und der Europameisterschaft verfolgt hat, ohne nebenher Zeitung zu lesen oder einzuschlafen, also in wachem Zustand, der wird sich kaum der Einsicht entziehen können, daß es die Politik nicht schafft, eine solche Begeisterung auszulösen. Von dem Vortrag der Nationalhymne bis zum Jubelruf der Sieger und ihrer Anhänger, überall im Fußballsport ist Engagement und Leidenschaft. Die unterlegene Mannschaft verlangt nicht den Untergang des Siegers. Im Gegenteil, niemand braucht sie mehr als ihn, denn sie will ja das nächste Mal den Siegerkranz wieder selbst tragen. Was immer die Staaten und Städte unternehmen, um die Bürger zu begeistern und die Leidenschaften ihrer Bürgerinnen und Bürger zu entfachen und ein Wir-Gefühl zu erwecken, dem Fußball gelingt das besser.

Gewiß erhält auch die Kunst Applaus, man weiß schließlich, was sich gehört, aber es kommt allenfalls bei einem Rockkonzert vor, daß der Applaus lauter wird als die Musik. Im Fußballstadion hingegen geschieht es häufig, daß ein Fan mit einer das Stadion ausfüllenden Stimmkraft kundtut, ein Spieler seines Vereins sei gefault worden oder der sich am Boden windende Spieler eines anderen Vereins sei ein Simulant. Gelegentlich stimmen die Zuschauer im Stadion Lieder an, erfolglos um den richtigen Ton bemüht. Im Fernsehen sieht man deutlich, wer unter den prominenten Sängern die Nationalhymne kennt, oder wer sie nicht kennt. Letztere sehen aus wie Fische, die im abgestandenen Wasser nach Luft schnappen.

Früher wurde versucht, durch die Erinnerung an gewonnene Schlachten Begeisterung zu fördern und diese auf die Mühlen des nationalen Selbstbewußtseins zu lenken. Besonders geeignet hierfür erschien lange Zeit die Schlacht von Sedan, welche die Preußen mit ihren Verbündeten 1871 gewonnen hatten, worauf im gleichen Jahre der König von Preußen im Spiegelsaal von Versailles zum deutschen Kaiser gekrönt wurde. Dies ärgerte unsere französischen Nachbarn.

Die Eignung des Ereignisses zur Auslösung von Jubel ließ stark nach, als 1918 Deutschland verlor und Frankreich siegte. Fazit: Durch die Politik kommt der Jubel nicht. Jubel kommt auch nicht durch die Erinnerung an nützliche und praktische Erfolge der Menschheit, wie den Sozialstaat, aber auch nicht durch Erinnerung an Erfindungen auf technischem Gebiet, wie der des Rasierapparates, der Zündkerze und des Reißverschlusses. Was praktisch und vernünftig ist, begeistert nicht. So erklärt sich, daß ein vermiedener Krieg die verantwortlichen Politiker mit weit weniger Lorbeer schmückt als ein mit großen Opfern gewonnener.

Den Krieg als Abenteuer zu beschreiben ist nicht mehr jedermanns Geschmack. Die Darstellung eines Schlachtfeldes will den Medien von heute nicht mehr so gut gelingen wie den Malern des 18. bis 20. Jahrhunderts. Die Uniformen sind schon lange nicht mehr bunt, und die Kriegsmaschinen sind zu groß. Nein, die Politik sollte ihre Versuche, die Bürger zu begeistern, einschränken und dem Fußball überlassen. Vor allem gilt das für demokratische Staatswesen, die nach dem bekannten Aphorismus von Raymond Aron die Kritik organisieren, während die Diktaturen bemüht sind, Enthusiasmus zu erzeugen. Erfolgreich sind solche Bemühungen selten. Denn selbst in Diktaturen kennt der Mensch heute die Welt besser als früher, kann besser vergleichen und ist weniger leicht zu amüsieren. Die Offenheit für Kritik ist gewiß eine Stärke, aber auch eine kleine Schwäche der Demokratie. Kein Erfolg ist so groß, so einleuchtend und so überzeugend, daß er der Kritik entginge.

Wenn gelegentlich etwas übereinstimmend gelobt würde, wäre das nicht schlecht und eher ein Hinweis auf demokratisches Engagement als der stets erhobene Zeigefinger des politischen Schulmeisters. Im übrigen orientiere man sich am Fußball. Seine Regeln werden weltweit respektiert; wo nicht, kommen die gelbe und rote Karte zur Anwendung. Es sind nicht nationale Motive, welche Beifall und Respekt bringen, sondern sportliche Leistungen und faires Verhalten.

Die Parteien und ihre Programme

Wer die Zukunft gewinnen will,
muß sich mit ihr befassen, solange
sie noch nicht Vergangenheit ist.

Nietzsche hat vor 120 Jahren prophezeit, die großen Baumeister würden aus der Politik verschwinden und ihre Stelle die Schauspieler einnehmen. Diese Prophezeiung ist trotz der Präsidentschaft von Ronald Reagan nicht eingetroffen. Es fragt sich, ob die Unterschiede in den Anforderungen, die Nietzsche zwischen den beiden Berufen offenbar sieht, wirklich so groß sind, wie er meint. Denn auch ein Baumeister muß darstellen und überzeugen können, und ein Schauspieler muß jedenfalls pünktlich auf der Bühne erscheinen und dazu beitragen, daß das Stück plangemäß zum Abschluß gebracht wird. In beiden Berufen müssen Phantasie, Präzision und Sachverstand zusammenwirken. Zuerst denken, dann handeln – eine Reihenfolge, die nicht immer eingehalten wird.

Ein Architekt, dem ein Rohbau einstürzte, als das Gerüst entfernt wurde, beschimpfte den Bauleiter: „Man baut doch das Gerüst erst ab, wenn tapeziert ist!" Daß Papier das Ganze zusammenhält, kommt häufiger in Politik, Wirtschaft und Kunst vor als im Bauwesen. Es kommt vor in Gestalt von Verträgen, auch von Koalitionsvereinbarungen und Grundsatzprogrammen. Letztere sind großzügiger formuliert, was vertretbar ist, weil sie fast nur von Parteifreunden gelesen werden, bei denen ein gewisses Wohlwollen unterstellt werden kann. Koalitionsvereinbarungen sind heikler, weil die Vertragspartner auf ihrer Beachtung bestehen. Dies kann sehr stören. Papier kann aber das Ganze zusammenhalten, ohne jemanden zu verpflichten, zu tun, was er nicht will. Dieses ist das Parteiprogramm. Nach herrschender Meinung ist ein Parteimitglied nicht mehr verpflichtet, seine eigene Meinung aufzugeben und die jeweilige Meinung des Parteiprogramms anzunehmen. Umgekehrt kann auch das einzelne Parteimitglied nicht erwarten, daß in dem Parteiprogramm nur das steht, was er für richtig hält. Stellt aber das Parteimitglied fest, daß es überhaupt nicht mit dem Parteiprogramm einig ist, befindet es sich wahrscheinlich in der falschen Partei. Schon um dem Vorwurf der Verzettelung zu entgehen, ist ein gewisser Abstraktionsgrad vorgegeben. Es dient dem Ansehen des Programms, wenn es nicht jeder auf Anhieb versteht.

Die Parteien können auf politische Programme nicht verzichten. Erstens, damit nicht der Vorwurf erhoben wird, sie hätten gar keine, und zweitens, weil es Sinn ergibt, wenn innerhalb der Parteien Vorstellungen darüber herrschen, wie es weitergehen soll. Die Haltbarkeit solcher Programme hängt davon ab, ob und inwieweit sie ins Detail gehen oder ob sie sich auf die Verkündung einiger tragender Grundsätze und Worte beschränken. Aber das Programm sollte schon etwas mehr enthalten als das, was ein Abreißkalender täglich von sich gibt.

Die Parteien sollen sich in ihren Programmen zu gewichtigen Fragen möglichst konkret äußern, aber wiederum auch nicht so konkret, daß der Leser meinen könnte, ihm werde etwas versprochen. Die richtigen Worte zu finden ist schwierig. Angesichts einer Wirklichkeit, deren Verlauf allenfalls grob vorausgesehen werden kann, ist eine Politik von absoluter Richtigkeit und Vorhersehbarkeit nicht möglich. Deshalb kann keine Partei auf eine laufende Überarbeitung, Aktualisierung und Modernisierung ihrer Programme verzichten. Wenn eine Partei glaubt, daß das auf sie nicht zutrifft, dann ist der Irrtum, dem sie erliegt, grundsätzlicher Natur. Die Welt verändert sich immer schneller und mit ihr die politischen Aufgaben. Sobald sich die Arbeit an einem Programm dem Ende nähert, könnte schon mit der Überarbeitung begonnen werden, damit der wohltätige Prozeß der Programmformulierung nicht zum Stillstand kommt.

Als ich verhältnismäßig jung war und mich hoch geehrt fühlte, wenn ich zur Abfassung von Programmen beitragen konnte, galt noch das Theaterwort: „Was gestrichen ist, kann nicht durchfallen." Heute sind die Programme nicht nur viel länger, sondern auch gewichtiger, professioneller, vollkommener. Die „Grundsätze für Deutschland", das Programm der CDU enthält 360 Bemerkungen. Ich habe sie alle gelesen, was mich belehrt, zwar etwas ermüdet, aber doch optimistisch gestimmt hat. Nietzsche spricht von der Melancholie alles Fertigen, welche darin liege, daß, wenn man etwas fertiggestellt hat, etwas gelernt habe, was man vorher hätte wissen müssen. Die Politik hat ein nicht immer anspruchsvolles, meistens gutartiges, aber kritisches und mißtrauisches Publikum, das erwartet, daß Worten auch Taten folgen. Das ist nicht immer gut. Bei manchen Vorhaben ist es ein glücklicher Umstand, wenn sie nicht verwirklicht werden.

Man vergleiche nur einmal in einer Großstadt alte, nicht verwirklichte Pläne mit jenen, die verwirklicht wurden. In der Regel sind die verwirklichten Pläne besser, aber nicht so gut, wie sie wären, wenn sie, erleuchtet von neuen Erfahrungen und Einsichten, zehn Jahre später erstellt worden wären. Die schlechteste Entscheidung heißt deshalb: Abwarten, auf sich zukommen lassen. Es ist bedenklich, Entscheidungen möglichst weit in die Zukunft zu verschieben, weil man dann mehr weiß. Den gegenwärtig Lebenden würde das aber nicht gefallen und vielleicht auch den erst künftig Lebenden nicht, denn ohne Gegenwart gibt es keine Zukunft, während eine Gegenwart ohne Zukunft denkbar wäre, allerdings ist das ein sehr trauriger Gedanke.

Wer die Zukunft gewinnen will, muß sich mit ihr befassen, solange sie noch nicht Vergangenheit ist. Dem dienen auch die Parteiprogramme, solange sie bestrebt sind, Widersprüche zu vermeiden, Zusammenhänge hervortreten zu lassen und die

Politik auf dem Boden der Wirklichkeit zu halten. Die Wirklichkeit verändert sich auf allen Ebenen. Die Kommunikationstechnik ermöglicht viele Verbesserungen, gibt aber auch umfangreiche Spielräume, um etwas falsch zu machen. Der Mensch hinter der Technik muß sichtbar und erreichbar bleiben.

Was soll ein Bürger denken, wenn seine Anfragen zwar von höflichen Automaten entgegengenommen werden, die ihn in den Wartezeiten („Bleiben Sie dran!") mit der Mondscheinsonate erfreuen, aber nach mehreren elektronischen vergeblichen Kontaktversuchen verschwinden.

Furcht vor Kritik?

Heute gelten Verhaltensweisen als ethisch bedenklich, die vor Jahrzehnten als reine Privatangelegenheiten akzeptiert wurden – zum Beispiel rauchen, Alkohol trinken, Energie verbrauchen oder Geld verdienen.

Die Meinungs-, Informations- und Pressefreiheit ist eine Stärke und zugleich eine Schwäche des demokratischen Staates. Die Stärke liegt in der durch diese Freiheit begründeten Mitverantwortung der Bürger, in der Erschwernis des Machtmißbrauchs, in der besseren Aussicht, daß die Wahrheit bekannt wird und daß Fehler entdeckt und vermieden werden. Die Schwäche liegt darin, daß die Demokratie auch unbegründete und überzogene Kritik aushalten muß.

Unerfreuliches zu kritisieren, fällt leichter, als Erfreuliches zu loben. In der Politik fällt das besonders auf. Dort ist die Sorge besonders groß, daß ein Lob Andersdenkender auf Kosten des eigenen Interesses gehen könnte. Manche Politiker würden sich deshalb eher die Zunge abbeißen, als daß sie ein freundliches Wort über eine Konkurrenzpartei über ihre Lippen brächten. Dies tut er nicht aus Abneigung, sondern aus der etwas zu einfachen taktischen Überlegung heraus, daß Wechsel- und Stammwähler verwirrt werden und aus dieser Verwirrung heraus falsch, nämlich anders wählen könnten. Der Wähler erwarte eine klare Linie, oft klare Verhältnisse auch dort, wo sie unklar sind. Er baue darauf, daß die von ihm bevorzugte Partei die Meinung anderer Parteien ablehnt und von diesem Prinzip allenfalls bei Beerdigungen und nationalen Feiertagen abweicht, um so bald wie möglich wieder zu ihrer ursprünglichen Meinung zurückzukehren.

Nach einem halben Jahrhundert demokratischer Praxis sind die Politiker und Staatsbürger komplizierter geworden. Sie fahren nicht mit gesträubtem Gefieder auf alles los, was rot oder schwarz oder grün oder blaugelb ist. Sachlicher, sachkundiger und differenzierter argumentieren auch die Medien. Einige ihrer Vertreter haben eine geradezu staatsmännische Sicht, um die sie mancher Politiker beneiden würde, wenn er merkte, daß sie ihm fehlt. Und auch der am Fernsehapparat sitzende Bürger, mich eingeschlossen, fühlt sich zwar durch Kritisches besser unterhalten als durch Erfreuliches, fragt aber auch nach der politischen Substanz und gibt sich nicht mit dem Unterhaltungswert von Aussagen zufrieden.

Allerdings werden im Zeichen politischer Correctness die ethischen Anforderungen immer strenger und oft auch kleinlicher. „Hüte dich vor Mord, er verleitet zum Diebstahl und von da ist es zur Lüge nicht mehr weit" (Julian Tuwim). Heute gelten Verhaltensweisen als ethisch bedenklich, die vor vierzig, dreißig oder zwanzig Jahren noch als reine Privatangelegenheit akzeptiert wurden, zum Beispiel rauchen, Alkohol trinken, Energie verbrauchen oder Geld verdienen. Durch die Sehnsucht nach guten Verhältnissen befindet sich der Mensch mit sich selbst in Widerspruch, aber er fühlt sich wohl dabei, und das ist die Hauptsache.

In der modernen Medienwelt nehmen nicht nur die Möglichkeiten der Information zu, sondern auch die der Manipulation. Um so wichtiger wird die Meinungsvielfalt. Die Beziehung zwischen Medien und Politik braucht nicht feindselig zu sein, aber eine Distanz zwischen Politik und Medien muß bleiben im Interesse der Meinungs-, Informations- und Pressefreiheit. Diese ist für den demokratischen Rechtsstaat unentbehrlich. Die Unterdrückung des Volkes und die Verbrechen in den Diktaturen des 20. Jahrhunderts wären nicht möglich gewesen, wenn die

Diktatoren nicht zunächst das Recht auf Meinungsfreiheit beseitigt hätten.

Es ist heutzutage ein Vorteil für die Politik, daß das Kritikbedürfnis zu einem beachtlichen Teil vom Sport aufgefangen wird, vom bestochenen Schiedsrichter bis zum gedopten Radfahrer. Bei einem Wettkampf, so vor allem beim Fußball, gibt es immer etwas zu kritisieren, und der Kritiker darf sich in seiner glücksspendenden Überzeugung bestätigt sehen, er habe recht. Die Frage nach Recht und Wahrheit ist aber keine Mengenfrage, die durch Mehrheit für alle Zeiten abschließend und verbindlich entschieden werden könnte. Es ist denkbar, daß ein Einziger recht hat und Hunderttausende sich irren. Die Wahrheit läßt sich nicht einmal durch Einstimmigkeit schaffen, sondern nur durch kritische Prüfung hervorbringen. Politik und Gesellschaft, stets bedroht vom Irrtum, brauchen Kritiker und Gelassenheit im Umgang mit ihnen.

Meistens ärgert sich der Kritisierte, besonders, wenn der Kritiker recht hat, so wie sich auch der Kritiker ärgert, wenn sich seine Kritik als unbegründet erweist. Ich empfehle, sich diesen Ärger abzugewöhnen. Er paßt nicht in unsere Welt, die sich rasch und tiefgreifend verändert, in der sehr viele Fehler gemacht werden und in der so viel davon abhängt, daß Kritik diese Fehler aufgreift und verhindert. Der demokratische Staat gewährleistet und schützt die Freiheit zu kritisieren. Verzichtete er darauf, wäre er keine Demokratie.

Das Recht, die Verwaltung und die Bürger

Auf unserer Erde gibt es keinen
Automatismus, der gute
Gesinnung und geduldiges
Abwarten belohnt.

Viele klagen darüber, daß es bei uns in Deutschland zu engmaschige Gesetze gibt. Die Folge seien Bürokratisierung, zu hohe Kosten, Entscheidungsschwäche und unzulängliche Initiative. Diese Kritik läßt aber außer Betracht, daß es drei besondere Gründe für die sogenannte „Verrechtlichung" gibt: 1. soll der Bürger vor Unrecht geschützt werden, auch vor Unrecht, das ihm die Staatsgewalt zufügt. Das setzt voraus, daß möglichst konkret festgelegt wird, was rechtens ist. 2. ist Deutschland ein Bundesstaat, das heißt, Regelungen, die in Zentralstaaten durch Erlaß getroffen werden können, bedürfen bei uns der Gesetzesform. 3. hat die kommunale Ebene in Deutschland in örtlichen Angelegenheiten kraft Tradition und Verfassungsrecht ein erhebliches Maß an Unabhängigkeit. Eingriffe des Staates erfordern auch hier eine gesetzliche Grundlage. Die meisten Rechtsvorschriften haben somit durchaus einen Sinn.

Unser Grundgesetz will den humanen, die Würde des Menschen respektierenden Staat. Eingriffe in die Rechte des einzelnen sind der öffentlichen Hand nur erlaubt, wenn ein Gesetz sie zuläßt. Wer meint, daß Behörden ihn rechtswidrig behandeln, kann ein unabhängiges Gericht anrufen, das seine Sache prüft und ihm dann recht gibt, wenn er recht hat. Die Rechtsgrundlage für einen Eingriff muß konkret sein; eine Formel wie „Die Verwaltung ist zu den erforderlichen Maßnahmen ermächtigt" reicht nicht aus. Eine derart dem Interesse des einzelnen Bürgers entgegenkommende Regelung ist in demokratischen Rechtsstaaten nicht selbstverständlich. In unser Grundgesetz aufgenommen war sie auch eine Reaktion auf die Ideologie des NS-Staates.

Der NS-Staat legte die Formel „Gemeinnutz geht vor Eigennutz" so aus, daß es keine Rechte gegen den Staat geben kann. „Das Volk" wurde nicht als eine Menge einzelner Personen mit individuellen Rechten gedacht, sondern als ein papierener Name für eine Art Personengesamtheit, die der absoluten Macht des „Führers" unterworfen ist. In den dreißiger Jahren erzählte man sich hinter vorgehaltener Hand, ein Beamter, der mit dem Grunderwerb für den Autobahnbau beauftragt war, hätte einen Bauern gefragt: „Was täten Sie, wenn in Ihren Hof der Blitz einschlagen täte?" Der Bauer sagte daraufhin: „Sofort meine Familie und mein Vieh hinaustun!" Darauf erwiderte der Beamte: „Und jetzt haben Sie vierzehn Tage Zeit – das ist doch günstig!"

Die weltweite Veränderung von Technik, Wirtschaft und Gesellschaft im Zeichen der Globalisierung zwingt auch der Politik und der öffentlichen Verwaltung ihre Themen, ihre Dynamik, ihr Tempo und ihre Regeln auf. Die Regeln können ziemlich hart sein. Auf unserer Erde gibt es keinen Automatismus, der gute Gesinnung und geduldiges Abwarten mit irdischem Erfolg belohnte, sondern der gut Gesinnte muß auch tüchtig sein, wenn seine Gesinnung Früchte tragen soll. Wenn sich die Wirklichkeit ändert, muß sich auch die Politik ändern und, wenn notwendig, auch die Vorschriften. Vorschriften haben ein Eigenleben. Ihre praktischen Auswirkungen zu prüfen und sie auf Grund dieser Prüfung zu ändern, fällt oft denen schwer, die sie vorgeschlagen, entworfen oder beschlossen haben. Gewiß sind Kontinuität und Verläßlichkeit wichtige Grundsätze, auch für den Gesetzgeber. Aber wenn sich die Voraussetzungen ändern, können die Vorschriften bei unverändertem Wortlaut falsch werden. So muß künftig sorgfältiger der Nutzen von Regelungen für die Umwelt mit den wirtschaftlichen und sozialen Folgen abgewogen werden und umgekehrt. Wenn der Treibstoff knapp wird, was sicherlich in den kommenden Jahrzehnten der Fall sein wird, kann es sein, daß die ökologischen Anforderungen an Treibstoffe gemildert werden müssen. Die Maxime, Umweltschutz hat Priorität, widerlegt die Gegenthese eines Stuttgarter Unternehmers, die lautet: „Allein vom Vögelgesang kann der Mensch nicht leben." Neue Probleme finden in den Medien größere Aufmerksamkeit als alte. Getragen von der öffentlichen Aufmerksamkeit schießen neue Lösungen manchmal über das Ziel hinaus. Als der Club of Rome seine Warnung vor hemmungsloser Verschwendung verkündete, erhielten wir im Finanzministerium von Baden-Württemberg den Brief eines Bürgers, der forderte, die Steuervorteile für Kinderreiche wegen Gefährdung der Umwelt so rasch wie möglich aufzuheben. Der Brief beeindruckte Finanzminister Gleichauf mit seinen elf Kindern sehr.

Als ich schon einige Jahre bei der Stadt Stuttgart war, brachte uns das Umweltrecht in eine besonders verzwickte Situation. Das Recht forderte, daß ein Bauherr, der in einer Baugrube auf durch Öl verunreinigtes Erdreich stieß, dieses sofort auf eine Sonderdeponie bringt. Für uns gab es aber noch keine solche Deponie. Den verunreinigten Boden für Böschungen zu verwenden oder ihn dort wieder hinzuschütten, wo man ihn herausgeholt hatte, war verboten. Eigentlich hätte der Boden so lange mit der Baggerschaufel in der Luft gehalten werden müssen, bis eine Deponie das lästige Erdreich hätte aufnehmen können. Der Boden wurde dann zwischengelagert mit der Folge, daß die schädlichen Kohlenwasserstoffe verdunsteten und normaler Erdaushub übrig blieb.

Das Grundgesetz wurde seit seinem Inkrafttreten verdächtigt, es behindere mit seinem Individualrechtsschutz unangemessen die Verwaltung, aber diese Kritik ist leiser geworden. Die Verwaltung in der Bundesrepublik ist mit dem Grundgesetz und den Rechten der Bürger zurechtgekommen, sogar in großen Verwaltungsverfahren mit über hunderttausend Beteiligten.

Meistens bewirkte die Bürgerbeteiligung Verbesserungen. Das Problem ist die Dauer, die zwischen Planungsbeginn und Fertigstellung liegt. Die Welt verändert sich mit dem Tempo eines Düsenflugzeugs, manche Verwaltungsverfahren schreiten dagegen nur mit dem Tempo eines ermüdeten Wanderers fürbaß. Oft liegt das nicht an den Behörden. Noch immer ist es leichter, etwas zu verhindern als etwas zu tun.

RAF und der Terrorismus

*Ob Linksterroristen einen
Manager erschießen,
Rechtsextremisten einen
Ausländer erschlagen oder
Kriminelle einen Menschen töten:
Es handelt sich um Mord.*

Die Abkürzung RAF ist mir seit meiner Zeit als Luftwaffen-helfer, also seit 60 Jahren wohl vertraut. Sie bedeutete damals aber etwas anderes als dreißig Jahre später, nämlich „Royal Air Force" im Unterschied zur „Roten-Armee-Fraktion". Auch die folgenden dreißig Jahre sind vergangen. Vorbei sind die Zeiten, als die Rote-Armee-Fraktion das deutsche Volk verwirrte und den Eindruck erweckte, der ganze Staatsapparat reiche in der Auseinandersetzung mit etwa zwanzig bis dreißig Terroristen nicht aus, um Recht und Ordnung wiederherzustellen. Viele Bürger waren sehr besorgt. Ich besuchte in jenen Tagen ein Altenheim, ich glaube es war in Stammheim, dem reizvollen Stuttgarter Stadtbezirk, der durch das Gefängnis, das Gerichts-gebäude und die Terroristenprozesse bundesweit bekannt wur-de. Furcht und Sorge hatten selbst alte Mitbürger erfaßt. Einer von ihnen fragte mich: „Ob wohl die Terroristen uns noch a bissele lebe lassen?" Ich erwiderte, daß ich zwar nicht bevoll-mächtigt sei, im Namen der Terroristen irgendwelche Erklärun-gen abzugeben, daß ich mich aber doch für befugt halte zu versichern, daß den Bewohnern des Altenheims nichts passiert. Der Angreifer ist grundsätzlich im Vorteil, weil er im Unter-schied zum Angegriffenen weiß, wo und wann der Angriff stattfindet. So ist es zu erklären, wie so wenige Terroristen so vielen Bürgern aufzwingen konnte, sich aufzuregen. Es war naturgemäß nicht möglich, überall dort, wo theoretisch ein Terrorist erscheinen konnte, Polizei bereitzustellen, denn schon der Alte Fritz wußte: „Wer alles defendieren will, defendiert gar nichts."

In der Auseinandersetzung mit dem Terrorismus können nicht immer spontane Erfolge erwartet werden. Das A und O des Erfolgs ist eine sorgfältige Polizeiarbeit, die angesichts der internationalen Vernetzung des Terrorismus immer schwieriger wird. Besonders schwierig ist sie dort, wo viele Selbstmordattentäter bereitstehen. Ohne jeden zynischen Hintergedanken: Selbstmordattentäter brauchen keinen Heimweg und meistens auch keinen Fluchtweg. Das erweitert ihre Einsatzmöglichkeiten erheblich. Wie viele gewonnen und eingesetzt werden können, hängt vom Engagement und vom Grad der Erregung ab, welche das Engagement auslöst. Es ist wichtig, auf alles, was da kommt, besonnen zu reagieren. Damals in der RAF-Zeit sagte ich zu vielen Besorgten, das Risiko, bei einer Autofahrt nach Frankfurt umzukommen, sei um ein Vielfaches größer als die Gefahr, Opfer der Terroristen zu werden, zumal die Terroristen wohl die ungünstigen Verkehrsverhältnisse im Stuttgarter Talkessel ebenso kannten wie die häufigen Staus. Aber solche Sprüche lösen das Problem natürlich nicht.

Die Fähigkeit, große Ereignisse klein und kleine Ereignisse groß darzustellen, gibt den Medien einen erheblichen Teil ihrer Macht. Das ist manchmal lästig, aber unverzichtbar. Die Medien müssen in das Detail und die Tiefe gehen können; es genügt nicht, wenn sie hoch am Himmel ihre Kreise ziehen, um nach geeigneter Beute Ausschau zu halten. Einigen Medien wurde vorgeworfen, sie hätten die Furcht und Erregung mehr als notwendig angeheizt. Das mag sein, aber offene Bekenntnisse der RAF zum politischen Mord und die tatsächlichen Mordtaten sind keine Kleinigkeiten, sondern das Schlimmste, was der Mensch tun kann. Wie aber wenn der Täter politische Gründe geltend macht? Kann er sich selbst zum Soldaten ernennen, dem

Staat den Krieg erklären und für sich den Schutz der Haager Landkriegsordnung in Anspruch nehmen? Die Lösung kann nur sein, die allgemeine Grenze zwischen Recht und Unrecht zu beachten.

Es macht somit keinen Unterschied aus, ob das Verbrechen politisch motiviert war oder nicht. Ob Rechtsextremisten einen Ausländer erschlagen, Linksterroristen einen Vorstandsvorsitzenden erschießen oder Kriminelle einen Menschen töten, der sein Geld nicht hergeben will: Es handelt sich um Mordtaten. Denken kann jeder, was er will. Sobald er handelt, muß er die Gesetze beachten, und das ist der Prüfstein zur Unterscheidung von Recht und Unrecht, auch für politisches Verhalten. So läßt sich auch am ehesten die Entstehung von Mythen und Märchen verhindern. Die RAF wird durch ihre eiskalten und meist heimtückischen Mordtaten niemals eine romantische Verklärung erfahren wie der Wildschütz Jennerwein in Oberbayern. Wer, wie bei der Entführung von Hanns-Martin Schleyer geschehen, dem Fahrzeug des Opfers einen Kinderwagen in den Weg schiebt, in der sicheren Erwartung, daß der Fahrer sofort bremst, und dann kaltschnäuzig alle Begleiter umbringt, die ihre berufliche Pflicht tun, der hat keine Moral.

Solcher moralischen Beliebigkeit und Insuffizienz entgegenzutreten ist gerade in einer demokratischen Gesellschaft nicht immer leicht, aber geboten, gerade im Interesse der Freiheit für alle. Das vergangene Jahrhundert hat demonstriert, in welchem Ausmaß der Mensch manipuliert werden kann, wenn das Umfeld dafür günstig ist. Es ist möglich, daß sich Gruppen von ihrem gesellschaftlichen Umfeld derart abkapseln, daß sie die Realität nicht mehr wahrnehmen. Durch eine Art „peer group pressure" werden so lange Bekenntnisse zu der allen gemeinsamen Überzeugung eingefordert, bis die Fähigkeit zur Selbstkritik und jeder Wunsch nach einer eigenen Meinung erloschen ist. Mit dem Erlöschen dieser Fähigkeit erlischt aber auch die Persönlichkeit.

Vom Nutzen der Planung

*Trotz rasanten Fortschritts der
Computertechnik nimmt die
Vorausberechenbarkeit eher ab als
zu, weil die Zusammenhänge
immer komplizierter werden.*

Die Emission von Kohlendioxid könnte durch den sogenannten Treibhauseffekt, also durch Erwärmung, die Eignung unseres Planeten als Lebensraum des Menschen dramatisch verschlechtern. Es gibt zurzeit keine Argumente, die diese Annahme widerlegen oder sie so unwahrscheinlich erscheinen ließen, daß wir sie vergessen dürften. Deshalb muß gehandelt werden, und zwar ehe der Schaden unheilbar geworden ist. Allen Ländern droht Unheil, und alle Länder müssen sich an dem Abbau der Kohlendioxidemission beteiligen. Über das Ausmaß der weltweit notwendigen Verminderung wird man sich wohl einigen können, denn das ist vorwiegend eine Frage der Mathematik und der naturwissenschaftlichen Vernunft. Die Frage hingegen, wie viel der einzelne Staat zu dem „Verminderungsvolumen" beitragen muß, ist auch eine moralische.

Moralische Fragen sind schwer zu beantworten, weil die Moral je nach der Situation dessen, der nach Moral befragt wird, anderes gebietet. Moral erfordert jedenfalls immer eine Zügelung des eigenen Interesses zugunsten anderer, aber nicht in einem Umfang, der dem Selbstmord gleichkommt. Die Verhältnisse werden auch nicht dadurch einfacher, daß es, jedenfalls zunächst, nicht um die Verteilung von Vorteilen, sondern von Lasten geht. Diese Verknappung durch das Zurückdrängen fossiler Energien bewirkt wohl eine Verteuerung der Energie.

Diese Verteuerung kann ein reicher Mensch in der Regel eher verkraften als ein armer, so daß neue soziale Probleme auftauchen, mit neuen Parolen, zum Beispiel: „Weil du arm bist, mußt du frieren".

Die wegen des Zwangs, die Nutzung fossiler Energien zurückzudrängen, steigenden Preise geben aber umweltfreundlichen Energien und Spartechniken bessere Chancen, als ihnen früher wegen zu hoher Kosten in der Konkurrenz mit Kohle, Gas, Öl und Uran blieben. Die Politik, die zur Meisterung der Klimafrage nötig ist, muß dem langfristigen Ziel Vorrang einräumen vor der gegenwärtigen Bequemlichkeit. Das ist aber gegen die menschliche Natur. Ob der Verstand des Menschen heute so kräftig ist, daß er seine Neigung aufgibt, die Gegenwart zu überschätzen und die Zukunft zu vernachlässigen, bleibt abzuwarten. Einige britische Philosophen, vor allem John Lokke (1632 bis 1704), haben das langfristige Denken zu einer Frage der Moral erklärt, je langfristiger desto moralischer. Da ist etwas dran.

Auch wir Alten sollten der Versuchung widerstehen, unsere politischen Anliegen auf unsere eigene Lebenserwartung zu beschränken, so daß es eigentlich ausreichend wäre, wenn das Familienleben der nachfolgenden Generation einigermaßen in Ordnung ist und die Hauskatze in gute Hände kommt, wenn es so weit ist. Die Verantwortung bleibt bis zum letzten Tag.

Um Ziele wie langfristige Lösungen angesichts der Klimabedrohung zu erreichen, bedarf es der Planung, nicht nur Planung als Literaturgattung, sondern als ständig überprüfte und aktualisierte Handlungsanweisung und Handlungsanleitung. Diese Planung steht nur dann auf einigermaßen sicherem Grund, wenn sie vor ideologischer Versteifung und Erstarrung bewahrt bleibt und dennoch respektiert wird. In meiner Jugend haftete dem Wort „Planung" etwas Verdächtiges an. Man dachte an Dienstplan, an Schlachtplan, an den angeblich planmäßigen Ablauf militärischer Operationen und nach dem Kriegsende an Planwirtschaft. Das Mittel zur Verwirklichung der Planung war der Befehl. Oben wurde befohlen und unten ausgeführt. Schon damals meinten viele, daß sich diese Art der Planung vielleicht für Aufräumungsarbeiten in Trümmerfeldern, nicht aber für die ganze Innenpolitik, die Wirtschaftspolitik und Kulturpolitik eignet, sondern daß dort weitgehende Spielräume für Ideen, Gestaltungen und Initiativen notwendig sind. Heute wird natürlich auch noch geplant, denn Planung heißt meistens die rationale Vorbereitung eines Vorhabens, und etwas Vernunft muß sein, auch in der Politik. Meistens werden Pläne gemacht, damit sie eingehalten werden.

Es gibt aber auch Pläne, die dazu dienen, sich in der Wirklichkeit zurechtzufinden. Zum ersten Typ gehören der Stundenplan und der Bauplan, zum zweiten der Stadtplan oder die Landkarte. Es gibt aber auch noch einen Plantyp besonderer Art, den Operationsplan. Bei dieser Art Plan entscheidet über Inhalt und Nutzung nicht allein der Planer, denn er ist nicht Herr der Prämissen, auf denen der Plan beruht. Operationspläne können militärische Pläne, wirtschaftliche Pläne, soziale Pläne und politische Pläne sein. Diese Pläne beruhen auf Annahmen, das heißt, die Verfasser unterstellen zunächst, daß die Einschätzung einer Entwicklung wahrscheinlich richtig ist. Sie verlassen sich aber nicht darauf, sondern sie versuchen, durch Varianten den Bereich des Möglichen und Wahrscheinlichen einzugrenzen und sich durch die Bildung von Reserven, Rücklagen und so weiter Spielräume für den Fall zu erhalten, daß die Dinge anders laufen als angenommen. Clausewitz, seit dem Beginn des 19. Jahrhunderts bis heute weltweit anerkannter Theoretiker für militärische Planung, schrieb über die Strategie, in ihr sei alles einfach, aber darum nicht sehr leicht.

Das läßt sich auch über die Politik sagen. Clausewitz warnt davor, solche Pläne als Mathematikaufgabe zu betrachten, deren Ergebnis sich vorausberechnen lasse. Er beruft sich auf Napoleon, der ein solches Unternehmen als ein algebraisches

Problem bezeichnete, „vor der selbst ein Newton zurück-schrecken würde". Inzwischen nimmt trotz des rasanten Fort-schritts der Computertechnik die Vorausberechenbarkeit eher ab als zu, schon deshalb, weil die Zusammenhänge immer komplizierter werden. Wir werden den Zufall nicht abschaffen können.

Die Gabe des Prometheus

*Wer in der Energiepolitik eine
andere Meinung vertritt, ist noch
lange kein Feind.*

Es fällt nicht leicht, die Welt- und Umweltpolitik nach realistischen und gesicherten Maßstäben zu ordnen. Viele Fragen, die heute eine Antwort verlangen, hat sich vor hundert, fünfzig, dreißig Jahren noch kaum einer gestellt. Inzwischen wird nicht nur gefragt, sondern gefordert, zum Beispiel, statt der höllischen Atomtechnik doch die paradiesischen Sonnenstrahlen zu wählen. Zum Glück wird wegen solcher Herausforderungen auch vieles erfunden, was nützlich sein kann, wenn von ihm vernünftiger Gebrauch gemacht wird. Aber was heißt heutzutage schon vernünftig? „Was wirklich ist, ist vernünftig, und was vernünftig ist, ist wirklich" lautet ein Kernsatz der Hegelschen Philosophie, der so manchem Wahrheitssucher zwar weniger Erkenntnis vermittelt, aber doch seine Verwirrung auf ein beachtliches Niveau angehoben hat.

Auch kommt es vor, daß der Suchende gar nicht von der Wahrheit erleuchtet werden, sondern seine vorgefaßte Meinung bestätigt haben will. Es gibt eine Unmenge Zahlen, zu viele, über die wir nur eines sicher wissen, nämlich, daß sie nicht stimmen. Zwar gibt auch dieses Wissen etwas Sicherheit, aber das reicht nicht. Es ist notwendig, die ökologische Situation einschließlich der künftigen Energieversorgung differenzierter und sorgfältiger zu untersuchen. Wünsche sind leicht zu formulieren. Was aber möglich ist oder auch nicht, läßt sich nur schwer ermitteln. Aber es geht.

Allerdings ist es nicht ausreichend, dort, wo die konventionellen Mittel nicht mehr angewendet werden können oder sollen, einfach „Neue Energien" oder „Windenergie" oder „Einsparungen" hinzuschreiben, ohne ausreichende Prüfung und ohne sicher zu sein, daß die neuen Mittel zu den vorausgesetzten Bedingungen bereitstehen. In welchem Ausmaß wird die Abschaltung der Kernkraftwerke den Einsatz von mehr Kohle erfordern und den Ausstoß von CO_2 erhöhen, trotz des in die Gegenrichtung laufenden Engagements der Bundesregierung, das CO_2 zu verringern? Welche Leistungen und Beiträge können wir von der Windenergie erwarten? Wie hoch sind die Kosten im Vergleich mit anderen Industriestaaten?

Seit geraumer Zeit ist uns bewußt, daß Verbrennungsprozesse nicht nur unmittelbar auf Erden den Menschen schädigen können, sondern daß ihre Rückstände, vor allem CO_2, auch noch im Luftraum eine Hülle um den Erdball herum bilden, die das Sonnenlicht zwar durchläßt, aber die Wärme nicht mehr herausläßt, so daß es auf dem Globus immer wärmer werden könnte, Gletscher und Polkappen schmelzen, das Meer ganze Länder überschwemmen könnten. Die Science-Fiction-Filme im Fernsehen veranschaulichen das. Wenn das Entzünden eines Feuers wegen der CO_2-Emission und deren Folgen für die Klimafrage bereits eine Ursünde gegen die Umwelt gewesen wäre, dann fielen wir in die Zeit vor Prometheus zurück, der nach der griechischen Mythologie den Menschen das Feuer gebracht hat, ohne die erforderliche Genehmigung des Olymp einzuholen, wofür er grausam bestraft wurde. Es geht in der Klimadiskussion nicht um die Vermeidung der CO_2-Emission, sondern um ein ausgewogenes Verhältnis zwischen CO_2 erzeugenden und nicht erzeugenden Formen der Gewinnung von Energie, und zwar mit und ohne Nutzung der Kernkraft und bei weitgehender Verwendung von erneuerbaren Energien.

Daß die erneuerbaren Energien wichtiger werden, darüber ist kein Streit nötig. Es geht aber um ein wirklichkeitsnahes und verläßliches Bild, was Windenergien, Solarenergien, Einsparstrategien leisten können. Es ist schädlich, wenn jeweils die eigenen Befürchtungen dramatisiert und die Befürchtungen Andersdenkender bagatellisiert werden. Dies gilt auch für die Darstellung gesundheitlicher Risiken. Auf der einen Seite steigt bei uns Europäern die Lebenserwartung von Jahr zu Jahr, so daß die Finanzierung der Altersversorgung immer schwieriger wird. Auf der anderen Seite erlauben Fortschritte in der Meßtechnik die Ermittlung immer kleinerer Mengen von Substanzen, die schädlich sind oder sein könnten. Aber wer beweist, daß es so ist oder nicht so ist? Vorsichtshalber legt man bei der Festlegung der tolerierbaren Mengen strenge Maßstäbe an, riskiert dabei aber, daß viele Menschen, die eigentlich gesund wären, sich für krank halten, manchmal so lange, bis sie wirklich krank sind. Es fällt sogar der Medizin schwer zu sagen, weshalb gerade ein Patient an Lungenkrebs erkrankte, der nie geraucht oder Alkohol getrunken hat, während einige Freunde von Tabak relativ gesund 90 Jahre alt werden.

Noch schwieriger ist es oft, den konkreten Grund zu ermitteln, der die Krankheit ausbrechen ließ. Es ist eine Entdramatisierung, eine Ernüchterung, eine Versachlichung der Diskussion nötig. Dies gilt für alle Bereiche, besonders für jene, in denen sich die technische Welt in eine Richtung bewegen könnte, die den Menschen überfordert. Gehen wir aber davon aus, daß der Mensch viel aushält. Zunächst muß es selbstverständlich sein, daß Behauptungen darauf überprüft werden, inwieweit sie richtig oder falsch sind. Das geschieht nicht immer im ausreichenden Umfang, weil zu viele ihre vorgefaßte Meinung vor sich hertragen und abweichende Meinungen als feindselige Akte betrachten. Das ist aber nicht gut, auch dann nicht, wenn man recht hat.

Verantwortung für das Klima, auch das politische

Wir sollten manche Themen nicht unter den Teppich zu kehren versuchen. Denn so viel Platz ist unter keinem Teppich.

Der große Historiker Leopold Ranke war der Meinung, es ließe sich zwar in Technik und Naturwissenschaft ein von Generation zu Generation vererbbarer Fortschritt feststellen, nicht aber in der Kunst und der Moral. Dort sei jede Generation selbst verantwortlich. Jedenfalls spricht vieles dafür, daß die Verantwortung der Menschheit für ihre eigene Zukunft groß ist.

Nicht so sicher bin ich mir aber, ob Schopenhauer recht hat, wenn er in einer bei ihm seltenen Anwandlung von Optimismus schreibt, „eher mag man erwarten, daß Eulen und Fledermäuse die Sonne zurück in den Osten scheuchen werden, als daß die erkannte und deutlich und vollständig ausgesprochene Wahrheit wieder verdrängt werde, damit der alte Irrtum seinen breiten Platz noch mal ungestört einnehme". Ich fürchte, die Menschheit muß sich sehr anstrengen, um den Rückfall in alte Irrtümer zu vermeiden, die darauf warten, ihren früheren Platz wieder einnehmen zu können. Die Geschichte enthält hierfür traurige Beispiele.

So hat es lange gedauert, bis die Einsicht Boden gewann, daß Patriotismus sich nicht durch feindliche Gefühle für andere Völker äußert, sondern durch ein Verhalten, das dem eigenen Volk bei den anderen zur Ehre gereicht. Das gemeinsame Interesse aller Völker verbietet es, den Nationalismus oder den Rassismus zu erhalten und wieder zu beleben. Diese Forderung erhält um so größere Dringlichkeit, je mehr sich kulturelle, soziale, technische und wirtschaftliche Verhältnisse der Länder und Völker auf dem Globus berühren und je stärker dadurch das Wohlergehen jedes Volkes von dem Wohlergehen aller Völker abhängt.

Neben den Gefährdungen des Friedens ist eine weitere Herausforderung die ökologische Gefährdung der Menschheit, unter anderem dadurch, daß durch Verbrennung von Kohle, Gas, Erdöl, Holz zu viele Treibhausgase das Klima verschlechtern. In den kommenden 100 Jahren könnte sich auf unserem Globus noch mehr verändern als in den vergangenen, und das will etwas heißen. Deshalb wird die Politik ihre Aufmerksamkeit mehr als bisher der Zukunft widmen müssen, also den Problemen, denen wir begegnen werden oder könnten. So große Themen aktivieren eher die Leidenschaften als die Vernunft. Ob wir überhaupt imstande sind, uns rechtzeitig ein einigermaßen zutreffendes Bild von der Zukunft zu machen? Das hängt davon ab, inwieweit wir unsere Meinungen auch in den großen Sachfragen einer ständigen Prüfung unterwerfen und sie ändern, wenn wir erkennen, daß Antworten falsch sind oder daß es bessere gibt. Gewiß treffen Mehrheiten die Entscheidungen, aber noch mehr als bisher kommt es an auf das Bewußtsein, daß Mehrheit für eine Sache nicht automatisch Wahrheit in der Sache bedeutet.

Die Politik wird ähnlich verfahren müssen, wie das der britische Philosoph Karl Popper für die Suche nach wissenschaftlichen Erkenntnissen vorschlägt, nämlich durch Suche und Korrektur von Fehlern. Das erfordert eine Umstellung, denn gegenwärtig gehen wir auch bei komplexen Themen noch von der Utopie der Fehlerfreiheit aus. Wir müssen aber anders vorgehen. Erster Schritt: Erstellung einer plausiblen Hypothese. Zweiter Schritt: Kritische Prüfung dieser Hypothese zur Ermittlung von Fehlern. Dritter Schritt: Erstellung einer Hypothese, welche die Fehler der ersten vermeidet. Fehler sind hier nicht ausnahmsweise Versagen, sondern die Regel, Kontrollen der Plausibilität deshalb notwendige Schritte auf dem Weg. Ein besonders krasses Beispiel: wenn an der Meinung amerikanischer Fachleute etwas dran wäre, daß die bisher als ökologisches Heilmittel empfohlenen Biotreibstoffe die Atmosphäre mit der 10- bis 400fachen Menge von Kohlendioxid belasten wie konventionelle, dann müßte dem nachgegangen werden.

Eine Harmonisierung von Lebensstandard und sozialer Gerechtigkeit zur allgemeinen Zufriedenheit wird künftig ebenso wenig gelingen wie in der Vergangenheit. Aber wir sollten das Thema nicht unter den Teppich zu kehren versuchen. Auch brauchen wir in dieser wie in anderen Fragen Kompromisse. Kompromisse sind besser als nichts, solange ihr Ergebnis besser ist als der Zustand, der bestünde, wenn es zu gar keiner Entscheidung käme.

Was lange Unterhosen mit Klimaschutz zu tun haben

Wer sich warm anzieht, spart Energie und vermeidet CO_2. Es muß nicht überall mollig warm sein.

Ein Mensch, der sich dem neunten Lebensjahrzehnt nähert, verzichtet auf vieles, bloß nicht auf seine Überzeugung, seine Erfahrungen könnten der Jugend nützlich sein. Als ich vor sechzig Jahren dem damals zum Rabenvaterland entarteten Vaterland als Luftwaffenhelfer und später als Luftwaffenoberhelfer gutgemeinte, aber ziemlich nutzlose Dienste leistete, froren wir in den Wintermonaten saumäßig, wenn wir stundenlang neben unseren Beutegeschützen (3,7 Russisch) auf den Feind warteten, der allerdings meistens in einer Höhe flog, die unsere Geschütze nicht erreichten. So beobachteten wir uns gegenseitig, die Feindflugzeuge uns von oben und wir den Feind von unten, bis ein meist voreiliger Feuerbefehl diese Ordnung störte. Um uns – den Stimmbruch hatten noch nicht alle überwunden – erklang Gesang. Um uns zu üben und uns zu erwärmen, stimmten wir oft das russische Volkslied der „Wolgaschiffer" an, allerdings mit einem schwäbischen Text. Dieser lautete: „Zieh Di warm a, zieh Di warm a, denn die Kälte greift de Darm a." Das war nicht nur eine Art Vorgriff auf die deutsch-russische Freundschaft, die damals noch sehr zu wünschen übrig ließ, sondern ein nützlicher Rat, den man besser nicht in den kalten Wind schlug.

Den Rat zu befolgen und sich warm anzuziehen, war übrigens gar nicht so angenehm, denn das Basismaterial, aus dem die Unterwäsche der Luftwaffenhelfer hergestellt wurde, war eine Art Holzwolle. Diese verwandelte unsere chemische Industrie in einen Stoff, der so dehnbar war, daß man eine Unterhose nach zweiwöchigem Tragen mehrfach um das jeweilige Bein wickeln und dort mit einem Bindfaden ähnlicher Qualität befestigen konnte. Aber eines war klar: Die Aufgabe der Unterwäsche war die Warmhaltung der von ihnen umschlossenen Körperteile, und nichts sonst. In der Wiederbelebung dieses schlichten Gedankens liegen große Möglichkeiten der Energieeinsparung, der Verminderung der Belastung mit Kohlendioxid und damit einer Verbesserung des Klimaschutzes.

Während die Jugend mit der Vorstellung nichts anzufangen weiß, die Kleidung könnte als Mittel zur Regulierung der Körperwärme einen Beitrag zu Verringerung der CO_2-Emissionen leisten, haben die meisten unter uns Alten noch nützliche und umweltfreundliche Kleidungstücke in ihren Schränken, wie lange Unterhosen, Wollhemden und Wollsocken. Die Unterwäsche der jungen Generation ist zur Wärmeerzeugung und Wärmespeicherung schlicht ungeeignet. Aber die Alternative, erfrieren oder winterfestes Schuhwerk anziehen, läßt sich nicht vom Tisch wischen. Bei einer herbstlichen Gedenkstunde im Freien versuchte neben mir ein junger französischer Offizier, sich durch kleine Schritte auf der Stelle vor Erkältung und Erfrierung zu schützen. Ich fragte ihn, ob auch in der französischen Armee die Erfahrungen aus dem Feldzug Napoleons nach Moskau in Vergessenheit geraten seien; denn damals wußte jeder, daß aus gefalteten Tageszeitungen wärmende Einlegesohlen zu machen sind. Diese Einlegesohlen sind ein weiterer Nutzen, der sich aus den Printmedien ziehen läßt.

In der sogenannten Überflußgesellschaft haben wir uns daran gewöhnt, daß Räume im heißen Sommer kühl und im kalten Winter warm sein müssen. Der gewaltige Energieverbrauch, der nötig ist, um die natürliche Ordnung oder sogar die Naturgesetze umzukehren, ist ein Problem. Es ist nötig, hier durch Architektur und Technik zu Lösungen zu kommen, die nicht einfach in der Inkaufnahme des Klimaschadens bestehen. Es wäre schon ein Widersinn, respektive Unsinn, wenn das Klima ausgerechnet wegen des hohen Bedarfs für die Klimatisierung von Wohngebäuden und wirtschaftlichen Flächen ruiniert würde. Viele Möglichkeiten der Einsparung von CO_2 werden noch Jahrzehnte diskutiert werden, auch die Unterwäsche und die Einlegesohlen.

Der frühere Oberbürgermeister von St. Petersburg, Anatoli Sobtschak, erzählte mir vor Jahren die Geschichte von einem Tungusen, der als vorbildlicher Energiesparer gelten kann. Eines Tages befahl ihm seine Frau: „Du gehst heute in die Sauna. Dein letzter Besuch ist ein Jahr her. Es hat dir damals sehr gut getan." Der Tunguse wollte nicht, aber er mußte. Und kam fröhlich wieder heim. Die Gattin: „Siehst du, wie gut es dir bekommt!" Der Tunguse: „Gar nicht! Aber beim Auskleiden habe ich meine Wattejacke wiedergefunden, die ich seit einem Jahr vermisse."

CO_2 bewirkt die Klimaveränderung, sagen die meisten Klimaexperten auf dieser Erde. Gehen wir einmal davon aus, diese Klimaveränderung wäre keineswegs die erste; unsere Vorfahren, die vor 35 000 Jahren im Lohne-Tal lebten und kleine Plastiken von Tieren hinterließen, könnten dies bezeugen.

ÜBER FINANZEN UND WIRTSCHAFT

Durch Falsches zum Richtigen

*Die Summe der speziellen
Meinungen ergibt keine Ordnung,
sondern Chaos.*

Der menschliche Geist hat durch sein Streben nach Wissen beachtliche Erfolge erzielt. Aber er riskiert, was er an Wissen gewinnt, durch Verwirrung der Grundlagen wieder zu verlieren. In grundlegenden Fragen neigt er zu Leichtgläubigkeit. Seine Fähigkeit, absolut Falsches zu erkennen, ist weit stärker entwikkelt als sein Vermögen, das absolut Richtige zu finden. Das ist plausibel: Denn absolut Falsches kann er selbst in beliebiger Menge herstellen, während das absolut Richtige von einer höheren Ursache, jedenfalls nicht von ihm stammt. Wer Fehler erkennt und korrigiert, nähert sich dem Richtigen, oder, vorsichtiger formuliert, dem weniger Falschen. Von dieser Möglichkeit Gebrauch zu machen, empfiehlt Albert Einstein, der berühmteste Gelehrte des 20. Jahrhunderts, ein gebürtiger Ulmer.

Der britische Philosoph Karl Popper hat diese Denkart zum System entwickelt. Wahrheitsfindung durch Fehlersuche ist eine im Leben vielfach praktizierte Methode. Auch in der Politik wird sie heute gelegentlich angewendet. Das ist ein gutes Zeichen.

Am Rohmaterial, nämlich an nachweisbar fehlerhaften Meinungen, fehlt es nicht. Ein langer Katalog könnte vorgelegt werden. So ist die Begrenzung der Möglichkeiten ein allgemeines Phänomen im menschlichen Dasein, das uns auch in der

Politik begegnet. Dieses Phänomen zu leugnen ist absolut falsch. Gerde bei Planung wichtiger Aufgaben wie der Gesundheitspolitik dürfen die Politiker nicht nur den Bedarf definieren, sondern sie müssen auch die Grenzen des Möglichen beachten. Wo die Grenzen des Möglichen liegen, ist nicht immer leicht zu erkennen. Die Grenzen sind jedenfalls da. Sie müssen nach Aussonderung unmöglicher oder sehr unwahrscheinlicher Varianten bestimmt und eingehalten werden, damit nicht durch die Jagd nach dem Unmöglichen das Mögliche versäumt wird. Gelegentlich liegt der Fehler in dem Unvermögen, sich überhaupt entscheiden zu können oder im Bestreben, es allen recht machen zu wollen. Die Summe der speziellen Meinungen und Wünsche ergibt keine Ordnung, sondern Chaos. Das Interesse des einen wendet sich gegen das Interesse des anderen und verhindert einen denkbaren Fortschritt.

Ein Beispiel: Auf einer felsigen Insel gibt es viele Schnecken mit harten Schalen. Von diesen leben viele Vögel, die aber große Mühe haben, mit ihren Schnäbeln die Schalen der Schnecken aufzuhacken. Ein Teil der Vögel kommt auf die Idee, die Schnecken von oben auf die Felsen zu werfen, um die Schale zu zerstören und, auf den Felsboden zurückgekehrt, deren Inhalt bequem verspeisen zu können. Ein anderer Teil der Vögel blieb aber auf dem Boden und fraß den Inhalt der Schnecken, während die Vögel, die sie heruntergeworfen hatten, noch unterwegs waren. Daraufhin verzichteten diese auf die für sie sinnlos gewordene Anstrengung, und es blieb alles bei den alten Verhältnissen.

In der menschlichen Gesellschaft müßte der Staat derartige Verhältnisse regeln, aber möglichst nicht so radikal, daß sowohl Vögel wie Schnecken verschwinden. Politik muß das Ganze im Auge haben und das einzelne vom Ganzen und das Mittel vom Zweck her bewerten können. Das Detail stimmt nur, wenn es in das Ganze hineinpaßt, und das Mittel verdient seinen Namen nicht, wenn es keinem Ziel dient. Der Staat muß seinen finanzpolitischen Spielraum insgesamt und den für die einzelnen Aufgabenfelder errechnen, festlegen, fortschreiben, vor allem aber selbst einhalten. Wenn die Verhältnisse sich ändern, müssen auch die Rechnungen geändert werden, aber sie müssen immer stimmen, sowohl, wenn ihr Ausgangspunkt das Staatsganze ist, als auch, wenn sie von Lage und Interesse des einzelnen Bürgers ausgehen.

Wie die Rentenversicherung erfordert wohl auch die Krankenversicherung Zuschüsse aus Steuermitteln in zweistelliger Milliardenhöhe, die durch Anhebung der Einkommensteuer finanziert werden müßten. Auf ein Familiensplitting träfe dasselbe zu. Es wird erwogen, Zahnbehandlung, Pflegekosten usw. der Privatinitiative zu überlassen, das heißt, der Bürger soll selbst bezahlen. Eigentlich sollte erst dann entschieden werden, wenn die Gesamtauswirkungen auf die Bürger einigermaßen überschaubar sind. Der Staat ist nur dann geordnet und verläßlich, wenn ihm die Kontrolle der Finanzen nicht entgleitet. Versuche, die mathematische Logik mit moralischen Argumenten außer Kraft zu setzen, sind immer falsch. Jesus hat zwar auf der Hochzeit zu Kana das Wunder vollbracht, aus wenig Wasser viel Wein entstehen zu lassen. Aber mit ihm können sich selbst die frömmsten Politiker nicht vergleichen. Sie müssen sich, da unfähig, wundertätig zu sein, ihre Frömmigkeit dadurch beweisen, daß sie sich an die irdischen Zahlen halten.

Ein schwerer Fehler ist es, bestimmte Ausgaben für vorrangig zu erklären, ohne sagen zu können oder zu wollen, welche Ausgaben denn nachrangig sein, also gekürzt oder gestrichen werden sollen. Dann hat schließlich alles Vorrang mit der Folge, daß die Ausgaben stärker steigen als die Einnahmen und die Versuchung übermächtig wird, die Lücke durch neue Schulden zu schließen. Erliegt die Politik dieser Versuchung, schrumpft ihr Spielraum immer mehr, bis keiner mehr da ist. Sie gefährdet die Währungsstabilität, unterwirft die Verläßlichkeit der öffentlichen Ausgaben vermeidbaren Risiken und belastet die nachfolgenden Generationen. Man schaue sich in der Welt der Tatsachen um: Wo der Bedarf groß und dringend ist, sind keineswegs immer die Mittel da, um ihn zu befriedigen. Oft ist es umgekehrt: Weil die Mittel nicht da sind, ist der Bedarf groß.

Weltverbesserer machen es sich zu bequem, wenn sie sich mit der Beschreibung des Bedarfs und der allgemeinen Forderung, ihn zu erfüllen, begnügen, die Beschaffung der hierzu nötigen Mittel anderen überlassen und sich für moralisch überlegen halten, weil sie die Utopie über die Wirklichkeit stellen. In den dreißiger Jahren des letzten Jahrhunderts stellte Albert Einstein der Gesellschaft die damals oft zitiert Diagnose: „Vervollkommnung der Mittel, Verwirrung der Ziele!" Fehlende oder falsche Ziele führen trotz oder gerade wegen vollkommener Mittel in die Katastrophe, und die besten Ziele werden nutzlos, wenn es an den Mitteln fehlt. Es lohnt sich deshalb, immer über Ziele und Mittel nachzudenken.

Der Mensch als Opfer seiner Erwartungen

*Ein Auto veraltet auch dann, wenn
es nicht gefahren wird.*

Die Wirtschaft sucht Kunden mit Geld, die rasch neue, ihnen
bislang unbekannte Bedürfnisse entdecken, die ihre finanziellen
Möglichkeiten eher überschätzen als unterschätzen, Kunden,
die teure Gegenstände kaufen, auch wenn Ihnen die Nutzung
wenig oder gar nichts einbringt, weil sie nicht repariert, sondern
allenfalls durch Austausch ganzer Aggregate wieder betriebsbereit gemacht werden können und sie rasch ihren Wert verlieren und schließlich auch noch vom Eigentümer entsorgt werden müssen. Es wäre wirtschaftlich unverträglich, wenn Geld
nur für wertbeständige oder gar Wertsteigerungen versprechende Dinge ausgegeben würde, wie Grundstücke, Antiquitäten,
gute Kunst, Wertpapiere und im übrigen das Preis-Leistungs-
Verhältnis Anwendung fände.

Wer ein neues Auto, einen neuen Computer, überhaupt ein
neues elektrisches oder elektronisches Gerät kauft, muß sich
damit abfinden, daß nach dem Kauf sofort der Wiederverkaufs-
wert sinkt und schließlich der Wert zum Minuswert wird, nämlich zu Entsorgungskosten. Hegel würde hier von einem Quali-
tätssprung reden. Aber die Vorsichtigen und Zaghaften halten
unsere Wirtschaft nicht im Schwung. Ich sage das, obwohl ich
mir mein Leben lang Mühe geben mußte, mich nicht zu diesen
zu gesellen. Eine Daumenregel für den Umgang mit Hochtechnologie lautet: „Wenn du es verstehst, ist es bereits veraltet". Ich
finde, dieser Satz ist ermutigend, weil er klarstellt, daß es anderen so geht wie mir.

Es geht heute mehr denn je um die Begriffe „altern" und „veralten". „Altern" kann etwas Positives sein, wenn die Alternative in Betracht gezogen wird. Aber wer tut das schon? „Veralten" bedeutet nichts Gutes. Der frühere Herausgeber der „Stuttgarter Zeitung", Josef Eberle, hat darauf hingewiesen, daß Verben, die mit „ver" beginnen, meistens etwas Zerstörendes oder Zersetzendes aussagen und führte als Beispiel das Wort „verlieben" an. Das kann dahingestellt bleiben, jedenfalls trifft das auf das Wort „veralten" zu. Während ein Wein, der zehn Jahre alt ist, ausgezeichnet sein kann – man versucht hier beim Verb das Wort „altern" zu vermeiden und verwendet lieber die Verben „reifen" oder „lagern" – ist etwas Veraltetes nie besser und fast immer schlechter als etwas Neues. Wenn man nun bedenkt, daß ohne das Phänomen des Veraltens Wirtschaft und Gesellschaft zum Stillstand kämen und beide nur durch Bewegung stabil bleiben, ist das schon etwas beunruhigend.

Der Mensch ist das Opfer seiner Erwartungen: Wenn ich ein neues Auto kaufe, habe ich die Wahl, entweder den aussichtslosen Kampf gegen Abnützung und Alterung zu führen oder mich damit abzufinden, daß das Auto durch den Gebrauch nicht schöner wird. Wir, das heißt meine Frau und ich, haben uns, wenn wir ein neues Auto kauften, entschlossen, von vornherein in dessen Außenhaut kleinere Beulen und Kratzer nicht zu reparieren, sondern nur die betroffenen Stellen gegen Rost zu schützen, wie ich immer wieder gerne erzähle. Während andere hohe Kosten für Schönheitsreparaturen tragen mußten und sich über jeden neuen Schaden ärgerten, freuten wir uns über jeden neuen Schaden, weil wir uns vorstellten, wie wir uns geärgert hätten, wenn der alte Schaden für teures Geld repariert worden wäre. Auch verringert sich die Gefahr, das Fahrzeug könnte gestohlen werden, von Beule zu Beule. Je mehr Beulen und Kratzer, desto größer das Wohlbefinden. Die Tür zum Glück steht offen, man muß nur hindurchgehen.

Dem schwäbischen Gemüt müßte ein solcher pragmatischer Umgang mit teuren Gebrauchsgegenständen zuwider sein. Gewiß kann von einem schwäbischen Landsmann nicht erwartet werden, daß er, wie das in Paris üblich ist, mit Hilfe seiner Stoßstangen die anderen Autos so lange vor- und zurückschiebt, bis eine für ihn ausreichende Parklücke entsteht. Die Vorstellung, daß eine solche Verschiebung seinem eigenen Wagen widerfahren könnte, schreckt ihn davor ab, so etwas anderen zuzufügen, und dieser Gedanke ist schließlich das Fundament der Ethik. So mancher Schwabe gibt sich nicht zum Zwecke der Risikoverminderung mit einem Gebrauchtwagen zufrieden, sondern kauft ein teures neues Auto, obwohl er weiß, daß sofort der Schätzpreis sinkt und die Aussichten, es so lange zu nützen und zu konservieren, bis es einen Museumswert hat, gering sind. Das Modell veraltet auch dann, wenn das Auto nicht gefahren wird. Ein neu erscheinendes altes Modell setzt außerdem den Fahrer dem Verdacht aus, er hätte eine Zeitlang auf seine Fahrerlaubnis verzichten müssen.

Wer ein Auto haben will, das immer so aussieht, als ob es gerade neu geliefert worden wäre, lasse es am besten gleich in der Garage stehen und gehe zu Fuß. Das Auto ist dann kein Transportmittel, sondern ein Kultgegenstand. Dasselbe trifft auf alle Gegenstände zu, die, eigentlich zum Gebrauch bestimmt, nicht in Gebrauch genommen werden, damit sie nicht kaputtgehen. Der Besitz solcher Gegenstände ist eigentlich eine Bedrohung des Wohlbefindens, nämlich eine erhebliche Erweiterung der Angriffsfläche, die der Mensch dem Schicksal bietet. Der Computer bedroht auch das Wohlbefinden, aber auf andere Art. Er versucht täglich zu beweisen, daß er mehr kann als sein Benutzer. Er veraltet auch, aber er ist schon veraltet, wenn er neu ist, denn sein Nachfolger befindet sich schon in der Produktion und dessen Nachfolger wird demnächst produziert. Das gilt auch für andere technische Produkte. Aber bei Computern kauft man den Neuesten, obwohl man bereits den Vorläufer nicht verstanden hat.

Was tun? Einstein und Nietzsche als Ratgeber

*Kann ein Esel tragisch sein? Er
kann es dann, wenn ihm eine Last
aufgebürdet wird, die er weder
tragen noch abwerfen kann.*

Genügsamkeit und Sparlust sind nach wie vor Tugenden, die
Verläßlichkeit in das Leben bringen. Aber für Wirtschaft und
Arbeitsmarkt ist es heute von Nachteil, wenn die Genügsamkeit
zu weit geht, indem sich die Nachfrage und das Angebot von
Dienstleistungen nicht so entfalten, wie das im Interesse des
allgemeinen Wohls liegt. Wir wollen gewiß keine Kreditkarten-
gesellschaft, in der die Verfolgung durch Gläubiger zum täglichen Leben gehört. Aber zwischen den beiden Extremen ist
ausreichend Platz für den gesunden Mittelweg.

Stadtbelebung hat Einfluß darauf, in welchem Umfang
Dienstleistungen angeboten und nachgefragt werden und welche Folgen auf dem Arbeitsmarkt eintreten. Wenn sich die
Nachfrage an Dienstleistungen darin erschöpft, daß wir uns
gegenseitig die Haare schneiden, kommen wir nicht weiter.
Die Aktivierung der Freizeit, die Erweiterung der gesellschaftlichen, sportlichen und kulturellen Ansprüche, Möglichkeiten
und Bedürfnisse, die Verfeinerung des Angebots und der Nachfrage von Bildung, das alles ist notwendig. Etwas Verschwendung muß sein, wenn die Dienstleistungen die Arbeitsplätze
anbieten sollen, welche zu schaffen die Theorie ihnen zutraut.
An sich ist logisch, daß das Interesse an Dienstleistungen auch
mit deren Kosten zusammenhängt und die Kosten von dem
Lohn abhängen, für den Beschäftigte zu arbeiten bereit sind.
Kaum einer wird auf Dauer arbeiten, Löcher graben, Würste

braten, Kartoffeln schälen wollen, wenn er per Saldo nur so viel verdient, wie er Sozialhilfe oder Arbeitslosengeld erhält, es sei denn, ihm würden weitere Vorteile zum Beispiel bei der Erhaltung seines Privatvermögens zugute kommen. Ein gesetzlicher Mindestlohn könnte eher das Angebot an Arbeitsplätzen vermindern als es vergrößern. Auf der einen Seite müßte der Mindestlohn möglichst gering sein, wenn er das Interesse der Arbeitgeber finden soll. Auf der anderen Seite sollte er deutlich höher sein als Arbeitslosengeld und Sozialhilfe, weil sich sonst das Interesse der Arbeitslosen in Grenzen hält. Wegen der hohen Arbeitslosigkeit in Grenzen halten sich trotz der Maxime „fördern und fordern" auch die Möglichkeiten, durch gezielte Kürzungen von Sozialleistungen größere Arbeitsbereitschaft zu erzwingen. Je höher die Arbeitslosenquote desto bedenklicher der Schluß, wer keine Arbeit hat, der will auch keine. Zwangsmittel sollten auf krasse Fälle von Arbeitsverweigerung eingeschränkt bleiben. Schließlich sind auch Zuschüsse der öffentlichen Hand zu den Lohnkosten problematisch, denn sie könnten sogenannte Mitnahmeeffekte auslösen, indem auch jene Arbeitgeber solche Zuschüsse fordern, die bisher ohne sie auskamen.

In den dreißiger Jahren stellte Albert Einstein der Gesellschaft die Diagnose: Verwirrung der Ziele, Vervollkommnung der Mittel. Gilt das noch? Politik muß das Ganze im Auge haben und das Einzelne vom Ganzen her bewerten können und das Mittel vom Zweck her. Das Detail stimmt nur, wenn es in das Ganze hineinpaßt, und das Mittel verdient seinen Namen nicht, wenn es keinem Ziel dient. Der Staat muß seinen finanzpolitischen Spielraum insgesamt und den für die einzelnen Aufgabenfelder errechnen, festlegen, fortschreiben, vor allem aber selbst einhalten. Ziele, die durch kein Mittel erreicht werden können, sind jedenfalls unbrauchbar, genauso wie Mittel, die nicht zum Ziel hinführen, sondern von ihm entfernen.

Vor nicht allzu ferner Zeit haben sich die Parteien mit Steuersenkungen den Rang abzulaufen versucht, offenbar in der Meinung, die Arbeitslosigkeit verschwinde um so schneller, je mehr die Steuern gesenkt werden. Heute ist plötzlich der Mut zur Steuererhöhung wiedergekehrt. War damals die Bereitschaft zu Steuersenkung überzogen, trifft das heute auf die Hoffnung zu, durch Steuererhöhung die sozialen Fragen lösen zu können. Das ist teilweise möglich, aber man sollte dabei nicht übertreiben. Wenn addiert wird, was alles in den Parteien gefordert wird, dann läppert sich einiges zusammen. Zumindest müßte anhand von Fallbeispielen untersucht werden, wie groß die zusätzliche Steuerbelastung ist und wie viel dem Steuerpflichtigen zum Leben verbleibt, bevor Entscheidungen fallen.

Dies läßt sich errechnen
1. für die Umsatzsteuer
2. für die wegfallenden Vergünstigungen bei der Einkommensteuer wie der Pendlerpauschale, dem Sparerfreibetrag
3. für die Einkommensteuer, die zusätzlich erhoben werden soll, um einen sozialen Ausgleich bei der Krankenversicherung zu erreichen (und die gegebenenfalls in den Fonds eingebracht werden soll)
4. für Veränderungen beim Splitting, das bislang unterstellt, daß das Einkommen der Familie ein Ergebnis der Anstrengungen beider Eheleute ist. Würden die Kinder in das Splitting einbezogen, entstünden entweder der öffentlichen Hand erhebliche Steuerausfälle oder der Tarif der Einkommensteuer müßte beachtlich erhöht werden, so daß die kinderlosen Ehepartner die Last zu tragen haben
5. für die Mehrbelastung durch eine denkbare Verweisung von Pflegeversicherung, Zahnbehandlung, Sportverletzungen in die Eigenverantwortung und
6. für die volle Übernahme des vorschulischen Bereichs in die staatliche Finanzierung.

Solche Berechnungen sollten vor den Entscheidungen vorliegen, nicht erst nachher, wenn man nur noch jammern und nichts mehr ändern kann. Gewiß muß auf die Wirtschaft Rücksicht genommen werden. Aber letztlich ist das gesamte Steueraufkommen auf die Wirtschaft zurückzuführen. Sie bezahlt die Beschäftigten, sie zahlt die Abgaben, mit denen die öffentliche Hand sich selbst finanziert, sie bringt auch die Mittel auf für die Renten, wenn nicht über den Arbeitgeberbeitrag, dann über Lohnzahlungen und Steuern. Friedrich Nietzsche stellt die Frage: „Kann ein Esel tragisch sein?" und bejaht sie für den Fall, daß diesem eine Last aufgebürdet wird, die er weder tragen noch abwerfen kann. In eine solche Lage sollten wir weder die Wirtschaft noch den Bürger bringen.

Gleichheit und die Freiheit des Tüchtigeren

Die von der Natur vorgegebene
Ungleichheit kann nicht als Irrtum
der Schöpfung angesehen werden
und der Mensch nicht als
beauftragt, Gleichheit
herzustellen.

Verteilungsgerechtigkeit versteht in der Regel Gleichheit so, daß dem, der mehr hat, etwas weggenommen wird, um es dem zu geben, der weniger hat. Armut wird leichter ertragen, wenn es anderen auch schlecht geht. Dies zeigt die Geschichte von dem Bauern und der Fee. Dieser Bauer fand auf dem Feld eine Flasche. Er entkorkte sie, und aus ihr entwich ein Rauch, der sich in eine schöne Fee verwandelte, die ein Zauberer in die Flasche gebannt hatte. Die dankbare Fee sagte dem Bauern, er habe einen Wunsch frei. Der Bauer dankte und erklärte, er habe einen steinigen Acker, mageres Vieh und häßliche Töchter. Sein Nachbar hingegen habe einen fruchtbaren Acker, fettes Vieh und schöne Töchter. Die Fee fragte: „Du willst also, daß es dir so gut geht wie ihm?" Darauf der Bauer: „Nein, ich möchte, daß es ihm so schlecht geht wie mir!" Ein so radikales, selbstmörderisches Bekenntnis zur Gleichheit ist heute selten.

Die von der Natur vorgegebene Ungleichheit kann wohl nicht als Irrtum der Schöpfung gesehen werden, und der Mensch nicht als beauftragt, die Gleichheit herzustellen. Gleichheit erschöpft sich nicht darin, daß alles gleicher gemacht werden soll – der Tüchtige träger, der Faule fleißiger, der Arme reicher und der Reiche ärmer. Gleichheit hat etwas zu tun mit Gerechtigkeit, Nächstenliebe, Solidarität, Chancengleichheit,

Sicherung des eigenen Freiheitsraums durch Rücksichtnahme auf die Rechte der anderen. Also nicht, wie im früheren China, Maos gleiche Kleidung und gleiche, im Chor vorzutragende Meinungen aus dem roten Büchlein als Pflichtgesinnung. Das Volk besteht nach unserer Verfassung aus Einzelpersönlichkeiten mit individuellen Rechten gegenüber dem Staat.

Eckpfeiler des Grundgesetzes, unserer Verfassung, ist die Menschenwürde. Der Text des Grundgesetzes beginnt mit den Worten „Die Würde des Menschen ist unantastbar" und regelt zunächst die Grundrechte. „Leider nicht überall in der Welt" möchte man am liebsten dazwischenrufen, der vielen Verletzungen der Menschenwürde gedenkend, die es auf der Welt nach wie vor gibt. Aber in der Bundesrepublik hat jeder ein Recht auf Gewährleistung und Beachtung der Menschenwürde und auch das Recht, notfalls gerichtlichen Schutz zu erlangen.

Die materiellen Voraussetzungen für Menschenwürde und Grundrechte müssen im Rahmen des Möglichen auch von der Politik gefördert und geschaffen werden. Die Summe der Eigeninteressen ist schon deshalb nicht das allgemeine Wohl, weil der Vorteil des einen der Nachteil des anderen ist. Es ist nicht bereits sozial, wenn Wünschenswertes gefordert wird, ohne zu untersuchen, was möglich ist.

Die Arbeitsplätze müssen im wesentlichen von der Privatwirtschaft geschaffen werden. Wenn die Wirtschaft Gewinne erzielt, kann sie mehr Arbeitsplätze bereitstellen, als wenn sie keine erzielt. Das gilt auch dann, wenn sie durch Rationalisierung Arbeitsplätze abbaut. Deshalb sollten die privaten Unternehmen keine im weltwirtschaftlichen Vergleich zu hohe Steuerlast tragen müssen. Nicht zuletzt im Interesse der Wirtschaft an Bildung, Infrastruktur, Polizei benötigen wir weiteres Personal für öffentliche Dienstleistungen, das auf Kosten des privaten Sektors finanziert werden muß, was dessen Vermögen, Arbeitsplätze zu schaffen, wiederum einschränkt.

Ein weiser Rabbi wurde von einer Bäuerin um Rat gefragt: „Ich habe einen Hahn und eine Henne. Wen soll ich schlachten?

Schlacht ich den Hahn, grämt sich die Henne, schlacht ich die Henne, grämt sich der Hahn." Der Rabbi antwortete: „Schlachte den Hahn!" Die Bäuerin: „Aber dann grämt sich die Henne!" Der Rabbi: „Soll sie sich grämen!" Politische Entscheidungen sind keine Mathematikaufgaben, die ohne Rest aufgehen. Auch geht es dort meistens nicht um „sowohl als auch", sondern um „entweder oder". Wenn höhere Steuereinnahmen benötigt werden und die Arbeitgeber geschont werden sollen, können die Steuern nicht auch noch bei völliger Schonung der Beschäftigten angehoben werden.

Eine Belastung der Beschäftigten bei Schonung des Kapitals, so vernünftig das in besonderen Umständen sein mag, wird nicht ohne Widerstand gelingen; zumindest werden die Gewerkschaften versuchen, bei den Tarifverhandlungen zu Lasten des Kapitals einen Ausgleich zu erhalten.

Damit scheint sich die Politik um 360 Grad gedreht zu haben und alles wieder am alten Platz zu stehen. Aber das wirtschaftliche und das soziale Geschehen ist keine Abfolge von Zuständen, sondern ein dynamischer Prozeß, der heute schneller abläuft als je zuvor und der Gesetzmäßigkeiten folgt, die nicht immer voraussehbar sind.

Gescheit und weise?

Ich habe die Erfahrung gemacht,
daß mit der Höhe der Zahlen,
die Fehlerquote zunimmt.

Auf den ersten Blick neigt der Mensch zu der Meinung, daß, wer über eine Sache etwas sagt oder schreibt, von dieser etwas mehr verstehen muß als seine Zuhörer. Das ist aber nicht der Fall. Im Falle der Übereinstimmung mit dem Redner freuen sich die Zuhörer über die Bestätigung, daß sie recht haben, im Falle der mangelnden Übereinstimmung freuen sie sich über die Gelegenheit zum Streit, die sich bei geringem geistigen Aufwand eröffnet. Keine Frage, die Menschheit weiß immer mehr, kein Wunder angesichts der vielen Spickzettel, die ihr die moderne Welt zusteckt. Ob sie aber immer weiser wird, bleibt offen.

Das aber ist heute im Blick auf die Veränderungen der weltwirtschaftlichen Gesetzmäßigkeiten, der ökologischen Risiken, des technischen Könnens und der Verhältnisse der Gesellschaft eine Frage des Überlebens. Der Verstand erträgt weniger Gemütlichkeit als früher, als die Entwicklung langsamer und berechenbarer verlief. Ein Blick in das Geschichtsbuch beweist allerdings, daß auch der langsamere Ablauf des Geschehens nicht immer zum Nachdenken genutzt wurde. Heute ist alles in Bewegung. Was gut bleiben soll, muß besser werden, wenn es nicht schlechter werden soll.

Wer über die Zukunft spricht, redet über Möglichkeit, Wahrscheinlichkeit, Unwahrscheinlichkeit, nicht über Gewißheit und Wahrheit. Er muß sich in acht nehmen vor dem grundsätzlichen Fehler, er könne das Denken einstellen, wenn er bei einem Ergebnis anlangt, das ihm bequem und willkommen ist. Er wird sich immer wieder täuschen. Es macht einen großen Unterschied aus, ob er den Fehler kennen will, ob er bereit ist, ihn zuzugeben und zu korrigieren oder ob er Fehler weder erkennt noch zugibt, noch korrigiert. Viele halten Zweifel an der eigenen Meinung für eine Charakterschwäche. Zu Unrecht, denn das Richtige findet nur, wer nach ihm sucht. Wenn ich es recht sehe, wird es angesichts der vielen miteinander verschränkten Entwicklungen in der Politik noch mehr als heute auf den Willen ankommen, Kritik und Selbstkritik zu ertragen, zu üben und zu nutzen, und zwar ohne jene übelnehmerische Verdrossenheit, die uns in solcher Lage immer wieder heimsucht. Ob Sonnenenergie, Windenergie und so fort in dem bisher vorausgesetzten Umfang zuverlässig bereitstehen und Deutschland auf Kernkraft verzichten kann, wie viele das gerne sehen würden, sollte immer wieder kritisch und ergebnisoffen untersucht werden, denn bei Themen von existentieller Bedeutung wie der Energieversorgung sollte es kein Hasardspiel geben. Die Kernkraft ließe sich, wenn sie in Deutschland einmal abgeschafft ist, nicht kurzfristig wieder einführen, wenn sich etwa herausstellte, daß der Verzicht auf sie falsch war. Das wäre doch immerhin denkbar, aber viele kluge Köpfe, die der Weltgeist vorwiegend in Deutschland versammelt hat, erklären die Frage für erledigt, für überholt, für abschließend beantwortet und halten es für geschmacklos, sie noch einmal zu stellen. Welche Folgen hätte ein Verzicht auf Kernenergie nach den gegenwärtig vereinbarten Fristen für Versorgungssicherheit, Kosten, Preise, Belastung mit Treibhausgasen? Die realen Probleme sind schwierig genug. Die Behauptung, die Kernenergie emittiere mehr Treibhausgas als Kraftwerke auf Braunkohlebasis, ist so falsch, daß es falscher eigentlich nicht mehr geht.

Daß der rheinland-pfälzische Ministerpräsident Kurt Beck, gewiß ein redlicher Politiker, diese falsche Vorstellung schon zweimal öffentlich geäußert hat, zeigt das ganze Ausmaß der Verwirrung. Ich habe die Erfahrung gemacht, daß mit der Höhe der Zahlen die Fehlerquote zunimmt. Daß Milliarden mit Prozenten verwechselt werden (die Ausgaben stiegen um sieben Milliarden anstatt um sieben Prozent) ist nicht aufregend. Daß sich aber einmal der Verfasser eines Traktats über radioaktive Emissionen der Kernkraftwerke um zehn Dezimalstellen täuschte, weil er versehentlich statt zehn hoch minus fünfzehn hoch plus fünf gelesen hatte, das ist einmalig und zeigt, wie sehr Eifer auch kluge Köpfe verwirren kann.

Auch ohne gigantische Rechenfehler ist es ratsam, mit der Kernkraft behutsam umzugehen, gleich, ob sie als Mittel zur Abschreckung dienen soll oder als Arznei gegen die Treibhauserkrankung unserer Erde. Aber mit gleicher Sorgfalt sollte mit Plänen umgegangen werden, auf sie zu verzichten. Ein Verzicht auf ein gewaltiges emissionsarmes Energiepotential wie die Kernkraft sollte nicht ohne Prüfung der nachteiligen Folgen getroffen werden, nicht nur derer für die Sicherheit, sondern auch derer für Kosten und Preise. Mit übersteigertem Optimismus und rabenschwarzem Pessimismus ist nichts erreicht außer Verwirrung, an der es ohnehin bei uns weiß Gott nicht mangelt.

Bis der dünne Faden reißt

*Der ironische Rat von Karl Kraus:
„Im Zweifel tue stets das
Richtige!" stimmt zwar immer, ist
aber absolut unbrauchbar.*

Der große Philosoph Hegel, ein gebürtiger Stuttgarter, hat
neben vielen anderen zutreffenden Aussagen aus gutem Grunde und immer wieder darauf aufmerksam gemacht, daß die
Wahrheit im Ganzen liegt. Das hat Konsequenzen: Wenn nur
ein Teil stimmt, ein anderer aber nicht, dann stimmt auch das
Ganze nicht. Wenn erhebliche Ausgaben beschlossen werden,
ohne sie in den Zusammenhang eines Haushaltsplans oder
einer Finanzperspektive einzuordnen, dann wird das Risiko
für alle Ausgabeplanungen größer, nicht mehr zu stimmen.
Es wäre von Vorteil, wenn ein einigermaßen klares, aktuelles
und realistisches Bild des Haushaltsgeschehens und seiner Zusammenhänge vorläge und bei politischen Entscheidungen be-
rücksichtigt würde. An diesem klaren Bild fehlt es aber hin und
wieder, und dann wundert man sich darüber, daß auf einmal
die Finanzierung der Krankenversicherung oder der Renten
nicht mehr so sicher ist, wie man vor einigen Jahren, als man
sich mit dem Thema beschäftigte, geglaubt hatte oder wenn die
Einsparungen Aufgaben treffen, die gleiche oder höhere Priorität haben.

Bleiben solche Fragen zu lange im Unklaren, schwebt über
allen Ausgaben das berühmte Schwert des Damokles, das erheblichen Schaden anrichten kann, wenn der dünne Faden
reißt, an dem es hängt. In einem solchen Dilemma befinden
sich die Finanzpolitik und damit die Gesamtpolitik immer

dann, wenn sie Entscheidungen von großem finanziellem Gewicht trifft ohne gleichzeitig zu bestimmen, wie die Kosten finanziert werden. Viele Planungsaussagen über das künftig Mögliche sind nicht konkret genug. Zwar ist die Haltbarkeit abstrakter Planungen im allgemeinen größer, das heißt konkrete Planungen müssen häufiger überarbeitet und korrigiert werden als abstrakte. Aber was macht das schon aus im Zeitalter der Elektronik? Wenn Aussagen zu abstrakt sind, dann sind sie vielleicht richtig, aber in der Praxis nicht zu verwenden, weil sie dem, der sie anwenden soll, keine brauchbare Auskunft geben. Der ironische Rat von Karl Kraus: „Im Zweifel tue stets das Richtige!" stimmt zwar immer, ist aber absolut unbrauchbar.

Die Bundesfamilienministerin Ursula von der Leyen, eine kinderreiche Ärztin aus gutem Hause (ihr Vater ist der frühere niedersächsische Ministerpräsident Ernst Albrecht, der Hauptaktionär eines Eisen- und Hüttenwerkes war und einen eigenen Bauernhof besitzt), hat es (wohl) durchgesetzt, in den kommenden Jahren den Ausbau der Kinderbetreuung für unter Dreijährige so energisch voranzutreiben, daß den Eltern ein Rechtsanspruch auf kostenfreie Plätze eingeräumt werden kann. Der Deutsche Städtetag, bekannt für Umsicht und Sorgfalt, rechnet mit Kosten von jährlich sechs Milliarden Euro. Das ist kein Pappenstiel. Diese sechs Milliarden Euro müssen mit Hilfe höherer Steuereinnahmen und/oder Kürzungen von Ausgaben, also durch Einsparungen, aufgebracht werden. Hier gilt aber das Winston Churchill zugeschriebene Wort: „Immer vom Sparen reden, aber nie sagen wo." Die Devise „beschließe gleich, finanziere später" kann im Leben wie in der Politik so lästig werden wie ein Abzahlungskauf, bei dem der Käufer die böse Erfahrung macht, daß der Fernsehapparat schon längst kaputt ist, aber die Raten immer noch gezahlt werden müssen.

In der Politik gibt es ein diskreter als der Abzahlungskauf erscheinendes, aber erheblich schädlicheres Mittel, nämlich die

Finanzierung nicht rentierlicher Ausgaben durch Verschuldung. Hiermit haben wir bei Bund, Ländern und Kommunen Erfahrungen gemacht, die wir nicht wiederholen sollten. Wo einer etwas bekommt, will der andere auch etwas. Durch Anwendung der dem Menschen in beachtlichem Maße verliehenen Vernunft ist man dahintergekommen, daß die Eltern der unter Dreijährigen, die ihre Kinder zum Nulltarif in die Krippe bringen, einen finanziellen Vorteil haben gegenüber denen, die das nicht tun und sich allein um ihren Nachwuchs kümmern. Das ist auch anerkennenswert, obwohl ein pädagogischer Nutzen auch dem Kindergarten zugebilligt werden muß. So entstand der Gedanke, daß beide Elterngruppen um der Gerechtigkeit willen einen finanziellen Vorteil haben sollten, die eine, weil sie etwas tut, die andere, weil sie es nicht tut. Ich habe lange nachgedacht und bin zum Ergebnis gekommen, daß es, wenn das Problem nur als eines zur Verteilung finanzieller Lasten angesehen wird, keinen anderen Weg gibt, der weniger seltsam wäre. Aber geht es bei der Beziehung Kind-Eltern vorwiegend um finanziellen Lastenausgleich?

Wer die öffentlichen Finanzen dauerhaft ordnen will, müßte sich zunächst bei den Ausgaben zurückhalten, so wie ja auch der Freund des Alkohols sein Entziehungs- und Entwöhnungsprogramm besser nicht mit einem kräftigen Schluck aus der Flasche beginnt. Wenn mit einer Ausgabenerhöhung oder einer Senkung der Einnahmen jeweils die finanzwirtschaftlichen Folgen mit beschlossen werden müßten, würde dies nicht nur zeigen, daß Freud und Leid meistens gemeinsam auftreten, sondern auch dem Irrtum entgegenwirken, die soziale Gesinnung eines Menschen sei besonders stark entwikkelt, wenn er sich darauf beschränkt, das Gute zu fordern. Das Wichtigste wäre, daß das ganze Planungssystem zur Auskunft befähigt bleibt, also mitteilt, wie viel Mittel in einem bestimmten Zeitraum für die einzelnen Aufgabengebiete vorgesehen sind und wo wie viel eingespart werden muß, wenn zusätzliche Ausgaben beschlossen werden. Wenn ein Plan etwas nutzen soll, dann muß er im Rahmen des Machbaren aktuell und konkret sein und ein Ganzes darstellen. Was nützen zum Beispiel Registraturen, wenn man in ihnen statt der gesuchten Akten nur sogenannte „Legzettel" vorfindet, auf denen steht: „2. Mai Seiten 1 – 18 vorübergehend entnommen. Gezeichnet ‚Unleserlich'".

Kein Produkt ohne Abfall oder Vom Nutzen des Augiasstalls

Es gibt überall die Neigung,
unbrauchbare Vorschläge nicht zu
entsorgen, sondern für alle Fälle
aufzubewahren.

Zu den klassischen Werken des Herakles gehört die Reinigung des Augiasstalls. Die angewendete Reinigungstechnik (Ausschwemmung der übelriechenden Substanz durch umgeleitete Bäche) wurde zwar von König Augias nicht als vertragsgemäß anerkannt, das Ergebnis war aber dennoch großartig. Heinrich Heine meint, solche Reinigungsarbeiten seien besonders schwierig, wenn die Rindviecher noch im Stall drin stehen. Er meint das auch allegorisch im bezug auf die Reinigung des politischen Denkens. Aber Heine war eben ein Stadtbewohner, das sind verzärtelte Menschen, die damals wie heute von der Landwirtschaft keine Ahnung haben, aber doch daherreden, als hätten sie 14 Semester an der Universität Hohenheim studiert.

Ein Stall ist nicht dazu da, um sauber zu bleiben, sondern um dreckig zu werden, damit der Dreck, den seine vierfüßigen Insassen machen, entsorgt und danach wieder für die Landwirtschaft nutzbar gemacht wird. Das sollten sich auch jene Politiker merken, die das Wort „Augiasstall" gerne verwenden, um die Arbeitsergebnisse anderer Politiker herabzusetzen. Aber kein Produkt ohne Abfall und ohne Abfall kein Produkt! Den Zusammenhang zwischen nützlicher Produktion und Abfall gibt es bei allen menschlichen Tätigkeiten, besonders auch in der Politik.

Wie oft erleben wir, wie die Gedankenwelt der Politik belastet wird durch den pietätvollen Versuch, Gedanken, Modelle und Maßnahmen, deren Unbrauchbarkeit erwiesen ist, mitzuschleppen, anstatt sie zu entsorgen, weil man sie vielleicht noch einmal brauchen könnte. Dieser unerschütterliche Glaube an die Wiederverwendbarkeit des Abfalls hat schon so manche Wohnung durch Anhäufung von „Gruscht" zu einem Ort des Schreckens gemacht. Auch in der Welt des Geistes, der, jedenfalls in einem demokratischen und freiheitlichen Land, die Politik angehört, gibt es politischen Abfall, der entsorgt werden sollte.

Wir brauchen keinen Klassenkampf mehr, keinen unversöhnlichen Widerspruch zwischen Kapital und Arbeit, zwischen den Interessen der Generationen und auch keinen Streit darüber, ob es unser Volk glücklich macht, wenn die öffentliche Hand Geld, das sie nicht hat, großzügig verteilt. Es gibt ganz allgemein in Wirtschaft, Gesellschaft und Politik die Neigung, Vorschläge, die sich als unbrauchbar erwiesen haben, nicht zu entsorgen, sondern aufzubewahren in der Hoffnung, sie doch noch einmal brauchen zu können.

Das Dilemma in einer Großen Koalition ist, daß beide Partner in der Öffentlichkeit als die Stärkeren gelten wollen, die sich zulasten des Partners durchsetzen, und daß beide Partner den Ruf anstreben, sie stellten in Notzeiten das Parteiinteresse hinter das Bürgerinteresse zurück. Ein Widerspruch zwischen diesen beiden Zielen bestünde nur dann nicht, wenn das Bürgerinteresse und das Parteiinteresse übereinstimmten.

Das wird zwar in der politischen Arena oft behauptet, aber von den Bürgern selten geglaubt. Ich hoffe jedenfalls, daß die Große Koalition das leistet, was die meisten Bürger von ihr erwarten, nämlich ein verläßliches Finanzkonzept, das einige Jahre hält und das einen klareren Durchblick durch die öffentliche Finanzpolitik erlaubt. Vor uns der Stein des Sisyphos, in uns die Qualen des Tantalus, links und rechts von uns Scylla und Charybdis als konkurrierende Prinzipien der Ökonomie und der

Gerechtigkeit, hinter uns der Stall des Augias, aber in gereinigtem Zustand. Das wäre doch bereits ein ermutigendes Ergebnis der Großen Koalition und ein starkes Argument gegen eine weitere Zersplitterung politischer Macht.

Von der Steuerpflicht und dem Sparstrumpf der verstorbenen Tante

Machiavelli hat die Deutschen für „steuerehrlich" gehalten, aber er war nie bei uns.

In längst vergangenen Zeiten kam es vor, daß Bürger den Militärdienst als eine „freudig erfüllte Pflicht" empfanden, in Friedens- wie in Kriegszeiten. In Kriegszeiten ließ die Freude stark nach, um an deren Stelle die Vorstellung treten zu lassen, man sei es den vielen bereits erbrachten Opfern schuldig weiterzukämpfen, auch wenn die Vernunft dagegen spricht. Aber kein im Kriege Gefallener hatte die Möglichkeit, sich in diesem Sinne zu äußern, und kein Lebender kann eine Vollmacht vorlegen, die ihn ermächtigt, im Namen der Toten zu sprechen. Daß Menschen für eine Idee, ein Ideal, ein Vorurteil oder einen Traum ihr Leben und ihre Gesundheit eher zu opfern bereit sind als ihr Geld, ist ein bekanntes Phänomen. Heinrich Heine schreibt, Napoleon habe seine Franzosen gut gekannt und deshalb ihr Geld mehr geschont als ihr Blut. Die Pflicht, Steuern zu zahlen, löst keinen Enthusiasmus aus.

Niccolò Machiavelli, der 1469 in Florenz geborene große Analytiker der Renaissance, behauptet zwar, in den freien deutschen Städten zahlten die Bürger gerne, freiwillig und in der rechten Höhe ihre Steuern. Aber er kannte uns nur aus den Büchern, in denen wir meistens einen ganz guten Eindruck machten. Heute jedenfalls ergreift den deutschen Bürger ein Unbehagen, wenn er erkennt, daß überall, wo Geld fließt, der Fiskus sitzt und sich als Teilhaber, Miteigentümer und Miterben des Steuerpflichtigen betrachtet.

Unsere demokratischen Gesetzgeber versuchen gerecht zu sein. Aber die Vorstellungen, was gerecht ist, weisen große Unterschiede auf. Überdies wird der Fluß des Geschehens, dem das Leben und die Politik unterworfen sind, immer schneller, kräftiger und unberechenbarer. Entscheidend ist, daß der Mensch zwar in günstigen Momenten zur Vernunft fähig, aber doch eher zur Unvernunft geneigt ist. Wenn, wie es bei Lohnsteuerpflichtigen der Fall ist, Lohnsteuer und Sozialabgaben von vornherein vom Bruttolohn abgezogen werden, wird das als weniger schmerzhaft empfunden, als wenn man etwas, was man bereits besitzt, hergeben soll. Daß es den Menschen in der Regel weniger schmerzt, wenn er etwas, das er gerne hätte, nicht bekommt, als wenn ihm etwas, was er besitzt, genommen wird, darauf hat mich vor Jahren der legendäre Oberbürgermeister von Jerusalem, Teddy Kollek, aufmerksam gemacht, und ich kann auf ähnliche Beobachtungen verweisen.

Von dieser Einsicht her betrachtet wirken die Vorauszahlungen bei der Einkommenssteuer schmerzmindernd. Aber wir wollen das heikle Thema nicht auch noch mit sarkastischen Anmerkungen beschweren. Ich habe jedenfalls als früherer Amtschef im Finanzministerium nach bestem Wissen meine eigenen Steuererklärungen korrekt abgegeben, und zwar auch in Fällen, in denen nur Gott, meine Frau und ich den Sachverhalt kannten. Ein eindrucksvolles Beispiel für financial correctness ist die Versteuerung von 6000 Mark, die ich hinter der Schublade in einer von meiner Tante geerbten Kommode fand, und die zur Abwehr teuflischer Mächte mit einem Drudenfuß – bekannt aus Faust I – versehen war. Aber ich habe Verständnis für das Streben, möglichst wenig Steuern zu zahlen, sofern der Pfad des Rechts nicht vorsätzlich verlassen wird. Diesen Pfad zu finden, ist nicht immer ganz leicht, aber es gelingt meistens.

Daß Unternehmen bestrebt sind, Steuern zu sparen, ergibt sich aus ihren Pflichten gegenüber den Beschäftigten, den Eigentümern und den Kunden. Es ist nicht gerechtfertigt, in Abwandlung eines polnischen Aphorismus zu sagen: „Hüte dich vor

Mord, er verleitet zum Diebstahl und von da ist es bis zur Steuerhinterziehung nicht mehr weit", und Steuervergehen für schlimmer als Mordtaten zu erklären. Aber wenn die Steuermoral sinkt und immer mehr Steuern hinterzogen werden, dann ist der demokratische und soziale Rechtsstaat in Gefahr und mit ihm alle Errungenschaften, an die wir uns so sehr gewöhnt haben, daß wir sie für selbstverständlich halten.

Es liegt deshalb im allgemeinen Interesse, daß die Steuerverwaltung für die strikte Einhaltung des Steuerrechts kämpft, auch wenn sie manchmal recht strikt argumentiert. Aber kompromißbereite Liebenswürdigkeit und Nachgiebigkeit würden letztlich die Schlauen begünstigen und die Biederen benachteiligen, das Gerechtigkeitsprinzip untergraben und den Gesetzesvollzug erschweren. Deshalb eignen sie sich als allgemeine Handlungsmaxime nicht.

Die tüchtigste Steuerverwaltung, Staatsanwaltschaft, Polizei können nicht erreichen, daß gar keine Steuern hinterzogen werden. Ein Teil der geschuldeten Steuern geht in jedem Staat durch Straftaten verloren, und es ist schon ein Erfolg, wenn dieser Teil kleiner und nicht größer wird. Mit den nicht bekannten Steuerschulden verhält es sich ähnlich wie mit den verborgenen Schätzen, auf die in Goethes Faust II der Kaiser seine Währung gründen will. Sie sind erst dann etwas wert, wenn sie aufgefunden und geborgen sind. „Es irrt der Mensch so lange er strebt" (Faust I), aber im Steuerrecht meist zum eigenen Vorteil. Deshalb gehört eine Dosis Mißtrauen zu den Pflichten der Steuerverwaltung.

Wer die Welt gerechter machen will, braucht den Rechenstift

Wie im menschlichen Leben reicht auch in der Politik guter Wille ohne Sachkunde selten aus.

Ein Mensch ist nicht schon dann gerecht, wenn seine Vorstellungen von Sozial-, Kultur-, Gesundheits- oder Finanzpolitik die Grenzen des Machbaren sprengen oder, einfacher ausgedrückt, weil die Welt und seine Mitmenschen ihm nicht gut genug sind. Vielen dieser Unzufriedenen fällt es gar nicht ein, nach Max Webers Empfehlung dicke Bretter zu bohren, um wenigstens das Mögliche zu erreichen. Sie halten den ganzen Fragekomplex vorwiegend für eine Angelegenheit der Moral und des Gewissens und nicht die einer Sachentscheidung, die sich in ein reales Budget einfügen muß. Das ist alles nicht so klar. Klar sollte aber sein, daß im menschlichen Leben, also auch in der Politik, der gute Wille ohne eine gewisse Sachkunde nur selten ausreicht.

Zur Illustration erzähle ich gerne eine banale Geschichte (mancher meiner Leser wird sie schon kennen), die aber das reale Problem recht gut beleuchtet. Im tiefen Winter hatte sich ein Motorradfahrer seine Lederjacke verkehrt herum angezogen, um sich vor dem eiskalten Fahrtwind zu schützen. Nach 800 Metern gerät er auf Glatteis. Unfall. Da liegt das Motorrad, dort der Motorradfahrer, eine größere Menge von Zuschauern bildet sich. Die Polizei kommt. Die Polizeibeamten fragen: „Hat er noch etwas gesagt?" Die Zuschauer: „Zunächst hat er viel geschwätzt, aber seit wir ihm den Kopf zurechtgerückt haben, schwätzt er nix mehr!" Dieser Vorfall hat exemplarische Bedeutung. Am guten Willen, der Bereitschaft zu helfen mangelt es nicht, wohl aber an der Sachkunde, ohne welche auch in der Politik die besten Absichten scheitern.

In allen Parteien, in der einen mehr und der anderen weniger, gibt es Politiker, die es letztlich für unwürdig halten, die Finanzierbarkeit wichtiger Aufgaben zu prüfen. Sie finden mit ihrer irrationalen Position durchaus Anklang. Es ist fast peinlich, wenn man solchem gefühlsbetonten Engagement mit Ärmelschoner und Rechenstift entgegentreten muß. Aber die Ausgangslage ist: Die Welt ist begrenzt und nicht gerecht, jedenfalls nicht nach menschlichen Maßstäben. Sie kann durch menschliche Einwirkung etwas gerechter werden. Dazu wird aber der Rechenstift gebraucht. Über Moral zu diskutieren ist schwieriger, weil die Grundfragen so einfach zu sein scheinen. Das täuscht aber. Irgendwann in meinen jungen Jahren wurde mir klar, daß man Dispute über Moral zunächst einmal am besten mit sich selber führt, zumal solche Selbstgespräche vertraulich bleiben, wenn man selber den Mund halten kann. Das ist nicht so leicht, denn zeitweise hat der Mensch das Bedürfnis, andere an seinem Innenleben teilhaben zu lassen. Dabei sucht er aber nicht immer die Wahrheit über sich, sondern die gute Meinung von sich, also nicht Erkenntnis und Weisheit, sondern Bestätigung, daß er diese schon besitze, also nicht mehr brauche.

Daß der Mensch so ist, sollte er an sich selber erlebt haben. Ich jedenfalls setze mich von Zeit zu Zeit mit mir selber auseinander und frage mich nach Motiven, Zielen und Bewertungen. Aus solchen Selbstbefragungen kann man um so größeren Nutzen ziehen, je ehrlicher man mit sich selber umgeht. Keiner ist verpflichtet, sich an den Pranger zu stellen. Es geht nicht um Buße und Reue, sondern um Erkenntnis und Verständnis in der Sache. Gewiß kann ein hohes Einkommen Mißgunst bei jenen auslösen, die ein kleineres haben oder sich nach Hartz IV behelfen müssen. Wer das nicht aushält, der ist für unsere Verhältnisse nicht robust genug, läßt sich leicht sagen, wenn man selber nicht betroffen ist. Sicher ist es von Vorteil, wenn die Vermögen vielen Bürgern gehören und nicht nur der Obhut schwerfälliger Behörden unterliegen oder dem Einfluß der großen Banken und Pensionsfonds. Die aktuellen Schwierigkeiten in der Finanzwirtschaft deuten darauf hin, daß auch die Methode, Fehler zu machen, ansteckend zu sein scheint. Versuche, die ökonomischen Gesetze durch moralische Forderungen aus den Angeln zu heben und die noble, unökonomische Art zur Pflichtgesinnung in wirtschaftlichen Fragen zu machen, sind jedenfalls utopisch.

Zwei Herren bestellen in einem Gasthof Fische. Es kommt eine Platte mit einem großen und einem kleinen Fisch. Herr Müller reicht Herrn Maier die Platte. Dieser nimmt den großen Fisch. Müller ärgerlich: „Das gehört sich nicht!" Maier: „Welchen hättest du denn genommen?" Müller: „Natürlich den kleineren!" Maier: „Den hast du doch!"

Es ist richtig, daß Manager, Aktionäre, Firmenchefs und Vorstandsmitglieder gelegentlich schwindelerregende Beträge verdienen, so daß, wer sich einer moralischen Selbstprüfung unterzieht, etwas Neid verspüren könnte. Aber solche Gefühle sollte man sich ausreden. Nicht nur, weil „das letzte Hemmed keine Taschen hat", wie es die schwäbische Sprache so zart formuliert. Aber die Bundesrepublik ist ein sozialer Rechtsstaat, in dem das Eigentum nicht nur berechtigt, sondern auch verpflichtet. Das heißt nicht, daß ein Reicher das, was er im Berufsleben erworben hat, aus moralischen Gründen wieder hergeben, wohl aber Verständnis dafür haben muß, daß er prozentual höhere Steuern bezahlt als seine weniger begüterten Mitbürger. Steuerhinterziehung wie im Falle Liechtenstein verschlechtert die Bindung der Bürger an den Staat. Die Bürger sehen sich als die Dummen an, zumal den meisten die Abgaben von vornherein vom Lohn abgezogen werden und ihrer Verfügung entzogen sind.

Plädoyer für das Maßhalten

Wird die Minderheit der besser
Verdienenden, die die höchsten
Steuern zahlt, eine aussterbende
Rasse?

Wir beobachten seit langem, wie, besonders vor Wahlen, auf einmal Geld, das als nicht vorhanden oder als nicht zu beschaffen bezeichnet wurde, doch da zu sein scheint. Das trifft zu auf den wieder einmal beabsichtigten Verzicht auf Elternbeiträge zu Kindergärten. Es stört schon lange die politische Ästhetik, daß die Eltern etwas zahlen sollen. Denn die öffentlichen Schulen und viele Universitäten sind gebührenfrei. Das sollen jetzt auch die Kindergärten werden, damit die Gerechtigkeit sich ausbreite. Die Ausfälle sollen durch öffentliche Mittel ausgeglichen werden. Denn die Eltern sind besonders belastet durch ihre Kinder, während der kinderlose Mensch diese Kosten und die mit dem Kindersegen verbundene Belastung nicht hat. Dieser Zustand schreit zum Himmel und verlangt eine Umkehr.

Zuerst wird toleriert, daß einzelne Parteifreunde solche Forderungen erheben, ohne daß sie sagen müßten, wie sie finanziert werden können. Man läßt sie gewähren und hofft, daß ihnen selber oder anderen einfällt, wie zusätzliches Geld in die Kasse kommt. In solcher Lage tritt im Theater und in der Politik gerne der erfolgreiche Dritte auf. Dieses ist so etwas wie ein Nachfahre des aus der altgriechischen Tragödie bekannten Deus ex Machina. Dieser wiederum war der mit Hilfe einer Maschine aus dem Himmel auf die Erde geholte Darsteller eines Gottes, ein aus der Künstlergarderobe auf die Bühne transportierter Schauspieler. Der Deus ex Machina erschien, wenn die Handlung des Stückes so verwirrt war, daß ihr nur noch ein göttlicher Machtspruch einen Sinn geben konnte oder schlicht, wenn das Stück zu lange dauerte. Der hilfreiche Dritte ist auch heute so nützlich wie eh und je, was die Geschichte vom schwäbischen Leiterwagen zeigt. Ein Herr sieht, wie ein Knabe unter Aufbietung aller seiner Kräfte einen Leiterwagen eine steile Straße hinaufzieht. Er springt dem Kind bei und hilft ihm ziehen. Oben angelangt sagt er: „Wie kann nur dein Fatter ein kleines Büble mit einem so schweren Leiterwagen auf die Straße schikken!" Da antwortete der Knabe: „Der Fatter hat halt gmoint, lauf nur emol zu, da kommt scho so a Dackel, wo dir hilft!"

In der Politik scheitern ähnliche Strategien oft, weil die Bürger merken, wie wichtig eine solide Finanzierung ist und wie eine hohe Neuverschuldung den Spielraum einengt. Die Konjunktur verläuft, wenn Mißtrauen anstatt Vertrauen herrscht, schwächer als wünschenswert und möglich. Die Bereitschaft, Geld zu stiften oder ehrenamtlich tätig zu sein, ist in der Bürgerschaft vorhanden, sofern das Risiko, „zum Dackel" zu werden, möglichst ausgeräumt ist.

Nicht nur die Bildungspolitiker wollen mehr Geld, auch die Sozialversicherung, die Krankenversicherung, die Pflegeversicherung, die Mitbürger, die dem Personenkreis um Hartz IV angehören – sie alle wollen mehr Geld, obwohl zusätzliche Mittel nirgends in Sicht sind, im Gegenteil, wahrscheinlicher ist eine wirtschaftliche Abschwächung verbunden mit Steuerausfällen. Hinzu kommen die Erhöhungen der Strom- und Gaspreise. Es wird auch noch vorgeschlagen, stark steigende Öl- und Heizungskosten durch sozial strukturierte Tarife überproportional den sogenannten Reichen aufzubürden. In Wirklichkeit würden aber auch kleine und mittelständische Unternehmen sowie viele Arbeitnehmer unangemessen belastet. Wird dann auch noch das Familiensplitting eingeführt, wird es brenzlich. Dann besteht die Gefahr, daß die etwas besser Verdienenden, die zwar in der Minderheit sind, aber die höchsten Steuern zahlen, eine aussterbende Art werden.

Weil an vielen Stellen über soziale Fragen gestritten wird, wie es in einem Sozialstaat unvermeidlich ist, muß das Einzelne unter der Kontrolle des Ganzen bleiben. Nicht nur dazu ist eine Aufwertung der sekundären Tugenden notwendig wie etwa Redlichkeit, Verläßlichkeit, Disziplin. Die sekundären Tugenden sind nach den großen Kriegen des 20. Jahrhunderts in Verruf geraten, weil sich ohne sie keine erfolgreichen Kriege führen lassen. Aber ohne sie gelingt auch Gutes nicht. Darum haltet Maß, wie Ludwig Erhard auch heute empfohlen hätte.

Vergessen wir vor lauter Theorie weder die primären Tugenden wie den Respekt vor der Menschenwürde noch die sekundären, sondern stellen wir sie auch künftig in den Dienst unserer Demokratie, um praktische und realistische Ziele zu erreichen, und es wird uns wohl ergehen.

Geordnete Finanzen – eine Utopie?

*Etwas Rosenmontagslaune könnte
mitgewirkt haben, bis 2013 den
Eltern kleiner Kinder ein
einklagbares Recht auf einen
Krippenplatz einzuräumen.*

Die Lage ist ernst. Das ist immer so, wenn Geld fehlt. Die
Finanzen sind dann geordnet, wenn Einnahmen und Ausgaben
in etwa übereinstimmen oder, wenn es daran fehlt, die Übereinstimmung kurzfristig hergestellt werden kann, wenn die Verschuldung nicht ständig steigt, wenn die Verteilung der verfüg-
baren Mittel auf die einzelnen Aufgaben dem politischen Willen
entspricht und nicht dem Zufall folgt. Der Verteilung der Mittel
auf die Ressorts liegt meistens ein Machtkampf zugrunde, in
dem die öffentliche Meinung und die Medien eine große Rolle
spielen. Aufgaben, die gerade in Mode sind, gelten als besonders
wichtig, weil über sie viel gesprochen wird. Nach einiger Zeit
wird aber jede Mode langweilig, und die von ihr Begünstigten
stellen erstaunt fest, daß sie auf einmal im Schatten stehen, weil
die Gnadensonne sie nicht mehr wärmt.

Zu einem solchen Machtkampf der Aufgabenträger kommt
es öfter, als der Bürger denkt, denn auch Politiker wollen nicht
nur ein Konzept haben und es darstellen, sondern es auch
verwirklicht sehen. Das muß deshalb kein Prestigeobjekt sein,
als das in unserem Land alles tituliert werden kann, das größer
als ein Kindergarten ist. Jedenfalls braucht jeder Politiker Geld,
das aber einem anderen fehlt, denn, wie ständig gepredigt, aber
schnell wieder vergessen wird, der Euro läßt sich nicht zweimal
ausgeben. Auch hier wirkt die Predigt nicht nachhaltig, denn es

wird immer wieder versucht, mit nicht vorhandenem Geld etwas zu finanzieren in der Hoffnung, durch den Druck der dadurch entstehenden Mißstände doch noch zu realem Geld zu kommen.

Angesichts solcher Verhältnisse ist es verständlich, daß geordnete Finanzen keine Gewähr dafür bieten, daß sie geordnet bleiben, sondern daß die Ordnung im Fluß der Tatsachen immer wieder gestört wird und neu hergestellt werden muß. Dies versuchen die Finanzpolitiker und deren Beamte, aber jene Politiker leisten Widerstand, die nicht vorrangig dafür zuständig sind, daß möglichst wenig Geld ausgegeben wird, sondern daß Aufgaben erfüllt werden, für die sie verantwortlich sind. Ihr Widerstand gegen die ordnende Hand des Finanzministers wäre leichter zu überwinden, wenn jeder vom Geiste der Gesamtverantwortung so erfüllt wäre, daß er von vornherein darauf verzichtete, mehr Geld zu fordern als da ist. Aber die Klientel erwartet, daß „ihr" Minister für ihre Interessen kämpft. Was verständlich ist, ist aber noch lange nicht richtig und möglich.

Die Konsolidierung der gesamtstaatlichen Finanzen bleibt die wichtigste Aufgabe der Großen Koalition. Der Bundesfinanzminister, seine Kollegen in den Ländern und die kommunalen Spitzenverbände verdienen Respekt wegen ihrer sachlichen Arbeit. Die übermäßige Belastung mit Neuschulden, zunächst eine unvermeidbare Folge der Wiedervereinigung, darf sich nicht fortsetzen. Darüber hinaus muß der gegenwärtige Schuldenstand, der viel zu hoch ist, abgetragen werden. Die Koalitionspartner wissen, daß ihre gemeinsame Verantwortung über die Dauer ihres Bündnisses hinausreicht. Der wirtschaftliche Aufschwung und die von ihm bescherten zusätzlichen Steuereinnahmen erleichtern die Konsolidierung, sofern nicht zur Unzeit Rosenmontagslaune aufkommt. Etwas Rosenmontagslaune könnte mitgewirkt haben, als man sich in der Großen Koalition geeinigt hat, bis 2013 den Eltern kleiner Kinder ein einklagbares Recht auf einen Krippenplatz einzuräumen und womöglich auch eine monatliche Prämie von 150 Euro für

Eltern, die keinen Krippenplatz wollen. Das kostet Milliarden – der Deutsche Städtetag rechnet mit mindestens sechs Milliarden Euro im Jahr – denn jetzt gibt es nur einen Bruchteil der benötigten Krippen.

Woher das Geld ohne zusätzliche Schulden kommen soll, weiß auch niemand so recht, worauf ich schon in meinem „Plädoyer für das Maßhalten" hingewiesen habe. Würde die alte Bevölkerungsprognose noch gelten, müßte der Staat für mehr Einwohner mehr Geld ausgeben als nach der neuen, würde aber auch durch mehr Steuerzahler mehr einnehmen. Es ist eindeutig falsch, den Differenzbetrag zwischen den beiden Prognosen als Deckungsmittel zu betrachten, mit denen zusätzliche Ausgaben finanziert werden können. Und Steuererhöhungen? Die Arbeitgeber müssen wegen der Arbeitsplätze entlastet werden. Aber inwieweit können Arbeitnehmern und Rentnern weitere Lasten aufgebürdet werden? Und muß eine weitere Verrechtlichung sein? Auf allen politischen Ebenen wird seit Jahrzehnten über den Mangel an freien Mitteln geklagt.

Jeder Politiker, jeder leitende Beamte und jeder Bürgermeister möchte für das, was ihm am Herzen liegt, mehr Geld ausgeben können. Kann er das nicht, dann leidet er – und der Bürger auch. Es gibt verschiedene Grade des Leidens: Am stärksten leidet, wer etwas, das er besitzt, hergeben soll. Etwas weniger, aber immer noch heftig leidet, wer etwas, das er früher bekommen hat, nicht mehr bekommt. Noch etwas weniger, wer etwas, das er möchte, nicht bekommt. Am wenigsten leidet, wer nichts will. Kluge und vorausdenkende Politiker beachten das. Ist es immer klug, auf eine freiwillige öffentliche Leistung einen Rechtsanspruch einzuräumen mit der Folge, daß das Gemeinwesen nicht dasteht als einer, der etwas gibt, sondern als einer, der etwas schuldet?

Die Staatsfinanzen sind kein Geheimnis mehr

Wer mit der Vernunft nicht
weiterkommt, mißbraucht die
Moral, wenn er so tut, als könne
man sich nur noch nach dem
Wünschenswerten richten.

Was ist geheim, was soll oder darf veröffentlicht werden? Bekanntlich ist die Anbringung eines „Geheim"-Stempels auf einem Aktenstück der sicherste Weg, den Inhalt des Schriftstücks rasch in einer Behörde zu verbreiten; es sei denn, solche Schriftstücke sind wegen Inhaltslosigkeit derart berüchtigt, daß sich Menschen mit einiger Vernunft für sie nicht interessieren. Ich weiß nicht, wie es heute ist, aber als ich vor einem halben Jahrhundert Beamter im Innenministerium Baden-Württembergs war, mußte ich zur Herstellung eines Berichts über den Zivilschutz zum Transport von Geheimakten bestimmte Metallbehälter öffnen und den Grund der Öffnung schriftlich darstellen.

Einer dieser Metallbehälter klemmte sich an meinem Schlips derart fest, daß ich ihn ohne Hilfe Dritter nicht mehr losbekommen hätte, was mich die Gefühle eines Rindviehs nachempfinden ließ, dem zum Almabtrieb eine schwere Glocke umgehängt wird. Das schreckte mich davon ab, als „geheim" klassifizierte Akten jemals wieder mit meinen eigenen Händen anzufassen.

Manchmal hat man heute den Eindruck, daß es für die Medien überhaupt keine Geheimnisse gäbe, wenn nicht so viele Informationen bei ihnen einlaufen würden, die ganz oder teilweise falsch sind oder aus dem Zusammenhang herausgerissen.

Sie erzeugen jene Verwirrung, die bei der großen Menge von Ereignissen und Meinungen fast unüberwindbar ist. Es wäre wichtig, mehr Klarheit über die wirtschaftlichen, finanzpolitischen, sozialpolitischen und kulturellen Trends zu schaffen. Aus den fundierten Vorstellungen von der Zukunft muß die Politik gestaltet werden.

Es geht um Zusammenhänge, Wechselwirkungen und Abhängigkeiten. Während die Kreditwürdigkeit des Bürgers, der etwas Geld braucht, sorgfältig geprüft wird, verschwinden seit einiger Zeit Milliarden Euro. Wer versteht den wirklichen Problemkreis? Offenbar auch nicht alle Akteure, die den fatalen Eindruck entstehen lassen, der eine habe vom anderen abgeschrieben, anstatt die Sachlage selber zu prüfen.

Über die Finanzen bekamen Bürger und Öffentlichkeit früher noch weniger Informationen. In den klassischen Ministerien war man stolz darauf, wenn nichts über das Haus in der Zeitung stand. Diese Zeiten sind längst vorbei. Aus gutem Grund, denn ein Kernbereich der Innenpolitik ist der Komplex: Wie schaffen wir sozial ausgewogene Verhältnisse? Wie verschaffen wir der öffentlichen Hand die dazu nötigen Mittel? Wie vermeiden wir zu hohe Abgaben?

Wir, die Bürger, brauchen mehr Klarheit über die finanziellen Zusammenhänge. Wir wollen auch so klug sein wie die Politik. Es kommt vor, daß Politiker so tun, als wüßten sie etwas nicht, was alle anderen wissen, zum Beispiel, daß für zusätzliche Ausgaben zusätzliche Einnahmen gebraucht werden, der Verzicht auf Einnahmen in der Regel die Kürzung von Ausgaben erfordert; daß, wenn keine zusätzlichen Einnahmen da sind, bereits veranschlagte andere Ausgaben gestrichen werden müssen oder das neue Projekt entfällt. Die Bürger wissen, daß die Möglichkeiten, Geld auszugeben, begrenzt sind. Aber wo verläuft die Grenze? Man kann darauf gespannt sein, wie die Große Koalition mit den erheblichen finanziellen Forderungen umgehen wird, die aus den eigenen Reihen erhoben werden.

Die neuen Linken haben hier keine Probleme. Sie vertrauen darauf, daß die anderen Fraktionen schon Vorschläge ablehnen werden, die ins Leere gehen oder sogar schädlich sind, dafür aber populär. So können die Linken ungestört ihre Illusionswelt für den Wähler weiter ausmalen. Mit beachtlicher Beweglichkeit, Beredsamkeit und Schlagfertigkeit ausgestattet sowie mit hohem Unterhaltungswert geschmückt, versuchen die Spitzenkräfte der neuen Linken, beliebt und populär zu werden oder zu bleiben, indem sie manches versprechen können, was auch die SPD und die Unionsparteien gerne versprächen, wenn das mit einer soliden Finanzpolitik vereinbar wäre. Wer mit der Vernunft nicht mehr weiterkommt, mißbraucht die Moral, wenn er so tut, als könnte man im politischen Raum das Mögliche außer Betracht lassen und sich nur nach dem Wünschenswerten richten.

Es schadet dem Ansehen der Demokratie, wenn der Eindruck belebt wird, Bund, Länder und Kommunen seien durchaus imstande, die Wünsche der jeweiligen Interessenten zu erfüllen, sie müßten nur energisch genug auftreten. Wenn schwache Volksvertreter einknicken, werden immer mehr Gerechtigkeitslücken entstehen. Immer lauter wird die Schließung dieser Lücken gefordert werden, bis auch der größte Utopist einsieht, daß es nicht so weitergeht.

Aber dann kann es zu spät sein. Es ist auch von Nachteil, wenn von den Möglichkeiten, Begrenzungen der finanziellen Spielräume aufzuzeigen, zu wenig Gebrauch gemacht wird. Das Prädikat „bürgerfreundlich" oder „bürgerunfreundlich" zu vergeben je nachdem, ob eine kommunale oder staatliche Behörde dem Druck, dem sie ausgesetzt ist, nachgibt oder nicht, ist jedenfalls töricht; und was töricht ist, muß man nur machen, wenn es keinen anderen Ausweg gibt. Aber das kommt in der Praxis nicht vor.

Was kann sich ein Staat leisten?

*Die Menschen wollen lieber
fischen und jagen als Geschirr
spülen.*

Unser Verfassungsrecht ist klar: Schon das Prinzip der Menschenwürde verbietet es, jemanden verhungern zu lassen, weil er nicht schaffen will. Allerdings liefe auch dieses Prinzip ins Leere, wenn die wirtschaftlichen Vorraussetzungen fehlten, in einfachem Deutsch: Wenn nicht genügend da wäre, um verfassungsmäßig handeln zu können. Denn der Satz „Wo nichts ist, hat der Kaiser das Recht verloren" gilt auch für den Staat mit demokratischer Verfassung. Glücklicherweise sind wir Deutsche von einem solchen Verhängnis so weit entfernt, daß wir uns mit ihm nicht befassen müssen. Möge es so bleiben. In seiner „Deutschen Ideologie" beschreibt der junge Karl Marx seine Vorstellung vom Leben im Kommunismus als Befreiung von den Zwängen der Berufswelt und der Arbeitsteilung: Die Gesellschaft sorgt für die Produktion, und der Mensch könne morgens jagen, mittags fischen und abends Vieh züchten, gerade wie es ihm beliebt. Der ältere Karl Marx war mit seinen Äußerungen vorsichtiger.

Ein Problem ist, daß es wohl mehr Menschen beliebt, zu fischen und zu jagen als Geschirr zu spülen. Auch der Kommunismus konnte und kann den Bedarf mit den Möglichkeiten seiner Befriedigung nicht in Einklang bringen. Der Bedarf entsteht ja gerade dort und dann, wenn die Möglichkeit, ihn zu befriedigen, fehlen. Um ihre Wähler durch diese schmerzhafte Erkenntnis nicht beunruhigen zu müssen, verharren viele Politiker im allgemeinen, indem sie beispielsweise fragen: Weshalb stellt ein reiches Land wie Baden-Württemberg nicht mehr Geld für Kleinkinderbetreuung, Arbeitsplätze, Kultur und Bildung bereit? Hier wird ein fachlicher und zugleich moralischer Vorwurf erhoben. Denn unterschwellig wird unterstellt, das Land hätte das Geld, gäbe es aber nicht her. Das läßt sich nachprüfen. Hat er das Geld aber nicht und kann es auch nicht zu tragbaren Bedingungen beschaffen, was dann? Ist es dann vernünftig, einen Klagegesang über die Schlechtigkeit dieser Welt anzustimmen und mit der Auswanderung aus der praktischen Vernunft zu drohen? Es wäre besser, zunächst die Frage zu stellen: Was heißt reich? Reichtum ist relativ. Jedenfalls heißt reich nicht allmächtig. Reich ist der, dessen materielle Möglichkeiten wesentlich größer sind als die des Durchschnitts seiner Mitmenschen. In absehbarer Zukunft wird die Kluft zwischen Sollen, Wollen und Können in allen sogenannten „reichen" Ländern die Politik beherrschen. Ein Land wird diese Kluft um so leichter überwinden, je besser es die Wahrheit ertragen kann. Die USA, Frankreich, England, Italien und Deutschland haben in diesem Punkt dasselbe Problem. Wird der Abschied von Wunschträumen und die Begegnung mit der weniger glanzvollen, aber solideren Realität die Kräfte der Gesellschaft aktivieren oder wird er Resignation auslösen? Während der Jugendunruhen in den französischen Vorstädten hatten Beobachter den Eindruck, es gehe gar nicht so sehr um greifbare Wünsche und Forderungen, sondern um das Bedürfnis, zum Ausdruck zu bringen: „Wir fühlen uns nicht wohl!"

Trotz der Gefährdung des Weltklimas sind unsere Lebensumstände und Chancen heute besser als je zuvor. Den Vergleich mit dem Unrechtsstaat Hitlers brauchen wir für diesen Nachweis nicht. Vor neunzig Jahren im Ersten Weltkrieg, hielten sich Nationalstaaten, zum Teil mit vom Volk gewählten Parlamenten ausgestattet, in Übereinstimmung mit der Mehrheit ihrer Bürger für berechtigt, Millionen ihrer Söhne gegen Stacheldraht, Artillerie und Maschinengewehre anrennen zu lassen und in den Tod zu schicken. Ich hoffe, daß die fast schon vergessene Zeit des Ersten Weltkriegs in die Erinnerung zurückgerufen wird. Denn, aus dem, was in Vergessenheit geraten ist, kann niemand etwas lernen.

Gewiß gibt es auch im friedlichen Heute verständliche Bedürfnisse, die der Staat nicht erfüllt, weil er das nicht kann oder nicht will. Der Umgang mit dem Wort „Bedarf" erfordert ohnehin Umsicht und Vorsicht. Die Vorstellung, dort, wo der Bedarf besonders dringlich sei, müßte er eigentlich befriedigt werden, ist falsch. Je kranker ein Kranker ist, desto schwerer ist es, ihn zu heilen, und desto dringender bedarf er der Gesundheit. Die Ermittlung des dringenden, dringendsten oder „unabweisbaren" Bedarfs reicht als politische Entscheidungsgrundlage nicht aus. Es geht eben nicht nur darum, den Bedarf zu ermitteln, sondern auch ein möglichst zutreffendes und klares Bild von dem Umfang der Mittel zu erlangen, die für das Ganze und für die einzelnen Aufgaben verfügbar sind. Dieses Bild läßt sich nicht herstellen, wenn ständig, ohne nach der Deckung zu fragen, zusätzliche Ausgaben getätigt werden mit dem Argument, ein reicher Staat könne sich das leisten. Dieser Fehler läßt sich vermeiden mit Hilfe einer ständig aktualisierten Planung, die Bedarf und Mittel auf einander abstimmt.

Konkrete Probleme abstrakt zu erklären, ist schwierig. Aber mit einiger Mühe geht es. Ein Herr sagt zu seinem Arzt, wenn er seine Arme zuerst nach links und dann nach rechts stoße und sie sodann wieder nach vorne ziehe, täten ihm die Schultern furchtbar weh. Der Arzt sagte: „Unterlassen sie doch diese blöde Bewegung." Darauf der Herr: „Und wie soll ich dann meinen Mantel anziehen?"

STUTTGART ZWISCHEN PARIS UND BUDAPEST

Gefühle als politischer Ratgeber

*Mein Engagement für Stuttgart 21
geht über mein Lebensende
hinaus, wenn mir das im Himmel
gestattet wird.*

Jeder Mensch hat ein Gefühlsleben, mit dem er zurechtkommen muß. Das ist gar nicht so leicht. Die Gefühle entscheiden über Wohlbefinden und Unbehagen. Sie lassen sich von der Vernunft beeinflussen, aber sie kommen auch ohne sie aus. Ihre Skala reicht von abgrundtiefem Hass bis zu blinder Begeisterung. Unter den Bedingungen einer freiheitlichen Demokratie, in der sich meistens auch der Widerspruch oder der Zweifel zu Wort meldet, schlägt das Pendel zum Glück nicht so weit aus. Vor etwa 30 Jahren verkündete einer meiner Parteifreunde: „Wir von der CDU haben keinerlei Extremitäten!" Das ist zum Glück übertrieben. Im politischen Leben ist es jedenfalls von Vorteil, wenn die Vernunft korrigierend in das Gefühlsleben eingreift.

Angesichts von Problemen oder im Blick auf Personen ein „ungutes Gefühl" zu haben genügt meistens nicht. Obwohl das jeder weiß, geschieht auch gegenwärtig in Politik und Gesellschaft weit mehr aus Erregung und Verärgerung, als die Vernunft zuläßt, und zwar weltweit, bei uns Deutschen ohnehin. Aber auch bei unseren französischen Freunden ist das so, in deren Kulturerbe Vernunft und Klarheit noch größeres Gewicht haben als in unserem. Die Gesetzesinitiative der französischen Regierung, die durch Einschränkung des Kündigungsschutzes bei ersten Arbeitsverträgen ein höheres Arbeitsplatzangebot der Wirtschaft für Berufseinsteiger auslösen sollte, ist gescheitert. Da die Bereitstellung ausreichender Arbeitsplätze vorwiegend von dem Privatsektor abhängt, können Anreize für den privaten Arbeitgeber, mehr Berufseinsteiger zu beschäftigen, eigentlich keine soziale Sünde sein.

Größere Investitionen lassen sich dennoch beispielsweise im Zentralstaat Frankreich viel zügiger verwirklichen als bei uns, wo größere Projekte regelmäßig „ungute Gefühle" auslösen. Ein Beispiel für diesen Unterschied ist das französische Netz für Hochgeschwindigkeitszüge, das den deutschen Bemühungen um Jahrzehnte voraus ist. An Planung und Finanzierung sind in Deutschland mehrere öffentliche Hände beteiligt, die sich keineswegs ständig schütteln, um ihr Einvernehmen zu bekunden. Leicht und beschwingt über die Bühne geht bei uns nichts, ob Fernsehturm, Flughafen, öffentlicher Nahverkehr oder Umfahrungsstraßen. Die Bürger haben bei uns einen größeren Einfluß auf die Planung als in Frankreich, aber größere Investitionsvorhaben mögen noch so sinnvoll sein, meistens stoßen sie bei uns auf Mißtrauen. Dieses Mißtrauen kann das Projekt, auch wegen der großzügig eingeräumten Klagerechte, erheblich verzögern.

Begeisterung empfinden wir ohnehin eher für Irrationales wie den Fußball und selten für etwas so Vernünftiges wie die Verbesserung der öffentlichen Infrastruktur. Eher entsteht Ärger bei jenen, die persönliche Nachteile befürchten, aber auch bei Mitbürgern mit einer „strukturkonservativen" Grundeinstellung. Es ist erstaunlich, daß diese Haltung besonders in einem Land gedeiht, das weltweit zu den führenden Technikregionen zählt. Aber die kritische Einstellung, der Glaube, daß Verbesserungen möglich sind, ist nicht nur Voraussetzung und Ursache für technischen Fortschritt, sondern bestimmt auch das Verhältnis zu Staat und Kommunen. Auch bei uns können Begriffe zu Stichworten und Reizworten werden, die Unlustgefühle aktivieren.

Eine Rolle spielt, daß dieses Vorhaben schon ziemlich lange diskutiert wird. Die Diskussion wird fälschlich auf die Frage reduziert, ob ein neuer Durchgangsbahnhof an die Stelle des viel geliebten alten Kopfbahnhofs treten muß, ein Kopfbahnhof mit 16 Gleisen, dessen Hochbauten während und nach dem Ersten Weltkrieg nach Plänen von Bonatz errichtet wurden und dessen Bausubstanz auch nach Stuttgart 21 weithin erhalten bleiben soll. Dieser Bahnhof wurde vor neun beziehungsweise acht Jahrzehnten keineswegs überall so gelobt, wie er es verdient hätte, sondern auch er war Gegenstand jener Kritik, die bei uns allem Neuen gilt: „In der Höhe ist's schon recht, aber in der Breite spannt's" und „Es ist wüscht genug, aber es paßt zum anderen" sind Äußerungen aus der damaligen Zeit.

Das Projekt Stuttgart 21 soll Baden-Württemberg an das europäische Netz für Hochgeschwindigkeitszüge anschließen als Teil der Verbindung Paris-Wien. Es soll auch die seit dem 19. Jahrhundert größte Verbesserung des Eisenbahnwesens im Land bringen. Die Hochgeschwindigkeitszüge sollen weiterhin im zentralen Stuttgarter Hauptbahnhof halten und nicht etwa in einem Bahnhof am Rande der City, denn sie müssen mit den Bahnverbindungen in der Region und im Land verknüpft und optimal abgestimmt werden. Im Stuttgarter Hauptbahnhof müssen Kapazitätsreserven geschaffen werden. Der Ersatz des alten Kopfbahnhofs durch einen Durchgangsbahnhof bringt diese Reserven. Die Modernisierung der Bahn hat angesichts der weltweit sichtbar gewordenen Risiken für die Versorgung mit Öl und Gas zusätzliches Gewicht bekommen. In dem bisherigen Planungsprozeß ließen sich fast alle Einwände widerlegen und beachtliche Verbesserungen durchsetzen, darunter eine Anbindung der Strecke an den Flughafen Stuttgart. Durch die Voten der sachverständigen Professoren und durch Gerichtsentscheidung wurde wiederholt bestätigt, daß ein Durchgangsbahnhof leistungsfähiger ist als der gegenwärtige Kopfbahnhof.

Dennoch wird von Gegnern des Projekts behauptet, daß Stuttgart dann nicht mehr Stuttgart sei, und klagend angemerkt, daß es langweile, darüber zu reden. Nun ist gewiß der Musikliebhaber mehr amüsiert, wenn er zum 50. Mal die Kleine Nachtmusik hört, als der Bürger, der sich zum 50. Mal mit Stuttgart 21 beschäftigen soll. Aber es wäre neu, wenn die Einstellung zu einem so großen Projekt von dessen Unterhaltungswert abhinge. Kritik ist zulässig und erwünscht. Aber jenes dumpfe Ausbrüten von Bedenken, welches in der Summe bewirkt, daß im besten Fall gar nichts und im schlimmsten Fall das Falsche geschieht, ist dem öffentlichen Wohl abträglich. Nach meiner Lebenserwartung werde ich an der Einweihung des neuen Stuttgarter Durchgangsbahnhofs nicht mehr teilnehmen. Aber mein Engagement für Stuttgart 21 bleibt bis zu meinem Lebensende und, wenn mir das im Himmel gestattet wird, auch darüber hinaus.

Großes Mißtrauen gegen große Projekte

*Die jetzigen und die kommenden
Generationen werden die Grenzen
des Wachstums aus ökologischen,
wirtschaftlichen und
demographischen Gründen mehr
spüren als die vorausgehenden
Generationen.*

Wir Schwaben blicken voll Stolz auf die weltumspannenden Aktivitäten unserer baden-württembergischen Wirtschaft, aber wir betrachten größere Vorhaben des Landes und der Kommunen mit Skepsis und Mißtrauen und verdächtigen sie, sogenannte Prestigeprojekte zu sein. Ein Prestigeprojekt ist ein Vorhaben, das vorgibt, im Interesse der Bürger zu liegen, das aber in Wirklichkeit den Zweck verfolgt, Politiker mit bleibendem Ruhm zu schmücken. Diesem Verdacht zu entgehen ist nicht leicht, obwohl in unserem Land eigentlich keine bronzenen Denkmale zu finden sind, die Politiker darstellen, die für ein Jugendhaus, eine Schule oder eine Straße gestimmt haben, geschweige denn für eine Messe, einen Flugplatz oder eine Bahntrasse.

Viele Bürger trauen Politik und Verwaltung nicht über den Weg. Soll etwas Großes und Neues geschehen, sagt man zunächst Nein, denn Ja kann man notfalls immer noch sagen. Emotionale Bedenken und Vorbehalte haben manchmal größeres Gewicht als sachliche Einwendungen. Die Tradition des Mißtrauens spielt eine wichtige Rolle. In einer Festschrift zum 25. Regierungsjubiläum König Wilhelms II. (1916) heißt es, die wichtigsten Worte seien hierzulande „Noi!" und „Eta!" Meistens gewinnt aber bei uns die Vernunft doch eine Mehrheit, und oft ist schließlich die Minderheit froh, daß eine verläßliche Mehrheit ihnen erlaubt, ihre ablehnende Meinung beizubehalten, ohne das Vorhaben zu gefährden.

Die Einführung der öffentlichen Wasserversorgung auf der Schwäbischen Alb stieß zunächst auf den Widerstand der Landwirte, die Kosten mehr fürchteten als Krankheit und frühen Tod – und die deshalb das Wasser aus Tümpeln, den sogenannten Hülen behalten wollten, das nichts kostete (außer der Gesundheit). Schließlich gaben die Landwirte nach, angeblich mit der Begründung, „für uns Baure wäre das alte Wasser noch reacht, aber das Vieh säuft es nimmer". Der Ausbau des Stuttgarter Flughafens entsprechend den internationalen Bestimmungen war erst nach Jahrzehnten zähflüssigen Streites möglich.

Mehr als ein Jahrzehnt wird jetzt über das Projekt Stuttgart 21 debattiert, welches Baden-Württemberg an das europäische Netz für Hochgeschwindigkeitszüge anschließt und uns gleichzeitig beachtliche Verbesserungen des Eisenbahnwesens im Land beschert. Der französische Teil der Verbindung Paris/ Wien ist bereits fertig und von Paris bis Straßburg in Betrieb. Jetzt haben wir auch in Deutschland grünes Licht.

Wir können anfangen. Unser Land mit seiner technischen Kompetenz und seiner Infrastruktur ist eine der leistungsfähigsten Technikregionen Europas. Dieser Rang hat für den Arbeitsmarkt und den sozialen Standard Bedeutung. Er ist uns nicht in den Schoß gefallen, und wir werden ihn nur festhalten können, wenn unsere Infrastruktur im Wettbewerb der europäischen Regionen Schritt hält. Der Wettbewerb wird härter. Wir können uns bei wichtigen Vorhaben keine Jahrzehnte dauernden Planungs- und Bauzeiten leisten. Die jetzige und die kommenden Generationen werden die Grenzen des Wachstums, die aus ökologischen, wirtschaftlichen und demografischen Ursachen gezogen sind, mehr spüren als die vorausgehenden Generationen. Die Einweihung des Projekts Stuttgart 21 werde ich altershalber nicht mehr erleben und wenn doch in einem Zustand, der es nahelegt, zu Haus zu bleiben. Entscheidend ist, daß wir jetzt die Bäume pflanzen, deren Früchte die künftigen Generationen ernten können. Wenn keine Bäume gepflanzt werden, gibt es auch keine Früchte. Was den künftigen Verkehr anbetrifft, gibt es mehrere Möglichkeiten. Deshalb können wir alle Unmöglichkeiten außer Betracht lassen. Die meisten Prognosen werden es für wahrscheinlich erklären, daß die Zahl der Kraftfahrzeuge begrenzt und die der Personenwagen nicht im bisherigen Umfang zunehmen kann, und zwar aus ökonomischen und ökologischen Gründen. Das Öl wird knapper, das Benzin teurer und andere Treibstoffe, die auf die Dauer billiger sind, werden kaum so bald auf dem Markt angeboten werden. Solange die Fahrzeuge Kohlendioxid emittieren, wird ihre Zahl schon aus Gründen des Klimaschutzes eingeschränkt werden müssen, und zwar um so mehr, je härter und schärfer die Ziele der zum Kampf gegen den Ausstoß von Kohlendioxid verbündeten Staaten definiert werden.

Die Schiene und der Bus werden erhebliche Teile des Individualverkehrs übernehmen müssen. Wahrscheinlich werden aber prosperierende Großstaaten, wie China, Indien, auch Rußland, ihren Bürgern das Auto nicht verweigern können, während die Amerikaner, Deutschen, Briten, Franzosen, Japaner und Italiener trotz der Klimafrage ohne Limit weiter Auto fahren. Der Flugverkehr wird nicht an Bedeutung verlieren, aber an moderne Bahnen Kunden abgeben.

Wenn ein Mensch in einer grundsätzlichen Frage lange eine Meinung vertreten und die Andersdenkenden erfolgreich verspottet hat, fällt es ihm schwer, sich von seinen bisherigen Vorstellungen zu trennen und neue anzunehmen. Die SPD hat das durch ihr Godesberger Programm geschafft, und den Unionsparteien gelang das auf dem Gebiete der Ostpolitik. Wenn die Entwicklung in den kommenden Jahrzehnten eher im Zeichen des Mangels verläuft als im Zeichen des Überflusses, dann muß sich auch die Politik anpassen. Gerade dann sollte die Politik nicht hinter der Zeit herlaufen, sondern möglichst im Vorfeld der Zeit ihre Wege suchen.

Meine Lebenserfahrung lehrt mich, nichts, was möglich ist, auszuschließen. Ich bin mir sicher, daß eines Tages ein Guru auftreten wird, der in der Klimafrage Entwarnung verkündet. Beweisen kann er seine Prophezeiung nicht, aber viele werden das gerne hören, was er sagt, und ihm deshalb gerne glauben, denn es wird der Menschheit nicht leicht fallen, den Glauben an die Gefährdung des Weltklimas aufrechtzuerhalten, wenn das den Verzicht auf Energie, Wärme und Gemütlichkeit bedeutet. Es ist nicht gleichgültig, ob man im Winter in warmen oder kalten Räumen lebt oder ob man Auto fahren kann oder zu Fuß laufen muß. Gewiß sind Maßnahmen der Energieeinsparung und die Umstellung auf umweltfreundliche Energieerzeugung in großem, früher nicht für möglich gehaltenen Ausmaße denkbar. Aber ob sie ausreichen, dafür kann heute niemand die Hand ins Feuer legen.

Die Löcher

Warum unterstützen
Umweltschützer nicht „Stuttgart
21"? Schließlich gehört die
Zukunft aus ökologischen
Gründen der Bahn.

Zu der Familie der Löcher zählt das Loch, aus dem am Ende des Prüfungs- und Abwägungsprozesses die Entscheidung herauskommen sollte. Zu ihr gehören auch die Tunnels, die gegraben werden, um das menschliche Bedürfnis nach Kommunikation und Mobilität so zu befriedigen, daß die Mitmenschen dadurch nicht über Gebühr belästigt werden. Das ist gar nicht so einfach, denn der Mensch ist schon deshalb schwierig, weil er befähigt ist, mehrere sich gegenseitig ausschließende Wünsche gleichzeitig zu haben. Die Schuld für die hieraus entstehenden Schwierigkeiten sucht er meist nicht bei sich selbst, sondern bei anderen.

Auf der einen Seite führt unsere Bequemlichkeit dazu, an dem Bestehenden festzuhalten, getreu dem schwäbischen und daher nicht ganz ernst gemeinten Spruch: „Mir brauchet nix Neues, mir hend am Alte gnug!" Auf der anderen Seite mahnt uns die Vernunft, uns mit der Zukunft zu befassen, solange sie noch nicht als Vergangenheit hinter uns liegt. Dies ist schon deshalb nötig, weil wir und unsere Nachkommen in der Zukunft leben werden und nicht in der Vergangenheit, über die man zwar schimpfen, die man aber nicht ändern kann.

Die Staaten Europas sollen durch verschiedene Schienenwege für Hochgeschwindigkeitszüge verbunden werden. Unter ihnen tritt die Verbindung von Paris über Straßburg, Stuttgart, München und Wien bis nach Budapest besonders hervor. Die Suche nach einer guten Verbindung von Stuttgart bis Ulm war zwar schwierig, aber letztlich erfolgreich. Die neue Trasse soll in einem Tunnel vom Stuttgarter Hauptbahnhof zum Flughafen hinaufführen und dort Ulm erreichen.

Das Konzept „Stuttgart 21", auf das sich die Beteiligten geeignet hatten, wurde der Öffentlichkeit vorgestellt, als noch nicht Wolfgang Schuster, sondern ich Oberbürgermeister der Landeshauptstadt war. Inzwischen ist es noch viel besser geworden. Ich dachte damals, daß die von Bund, Land, Region, Stadt und Bahn vorgeschlagene Lösung von allen akzeptiert und gutgeheißen werde, besonders von den ökologisch Engagierten. Denn das Konzept ermöglicht beachtliche Entlastungen im Luft- und Straßenverkehr und damit eine Verbesserung der Umwelt, Fortschritte beim Schienenausbau und die Führung der Hochgeschwindigkeitszüge in den Hauptbahnhof mit den dort gebündelten Bahnverbindungen nach allen Richtungen.

Hinzu kommt Süddeutschlands größtes „Flächenrecycling". Das heißt die Schonung von Naturflächen durch die Wiederverwendung der bisher von der Bahn genutzten Bauflächen im Umfang von fast 100 Hektar für neue Bauvorhaben und zur Renaturierung. CDU, SPD, FDP, freie Wähler haben diesem Konzept im Stuttgarter Gemeinderat zugestimmt. Aber zu meiner Überraschung machten die Grünen nicht mit. Ich habe nie verstanden, warum.

Die Bedenken scheinen sich an dem Ersatz des jetzigen Kopfbahnhofs durch einen Durchgangsbahnhof festgemacht zu haben. Dabei haben unsere Experten seit einem Jahrzehnt immer wieder überzeugend den Durchgangsbahnhof als die bessere und günstigere Lösung mit einer größeren Kapazitätsreserve dargestellt. Die Schienenwirrnis vor dem Kopfbahnhof ist nicht gerade ein Hinweis auf Vollkommenheit oder gar ein ästhetischer Genuß. Die Vorstellung, daß an diesem zentralen Ort anstelle der nicht mehr benötigten Gleise Grünflächen möglich werden, ist nicht gerade unangenehm.

Es handelt sich hier um ein Jahrhundertprojekt mit Folgen, die nicht nur für Stuttgart und die Region, sondern für das ganze Land spürbar sind. Was erfordert die Zukunft? Die Zukunft läßt sich nicht genau vorausberechnen. Das rechtfertigt aber nicht, nachweisbar oder erkennbar Falsches zu tun. Falsch wäre jedenfalls, das Projekt, das mehr als ein Jahrzehnt lang umfassend überprüft wurde, scheitern zu lassen. Das wäre ein Streich mit irreparablen Folgen. Falsch wäre auch, die Entscheidung, ob Stuttgart 21 kommt oder nicht, von einem Stuttgarter Bürgerentscheid abhängig zu machen. Es geht hier nicht nur um eine Stuttgarter, also eine örtliche Angelegenheit, sondern um eine Sache, die das ganze Land betrifft.

Falsch wäre vor allem zu unterstellen, daß die künftigen Verhältnisse lediglich ein größeres und gröberes Abbild des gegenwärtigen Zustandes sein werden. Der zur Zeit noch verfügbare Treibstoffvorrat auf unserem Planeten wird knapper, und die Treibstoffe werden viel teurer werden. Wegen ihrer Emissionen werden die Bedenken gegen ihre Nutzung zunehmen, auch im Hinblick auf die Klimafrage. Deshalb können wir uns nicht darauf verlassen, daß ein weiter steigender Bedarf an Mobilität durch das Kraftfahrzeug, insbesondere den Personenkraftwagen, aufgefangen wird.

Auch die Zahl der Fluggäste kann nicht in den Himmel wachsen, sondern sollte durch einen besseren Schienenverkehr auf einem leistungsfähigen Schienennetz für Hochgeschwindigkeitszüge in Grenzen gehalten werden. Schon jetzt wäre ein weit höherer Anteil der Schiene am Verkehrsaufkommen wünschenswert. In der Zukunft wird eine Verlagerung auf die Schiene zwingend.

Stuttgart 21 bringt Verbesserungen für das ganze Eisenbahnnetz im Land. Es wäre für alle Bürger von Baden-Württemberg ein großer Nachteil, wenn Stuttgart 21 nicht zum Zuge käme, weil unbegründete Sorgen wegen des Erhalts der Bonatzschen Bahnhofsarchitektur die Stimmung belasten würden, der Durchgangsbahnhof als neues Konzept abgelehnt und die Bedeutung der neuen Trasse und des Tunnels zum Flughafen unterschätzt würde. Im Interesse der Bürger an einer guten Zukunft muß eher mehr als weniger in die Infrastruktur investiert werden. Denn wer nicht sät, der erntet nicht.

Europa als Verkehrsproblem

*160 Jahre nach dem Bau der ersten
Eisenbahnen in Württemberg muß
die Hochgeschwindigkeitsstrecke
Stuttgart-Ulm in Angriff
genommen werden.*

Im Zeitalter der Hochtechnologie, der Technik und der globalen
Wirtschaft sind Lösungen für die Verkehrsfragen für Europa
ebenso schwierig wie wichtig. Vor 40 Jahren war ein Zusammenschluß Europas von Lissabon bis Warschau erst ein politischer Wunschtraum. Die elektronische Datenverarbeitung
(EDV) steckte noch in den Kinderschuhen. Aber die Frage
Bertolt Brechts, was besser sei, die Fußnägel zu schneiden
oder sich ständig größere Stiefel anzuschaffen, stellte sich bereits. Die durch eine umfangreiche Science-Fiction-Literatur
inspirierte menschliche Phantasie trieb bunte Blüten. Ein Teil
dieser Blüten trug Früchte, ein anderer Teil blieb – vorläufig –
fruchtlos. Erwartet wurde ein erheblicher Zuwachs der Büroarbeit, von dem ein Ausgleich für den Wegfall jener Arbeitsplätze erhofft wurde, welche die Industrie durch Produktivitätssteigerungen einsparen kann.

Einzelne Propheten weissagten, daß die meisten Bürobeschäftigten nicht mehr körperlich im Büro erscheinen, sondern
ihre Arbeitsbeiträge zu Hause auf dem Computer leisten würden. Diese neue Form der Heimarbeit werde den Berufsverkehr
stark entlasten. Aber gegen den Vorschlag, die Berufsarbeit zu
Hause, in einen Morgenmantel gehüllt, zu verrichten, bäumte
sich die menschliche Natur auf. Das Schlagwort „High-Tech –
High-Touch" kam auf. Dahinter verbirgt sich die These, mit
wachsendem Umgang mit Technik und Elektronik verstärke

sich das Bedürfnis des Menschen nach Umgang mit seinesgleichen. Jedenfalls fuhren und fährt die Mehrheit der Berufstätigen Tag für Tag zu ihrem Arbeitsplatz. Zu dem regionalen Berufsverkehr gesellen sich überregionale Verkehrsströme, die sich beachtlich vergrößern könnten. Fazit: Das Verkehrsproblem wird eher größer als kleiner.

Die Mittel der Verkehrspolitik werden auch künftig nicht ausreichen, um in den europäischen Stadtregionen den örtlichen, regionalen und nationalen Straßenverkehr so zu verflüssigen, daß Staus selten werden. Noch schwieriger wird es, wenn die Klimafrage zu Einschränkungen des Individualverkehrs mit Kraftfahrzeugen zwingen sollte. Eine grundlegende Steigerung und Verbesserung des Verkehrs auf der Schiene rückt dann in der Prioritätenskala steil nach oben.

Das Mindeste, was von der Europäischen Union erwartet wird, sind verbesserte Kontakte und Beziehungen zwischen den Bürgern der Mitgliedsstaaten. Die Strecken für die Hochgeschwindigkeitszüge werden das Rückgrat der Verkehrswege sein. Sie haben neben ihrem ökonomischen und ökologischen Nutzen auch eine symbolische Bedeutung. In ihnen kommt zum Ausdruck: Wir überwinden Entfernungen, wir kommen aufeinander zu, wir gehören zusammen. In Europa müssen sich nicht nur die Menschen näherkommen, sondern auch die Staaten und Regionen. Es kommt weniger auf die Entfernung in Kilometern und Metern an, sondern auf die Zeit in Stunden und Minuten, die vom Start bis zum Ziel vergeht. Wenn wir auf einer Karte von Europa den Zeitaufwand eintragen, wie er durch die bestehenden und geplanten Trassen für Hochgeschwindigkeitszüge verringert werden kann, sehen wir sofort, wie sehr die Kommunikation zwischen den europäischen Staaten durch die moderne Bahn verbessert wird.

Mit den herkömmlichen Mitteln, dem Auto, dem Bus, der klassischen Eisenbahn und dem Flugzeug, läßt sich manches leisten, aber nicht alles. Fahrziele, die bei vernünftiger Abwägung für das Flugzeug zu nah und für das Auto zu weit sind, müssen grundsätzlich einem gut ausgebauten Netz für Hochgeschwindigkeitszüge vorbehalten bleiben. Das Flugzeug muß vor allem mittlere und große Entfernungen bedienen. Das liegt auch im Interesse der Bürger, welche die Fahrt zum Flughafen und das Einchecken oft mehr Zeit kostet als die Bahn- oder Autofahrt. Es entspricht auch der Logik des Umweltschutzes, der wegen der hohen CO_2-Emissionen auf Beschränkungen des Luftverkehrs drängt.

Die Vereinigten Staaten werden wohl bei ihrer ganz anderen Landschafts- und Siedlungsstruktur die Frage nach den günstigsten Verkehrsmitteln für inländische Strecken vorwiegend durch den weiteren Ausbau der Flugverbindungen beantworten. In Europa mit seiner weit dichteren Besiedlung ist gegenüber einer solchen Lösung Zurückhaltung angezeigt. Hier sind Besiedelung und Schienennetz dichter als in weiten Flächen der USA. In Europa kommt der Bahnreisende in der Regel in einem Bahnhof mit seinen weiter reichenden Verbindungen an. Auch mit Blick auf die Klimafrage muß eine sinnvolle Arbeitsteilung zwischen dem Flugzeug und dem weniger CO_2 erzeugenden Hochgeschwindigkeitszug stattfinden.

Aus all diesen Gründen muß der Ausbau des europäischen Hochgeschwindigkeitsnetzes weitergehen. Mit den Arbeiten an der unterirdischen Unterfahrung Stuttgarts bis zum Flughafen und der Querung der Schwäbischen Alb im Zuge der Strecke nach Ulm kann bald begonnen werden. Die neue Strecke für Hochgeschwindigkeitszüge wird weitere Strecken ermöglichen und das Schienennetz im ganzen Land aufwerten. Wir wollen in Europa weiterkommen. 160 Jahre nach dem Bau der ersten Eisenbahnen in Württemberg muß jetzt die Strecke Stuttgart-Ulm in Angriff genommen werden. Vor dem Bau der ersten Eisenbahn in Preußen erklärte der preußische Verkehrsminister von Nagler: „Dummes Zeug! Ich lasse täglich diverse Sechssitzposten nach Potsdam gehen, und es sitzt niemand darin!" Das war eine Fehlprognose größeren Kalibers. Zum Glück wurde die Bahn dennoch gebaut.

GESUNDE UND KRANKE,
RAUCHER UND SPORTLER

Stein der Weisen oder Felsen des Sisyphos?

*Die Versicherten wissen als
mündige Bürger selbst, was für sie
das Beste ist, jedenfalls hält uns
das Grundgesetz für
zurechnungsfähig!*

Ob die Große Koalition auf der Suche nach der idealen Gesundheitsreform den Stein der Weisen gefunden hat oder noch findet, weiß ich nicht. Jedenfalls sollte die Reform nicht dem Felsen des Sisyphos gleichen, der jedes Mal, wenn Sisyphos ihn auf einen Berg transportiert hatte, wieder herunterrollte. Die Gesundheitsreform ist zunächst einmal beschlossen worden. Die Kritik, die an ihr von allen Seiten geübt wird, und vereinzelte Zustimmung deuten auf eine gewisse Ausgewogenheit hin. Das ist schon etwas wert. Wäre sie gescheitert an inzwischen entstandener Unlust, hätte die Koalition so verdattert dagestanden wie jener schwäbische Landwirt, der, als ihm im März ein Pferd verstarb, ausrief: „Da ist's guet Ross sei, den ganzen Winter durchfuttere lau und im Frühjahr naliege und verrecke!"

Die Gesundheitsreform ist eine höchst komplizierte und heikle Angelegenheit. So etwas läßt sich nicht aus dem Ärmel schütteln. Fehler können nicht nur teuer, sondern sogar tödlich sein. Viele Milliarden Euro sollen bei vielen Millionen Menschen in Form von Versicherungsbeiträgen möglichst gerecht erhoben und in Form von Versicherungsleistungen möglichst so eingesetzt werden, wie es der Gesundheit aller Bürger am besten zugute kommt. Deshalb sollen durch die Reform die Beiträge der Versicherten zusammen mit den Arbeitgeberbeiträgen in einen Fonds geleitet, dort mit Steuermitteln angereichert und so formatiert werden, daß das Ergebnis dem Ideal der Gerechtigkeit möglichst nahe kommt.

In dieser Formatierung wird das Geld den Versicherern und sonstigen Inkassoberechtigten zugeleitet, welche die Ärzte, Apotheken, Krankenhäuser für die Versicherten bezahlen. Ein sinnvoller Wettbewerb zwischen den Kassen, Ärzten, Krankenhäusern soll den Zuwachs der Verwaltungskosten bremsen, bürokratische Hemmnisse beseitigen, die Ärzte und das medizinische Personal motivieren, die Arznei billiger werden lassen. Eine teilweise Steuerfinanzierung der Krankenversicherung wird ins Auge gefaßt. Theoretisch könnten Steuermittel für die Finanzierung der Krankenversicherung durch Streichung anderer Ausgaben freigesetzt werden. Praktisch gelingt das nur sehr selten. Eine teilweise Finanzierung über Steuern sollte jedenfalls nicht aus Versicherungsleistungen öffentliche Sozialleistungen machen. Im Unterschied zur Gebühr und zum Beitrag kennt eine Steuer keine Gegenleistung. Eine Besteuerung von Einkommen, die mit dem Namen Gesundheitssteuer geschmückt wäre, weil ihr Ertrag dem Gesundheitswesen zufließt, wäre irreführend, denn bei der Bezeichnung der Steuer kommt es darauf an, wer sie bezahlt, und nicht, wer aus ihrem Ertrag etwas bekommt.

Die Bürger wissen, daß Leistungen der öffentlichen Hand nicht problemlos sind. Im Kanton Bern soll ein Politiker bei einer Bürgeranhörung erklärt haben: „Wir wollet doch nur euer Bestes!", und die Bürger sollen erwidert haben: „Gerade das wollen wir nicht hergeben." Auch in Deutschland hat sich herumgesprochen, daß die öffentliche Hand dem Bürger nach Abzug steigender Verwaltungskosten weniger gibt und geben kann, als sie ihnen vorher abgenommen hat. Das trübt die Freude an Geschenken aus öffentlichen Kassen. Dieses Mißtrauen belastet auch die Bewertung der Gesundheitsreform.

Aber angesichts der höheren Lebenserwartung und den mit dem Alter wachsenden Krankheitsrisiken ist es wünschenswert, die steigenden Kosten nicht voll den Versicherten und ihren Arbeitgebern aufzubürden, sondern zum Teil mit Steuermitteln zu finanzieren. Allerdings darf ein Sozialstaat seinen Bürgern nicht mehr Risiken abnehmen und sich selber aufladen, als er tragen kann.

Das Gesundheitsministerium hatte im lobenswerten Bestreben, schwer Verständliches verständlich zu machen, sogenannte Eckpunkte herausgegeben, aber ich fürchte, diese „Eckpunkte" sind der Versuch, dem Leser klarzumachen, daß er die Gesundheitspolitik zwar nicht begreifen wird, aber an sie glauben darf. Deutschland kann sich sehen lassen, auch mit seinen Leistungen auf sozialem Gebiet einschließlich des Gesundheitswesens. Der wichtigste Grund hierfür ist nicht die Fülle und Dichte der Vorschriften, sondern das Engagement der Ärzte und des medizinischen Personals, was mit ihrer beruflichen Qualifikation, dem sorgsamen Umgang mit den Mitteln und den Freiräumen zusammenhängt, die für sie offen stehen.

Es gibt auf dem Felde der Gesundheitsreform noch viele Möglichkeiten, Weisheit zum Leuchten zu bringen. Wettbewerb unter den Kassen muß im Interesse eines günstigen Preis-Leistungs-Verhältnisses sichergestellt werden. Das Interesse der Versicherten an niedrigen Kosten und niedrigen Beiträgen könnte aktiviert werden. Die Einwendung, das Versicherungssystem dürfe den Versicherten nicht dazu verführen, finanzieller Vorteile wegen auf Gesundheit zu verzichten, unterstellt ein getrübtes Denkvermögen. Die Versicherten sind als mündige Bürger fähig, selber zu bestimmen, was für sie das Beste ist. Immerhin haben wir das aktive und passive Wahlrecht, jedenfalls hält uns das Grundgesetz für zurechnungsfähig!

„Oma, du warst doch damit einverstanden, daß du im Juni stirbst"

Der medizinische Fortschritt wirft
viele ethische Fragen auf – etwa im
Blick auf die Sterbehilfe. Der Staat
sollte den Mut haben, darauf mit
Gesetzen zu antworten.

Der Philosoph Leibniz und seine Schüler meinten, daß Gott die beste aller möglichen Welten geschaffen hat. Voltaire stimmte mit ihm zwar nicht überein: Aber hoffen wir trotzdem das Beste, meiden wir, wenn möglich, die Metaphysik und bleiben wir in jenem Teil der Welt, der menschlicher Erfahrung zugänglich ist, denn dort findet die Politik statt. Finden wir uns ab damit, daß der Mensch auch in einer bestmöglichen Welt Grund zu mancher Beschwerde hat.

Die meisten Beschwerden erheben Menschen, die Zwecke, an denen sie selbst interessiert sind, gefördert sehen wollen auf Kosten von Zwecken, die andere interessieren. Der Konflikt besteht eigentlich zwischen den konkurrierenden Interessenten, die aber gemeinsam über den Staat klagen, weil er vielleicht bestmöglich ist, aber nicht vollkommen zu sein vermag. Einen für alle vorteilhaften Zustand kann der Staat nicht herstellen, allenfalls kann er die Gegensätze abmildern. Mit der Kritik jener, die mehr wollen, muß er zurechtkommen. Wenn es nur um falsch oder richtig geht, läßt sich meistens bei Einsatz der Vernunft in etwa feststellen, ob sie berechtigt ist oder nicht.

Sobald aber die Moral mit dem Begriffspaar gut und böse ins Spiel kommt, wird es schwieriger, besonders, wenn es darum geht, ob etwas möglich oder unmöglich ist. Der Mensch ist schnell bereit, sachlich zwingende Beschränkungen seiner Möglichkeiten für unmoralisch zu erklären. Einige Schriftsteller, unter ihnen ein so bedeutender wie Hermann Hesse, behaupten sogar, wer das Mögliche will, müsse das Unmögliche anstreben. Aber erfolgreiche Überschreitungen der Grenzen des Möglichen kommen nur in Wundern vor, und die sind sehr selten. Im römischen Recht hieß es ganz nüchtern: „Was unmöglich ist, ist niemandes Verpflichtung".

Seit dem Beginn des 19. Jahrhunderts erweitert der wissenschaftliche Fortschritt, auch auf dem Gebiet der Medizin, die Grenzen des Möglichen. Es spricht alles dafür, daß diese Entwicklung andauert. Sie zu steuern, setzt letztlich Übereinstimmung aller Nationalstaaten voraus. Bioethische Einmütigkeit ist nicht zu erreichen. Wir müssen uns über das Klonen und die Stammzellen hinaus noch auf einiges gefaßt machen. Ist aber einmal eine Entdeckung gemacht, kann sie niemand mehr in die Vergangenheit zurückscheuchen. Die Ordner des Diesseits, die Juristen, sollten schon versuchen, Regelungen vorzuschlagen, die bestimmen, was rechtens sein soll angesichts der immer größer werdenden Möglichkeiten, den menschlichen Organismus auch bei ungünstigen Voraussetzungen am Leben zu erhalten. Geschieht das nicht, werden Verantwortung und Risiken allein den behandelnden Medizinern auferlegt, obwohl es sich vorwiegend um Fragen des Verfassungsrechts handelt.

Es geht um grundsätzliche Dinge wie das Recht, das eigene Schicksal selbst bestimmen zu können, aber auch um die strafrechtlich relevante Problematik der Sterbehilfe auf Wunsch des Patienten. Unsere Demokratie ist ein Rechtsstaat, der, selbst auf einer ethischen Grundlage stehend, festlegen muß, welche Antworten in Form des Gesetzes erteilt werden. Menschliches Leben soll möglichst geschützt und erhalten werden. Medizinische Hilfe wegen Begrenzung der Mittel, einem ungünstigen Verhältnis zwischen Aufwand und Erfolgsaussichten oder aus anderen Gründen einschränken zu müssen, ist belastend, auch deshalb, weil man nicht weiß, wie die Gerichte entscheiden, vor denen wir alle in Gottes Hand sind. Dennoch bestehen solche Zwänge, schon weil die praktischen Möglichkeiten begrenzt sind. Kein Land kann dem Gesundheitswesen „absoluten Vorrang" einräumen, erstens deshalb, weil es keinen absoluten Vorrang gibt, sondern immer nur relativen und zweitens, weil es seine Staatsziele nicht darauf beschränken kann, ein Lazarett zu sein, in dem die arbeitsfähige Bevölkerung in der Pflege tätig ist. Die Möglichkeiten der Medizin, Leben und Lebensfunktionen zu erhalten, erweitern sich. In meiner Jugend las ich einen Schauerroman, der schilderte, wie durch Technik und Medizin ein menschliches Hirn am Leben erhalten wurde, das in einem Gefäß, in einer Flüssigkeit schwimmend und über Drähte kommunizierend, bald das Kommando in seiner Umgebung übernahm und großen Schaden stiftete, bis das Gefäß herunterfiel. Das Gehirn hatte noch einmal Gelegenheit, sich unfreundlich zu äußern. Dann war es aus. Was damals Schauerroman war, könnte morgen zu einer realen Möglichkeit werden. Jedenfalls erhebt sich die Grundsatzfrage, inwieweit der Mensch die Verfügung Gottes, daß der Mensch sterblich ist, ändern kann und darf. Es fragt sich auch, ob und inwieweit Mittel, die nur das Leiden verlängern, einem Patienten gegen seinen Willen aufgezwungen werden dürfen. Der Verzicht auf Lebensverlängerung durch Apparate, Magensonden und ähnliche Anwendungen muß grundsätzlich von der Zustimmung des Patienten abhängig sein. Der Kranke muß mit dem Verzicht und der Beschränkung der Behandlung auf Schmerzmilderung einverstanden sein und bleiben. Er kann seine Meinung wieder ändern, aber möglichst nicht am Morgen so und am Abend anders. Vertragliche Vereinbarungen über den Zeitpunkt, ab dem die Beschränkung der medizinischen Zielsetzung eintreten soll, sind nicht vorstellbar. („Oma, du warst doch damit einverstanden, daß du im Juni stirbst, und mir hend uns darauf eingerichtet.") Der Übergang von dem vielleicht qualvollen, aber immerhin vertrauten Diesseits in das unbekannte Jenseits ist nicht leicht, obwohl es letztlich jeder schafft.

Ein Kranker sieht vieles anders, auch inwieweit sein Zustand noch lebenswert ist. Ich bin einmal von einem Krankenhausarzt gebeten worden, mit einem älteren Studienfreund zu reden, der schwer an Krebs erkrankt in den nächsten Tagen sterben würde. Ich tat das und kam auf die Belastung durch seine Leiden zu sprechen, doch er unterbrach mich und sagte: „Du willst mir wohl den Tod schmackhaft machen; laß das bitte bleiben, auch im Rollstuhl hat das Leben noch seine Reize." Seitdem habe ich solche Tröstungsversuche denen überlassen, die damit mehr Erfahrung haben.

Zustände fast wie im 19. Jahrhundert

*Auch in der Umweltpolitik muß
das Verhältnis von Aufwand und
Ergebnis stimmen. Verfolgt vor
diesem Hintergrund die Politik bei
der Feinstaubbekämpfung die
richtige Strategie?*

Als ich mich in meiner Jugendzeit einmal nicht wohlfühlte und
mich Rat und Heilung suchend zu einem Internisten begab,
sagte dieser nach einer gründlichen Untersuchung: „Wenn Sie
jetzt sterbe tätet und mer tät Sie aufschneide, tät mer gar nichts
finden." Ich fragte ihn, ob ich mir die Krankheitssymptome nur
einbilde, und er erklärte, das müsse nicht so sein, aber organisch
finde er nichts. Als ich mit einem Rezept für ein Beruhigungs-
mittel in der Tasche auf dem Heimweg war, fühlte ich mich
bereits wesentlich besser, und nach dem Abendessen stellte ich
fest, daß ich geheilt war. Nicht immer enden Besuche beim Arzt
so beruhigend. Dies schon deshalb, weil die Untersuchungsme-
thoden immer vollkommener, die Meßtechnik immer genauer,
die Kenntnisse von den Gebrechen des Leibes und der Seele
immer umfassender werden.

Gleichzeitig wird fast täglich entdeckt, daß bis jetzt nicht
verdächtigte Substanzen dem Menschen schaden können. Ob
eine Substanz schadet oder nicht, hängt, wie wir seit Paracelsus
meinen, von der Dosis ab, also von der Menge der schädlichen
Substanz, die zum Beispiel in einem Liter Wasser enthalten sind.
Vor zweihundert Jahren konnte die Dosis nicht genau gemessen
werden. Daß ein Wasser vergiftet war, zeigte sich oft erst dadurch, daß, wer es trank, tot umfiel. Heute können durch die

ständig fortschreitende Meßtechnik immer kleinere Mengen gemessen werden, und man nähert sich der Einsicht, daß manche Substanzen bei unterschiedlicher Dosis überall sind. Aber ab welcher Dosis schadet eine Substanz dem Menschen? Das ist, wenn es um so geringe Mengen geht, wie Mikrogramm je Kubikmeter Wasser oder Luft, kaum einigermaßen genau festzustellen, sofern nicht erprobte Erfahrungswerte vorliegen, wie beispielsweise beim Arsen, einem aus vielen Kriminalfällen bekannten Gift. Aber für die meisten Substanzen, die schädlich zu sein verdächtig sind, ist es schwer, exakte Erfahrungswerte zu ermitteln. Bei geringen Dosen erhält man offenbar auch durch Versuche an Mäusen keine einigermaßen gültige Auskunft über den Grenzbereich zwischen schädlich und unschädlich. Es wäre zwar einfach, aber falsch, den Grenzbereich vorsichtshalber bei dem technischen Stand der Meßbarkeit festzusetzen.

Den Bürgerinnen und Bürgern unseres Landes soll ja nicht eingeredet werden, daß sie gefährdeter oder kränker sind, als das tatsächlich der Fall ist. Denn dann drohen psychosomatische Erkrankungen, die bekommt, wer zu Unrecht glaubt, daß er krank ist. Wir haben es mit sehr kleinen Mengen zu tun – so klein, daß es schwerfällt, sich die Größenverhältnisse vorzustellen. Ein Mikrogramm ist das Millionstel eines Gramms. Das Umweltrecht versucht, mögliche Schadstoffe auch in kleinen Größenordnungen zu vermeiden oder zu entsorgen. Das gelingt nur im engen Rahmen des Möglichen. In diesem Rahmen sollte möglichst das Wichtigste vor dem nur Wünschenswerten geschehen, eine Rangordnung, die für die ganze Politik gilt, gerade dann, wenn es um Gesundheit und Leben geht.

Auch in der Umweltpolitik kommt es auf die Kosten-Nutzen Relation, und damit auch auf die Größe des denkbaren Schadens an und auf die Wahrscheinlichkeit, daß er eintritt. Die Gründe für die Festlegung von bestimmten Grenzwerten müssen auf den Prüfstand, auch jene für den Feinstaub, der auch durch Abgase der Kraftfahrzeuge entsteht. Trifft es zu, daß in der Bundesrepublik durch Feinstaub im Jahr bis zu 75 000

Menschen sterben müssen – allein für die Stadt Stuttgart würde das 540 Verstorbene pro Jahr bedeuten? Eine solche Aussage muß doch näher untersucht werden. In meiner aktiven Zeit haben wir uns mit anderen Substanzen befaßt, welche zur Umwelt unfreundlich sind und den Menschen gefährden könnten. Nun hat eine EU-Norm den Feinstaub in das Zentrum öffentlicher Aufmerksamkeit gerückt. Die europäische Ebene bestimmt die Ziele und überläßt es den Behörden der Mitgliedstaaten, sie zu erreichen. Zuwarten, bis die alten Dieselfahrzeuge nachgerüstet oder durch neue ersetzt sind, die als Standard mit Filtern ausgestattet sind, will man nicht. 50 Mikrogramm Feinstaub je Kubikmeter Luft werden geduldet, ebenso wie die Überschreitung dieses Wertes an 35 Tagen im Jahr. In Stuttgart gibt es aber Meßstellen mit Überschreitungen bis zu 110 Tagen.

Nun ist fast die gesamte Stuttgarter Markung eine Umweltzone, in der nur Autos fahren dürfen, die mit einer Plakette ausgestattet sind, die über die umwelttechnische Qualität des Fahrzeugs Auskunft gibt. Es ist zu hoffen, daß der überwiegende Teil dieser Beschränkungen kein Dauerzustand wird, wenn der Anteil der Fahrzeuge mit modernen Abgastechniken so steigt wie zu erwarten. Angesichts der eher zu fördernden als einzuschränkenden Mobilität im europäischen Raum sollten wir uns nicht an Verhältnisse gewöhnen, die den Zuständen vor Gründung des Deutschen Zollvereins ähneln, nämlich an Städteplanungen, die lokalen Gesichtspunkten Vorrang einräumen. Die Städte müssen europaweit zugänglich sein, für Personen und Sachen.

Austilgung der Raucher?

*Der Tabak ist wie die Kartoffel
und die Tomate aus Amerika nach
Europa gekommen. Auch die
Kampagne gegen seinen Genuß
kommt aus der Neuen Welt.*

Ein amerikanischer Admiral erzählte mir, daß ihm ein Freund zu Weihnachten eine Schachtel edler Zigarren geschickt hätte. Der Sicherheitsdienst der US-Marine durchleuchtete das Paket, sah die Aluminiumhüllen, dachte an Sprengstoff und führte eine Sicherheitssprengung durch, welche die Zigarren in besenähnliche Gebilde verwandelte. Heute könnte man sich eine solche Sprengung auch ohne Terrorismus vorstellen. Der Mensch braucht Feinde, und zwar möglichst solche, die ihm nicht gefährlich werden können. Für einen Nichtraucher ist der Raucher der ideale Feind, mindestens ein Asozialer. Es kommt vielleicht noch so weit, daß Zigarettenschachteln flüsternd gekauft und diskret unter dem Ladentisch geliefert werden.

Mir könnte das egal sein. Ich rauche schon lange nicht mehr. Nicht aus Angst um die Familiengesundheit oder gar um mein eigenes Leben, sondern aus finanziellen und ästhetischen Gründen. Meine Frau rauchte nie und brauchte das Rauchen nicht aufzugeben, dafür rauchten ihre Eltern um so mehr. Jedenfalls waren die Mehrheitsverhältnisse in der Familie klar. Jahrzehntelang rauchte ich Zigaretten, Stumpen und Zigarren, dann nur noch Pfeife. Die Pfeifen verbogen aber die Brücken in meinem Oberkiefer derartig, daß ich, wenn ich meine Zähne entblößte, um jemanden ein Lächeln zu schenken, aussah wie ein mißglücktes Produkt von Frankenstein. Als Politiker konnte ich es mir weder leisten, so auszusehen, noch zu schweigen oder mit geschlossenen Lippen zu murmeln. Deshalb bat ich einen erstklassigen Zahnarzt, meine Zähne zu richten. Das Ergebnis seiner Kunst war so grandios, daß mir das Herz gebrochen wäre, wenn ich es durch weiteres Pfeifenrauchen zerstört hätte. So nahm ich Abschied von Tabak und Tabakpfeifen, verschenkte sie an Freunde, die noch rauchten und versuchte, meine Entzugserscheinungen durch Nahrungsaufnahme zu mildern, was natürlich Folgen für mein Gewicht hatte.

Solange ich noch rauchte, war das Rauchen bei Sitzungen des Gemeinderats und seiner Ausschüsse erlaubt. Niemand brauchte wegen des Drangs zu rauchen den Sitzungssaal verlassen und seine Rede zu kürzen oder darauf verzichten, die Rede eines anderen anzuhören. Gewiß versuchten einige Empfindliche, mit Aktendeckeln den Rauch von sich weg zu wedeln. Aber diesen nickte ich freundlich zu und rauchte weiter, mich im sicheren Besitz einer Mehrheit wähnend. Aber die Mehrheit änderte sich – zum Glück erst, nachdem ich Nichtraucher geworden war. Zigarren, Pfeifen und Zigaretten erloschen in den Sitzungssälen und mit ihnen wieder einmal ein Stück Bürgerfreiheit. Obwohl ich nicht mehr zu den Rauchern gehörte, fühlte ich mit ihnen. Stumm drückte ich den Bedauernswerten die Hand und blickte in ihre betrübten Augen. Einige von ihnen waren durch den Druck ihrer Fraktion gezwungen worden, für das Gegenteil dessen, was sie wollten, zu stimmen. Das kommt in der Politik gelegentlich vor.

Überdies meinten ein paar Juristen, entdeckt zu haben, daß das Rauchen in geschlossenen Räumen ohne die Zustimmung aller, die in dem Raum drin sind, schon längst verboten sei. Bemerkt hatte das bislang niemand. An sich wäre der Inhaber des Hausrechts befugt, alle, die das Rauchen stört, aus dem Saale zu weisen, um den übrigen das Rauchen zu ermöglichen, aber erstens geht das in den Sitzungssälen der Rathäuser schlecht und zweitens ist die Zeit über solche Möglichkeiten längst hinweggeschritten. Es hat mich immer gewundert, daß die Frauen, die ja viel später als die Männer mit dem Rauchen begonnen haben, sich die Verteufelung des Tabakrauchens fast widerstandslos gefallen ließen, obwohl rauchende Damen eine wichtige Stufe auf dem Wege zur Gleichberechtigung sind. Wahrscheinlich beeindruckt sie das Husten der Kleinkinder in einem Raucherhaushalt mehr als die Männer.

Ich weiß, was es bedeutet, daß Rauchen aufzugeben, denn ich habe dies mehrere Male getan. Morgendliche Hustenanfälle, die meinen Körper besser durcharbeiteten als jede Gymnastik, störten meine Umwelt. Besonders schwer fällt der Verzicht auf Zigaretten. Hier hilft nur, mit einem Schlag aufzuhören. Stufenlösungen, wie zum Beispiel heute zwanzig Zigaretten, morgen zehn, übermorgen fünf und dann keine mehr, sind in der Regel ebenso zum Scheitern verurteilt wie die Beschränkung des Zigarettenverbrauchs auf täglich fünf, wenn man vorher zwanzig und mehr am Tag geraucht hat. Dann wird man ständig von der Sucht bedrängt und die Versuchung flüstert: „Rauche doch jetzt eine mehr und morgen eine weniger!" oder „Wozu nur fünf am Tag, zehn sind doch auch schon eine respektable Leistung". Alsbald geraten die guten Vorsätze ins Wanken, man resigniert und raucht mehr als vorher.

Wer schlagartig von heute auf morgen mit dem Rauchen aufhört, hat bessere Erfolgschancen. Aber er ist gereizt, und nicht jeder Beruf eignet sich, um dort schlechte Laune und Verärgerung an Mitarbeitern und Kunden auszulassen. Auch die Familie schätzt es nicht, Opfer von Entzugserscheinungen zu werden. Der sich Entwöhnende wird aber erleben, daß sich seine Rauchlust von Tag zu Tag abschwächt und er einen Haufen Geld spart, so daß sich per Saldo kein Defizit an Lustgefühlen einstellen muß. Das gilt auch für die innere Befreiung von anderen zwanghaften Abhängigkeiten wie vom Alkohol, von Drogen, und, in der Politik, von dem Drang, zu Lasten der Zukunft weitere Schulden zu machen. Letzteres wird nicht schlagartig unterbleiben können, aber durch mehrere Jahre durchgehaltene Entwöhnung und Entgiftung lassen sich auch

Schulden ohne Entzugserscheinungen auf eine vertretbare Höhe zurückführen.

Die Kampagne gegen das Rauchen sollte nicht überzogen werden. Wozu das führt, hat die CSU bei der bayrischen Landtagswahl im September 2008 gespürt: Sie mußte es mit dem Verlust ihrer absoluten Mehrheit bezahlen. Vielleicht läßt sich die Anti-Raucher-Kampagne ja auf den erst vor ein paar Jahren entdeckten Feinstaub umprogrammieren. Der Tabak ist wie die Kartoffel und die Tomate aus Amerika nach Europa gekommen. Alexander der Große, Cäsar, Plato und die anderen Großen der alten Geschichte waren Nichtraucher. Auch die Kampagne gegen das Rauchen kommt aus der Neuen Welt. Was die Amerikaner tun, machen sie meistens gründlich und wir nach, aber wir Deutsche und Europäer übertreffen sie noch in unserem Streben, den freien Bürgern alles zu verbieten, was ihnen selbst oder anderen Menschen irgendwie schaden könnte. Das Autofahren gefährdet auch Mitmenschen, das Radfahren, das Bergsteigen (man könnte ja auf jemanden drauf fallen), das Eislaufen und das Trinken von Bier, Wein usw., selbst wenn der Heimweg zu Fuß zurückgelegt wird. Daß Rauch nicht gesund ist, wissen die Bürger selbst. Raucher verursachen vielleicht höhere Gesundheitskosten, aber ihre Lebensdauer und damit die Dauer des Rentenbezugs ist, wie wir immer wieder hören, kürzer, und das entlastet die Rentenversicherung und die Pensionskassen.

Gewicht und Übergewicht

Shakespeares Julius Cäsar: „Laßt wohlbeleibte Männer um mich sein, mit glatten Köpfen und die nachts gut schlafen."

Vor ein paar hundert Jahren war es den Oberen ziemlich egal, wie es den Untertanen geht. Die große Mehrheit starb, wenn sie etwa dreißig Jahre alt war und ersparte es Familie, Kirche und Obrigkeit, so etwas wie eine Alters- und Invalidenvorsorge einzurichten. Der moderne demokratische Staat hingegen kümmert sich um seine Bürger. Er erkannte sogar in unserem einst bierfrohen und weinseligen Land, daß er seinen Bürgern in deren eigenem Interesse den Alkoholgenuß vergällen muß, jedenfalls soweit diese Autofahrer sind. Seit einiger Zeit ist ihm klar, daß Zigarren, Zigaretten und Tabakspfeifen aus unserer Welt verschwinden müssen, um den Menschen vor dem Raucher und den Raucher vor sich selbst zu schützen.

Deshalb kann es nicht verwundern, wenn der Staat nunmehr auch den Kampf gegen Übergewicht und Fettleibigkeit aufnimmt. Besonders hervorzuheben ist, daß finanzielle Überlegungen, die sonst bei Festlegung der Staatsziele die beherrschende Rolle spielen, hier völlig in den Hintergrund treten. Übergewicht verkürzt nämlich die Lebenszeit und damit auch die Dauer des Bezugs von Rente und Pension. Tabak wirkt ebenfalls lebensverkürzend, wenngleich manche Raucher, gleichsam durch Zigarettenrauch und Zigarrenqualm konserviert, bis zu hundert Jahre alt werden können. Daß der Konsum von zu viel Alkohol auf direktem Wege zum Friedhof führt, vorher aber noch genügend Zeit läßt, sich zu ruinieren und die Familie dem

Elend auszuliefern, ist auch keine Neuigkeit. Ein sportlicher, durchtrainierter Körper und entsprechende Leistungsfähigkeit würden auf ein langes Leben hinweisen, sofern kein Doping stattgefunden hat. Dann kann es verhältnismäßig rasch zu Ende gehen.

Vor ein paar Jahren haben Wissenschaftler und Politiker entdeckt, daß der Durchschnittsmensch von heute, trotz der allseits beklagten Umweltschäden, viel länger lebt als der Mensch von gestern und daß er länger eine Rente bekommen muß. Werden mehr Alkohol, Tabak und Lebensmittel konsumiert, ist das ungesund für den Konsumenten. Es führt aber zwangsläufig zu einem geringeren Finanzbedarf für Renten und Pensionen und auch zu einem höheren Steueraufkommen, besonders bei der Tabak- und Branntwein, Sekt- und Biersteuer.

So ist die Rechts- und Sachlage. Sie sollte uns nicht davon abhalten, dennoch den Versuch einer beachtlichen Senkung des durchschnittlichen Körpergewichts zu unternehmen, denn wer länger lebt, kann auch länger schaffen. Überdies wird der Mensch in der Regel schöner und beweglicher, wenn er überflüssiges Gewicht verloren hat. Mit Sicherheit aber wird er tauglicher zur Mitwirkung bei der Kinderpflege und im Haushalt – ein Gesichtspunkt, der bislang bei der Erörterung moderner Familienverhältnisse unter den Tisch gefallen ist. Den Männern wurde schon vor Jahrzehnten die Möglichkeit genommen, in der Erziehung ihre Körperkräfte sinnvoll einzusetzen und die Mutter in althergebrachter Weise zu unterstützten: „Wartet nur ab bis der Vater heimkommt, dann werdet ihr was erleben!" Deshalb haben sie die Pflege der eigenen körperlichen Tüchtigkeit vernachlässigt. Sie bedürfen der Rehabilitation, um als Erziehungsgehilfen tauglicher zu werden.

In einem Arm das brüllende Kind, in dem anderen das Handtuch und die Tageszeitung und unter dem Kinn ein Handy – das schaffen nur Frauen, fast alle Männer wären da überfordert. So ist es, aber so muß es nicht bleiben. Der sportliche Teil eines Ertüchtigungsprogramms für Männer könnte hier Abhilfe schaffen. Ein geringeres Körpergewicht hat Vorteile und Nachteile. Von Nachteil ist, daß seit Shakespeares Julius Cäsar der Aberglaube nicht auszurotten ist, Dicke seien gemütlich: „Laßt wohlbeleibte Männer um mich sein, mit glatten Köpfen und die nachts gut schlafen. Der Cassius dort mit dem hohlen Blick. Er denkt zuviel. Die Leute sind gefährlich!"

Der Vorteil des geringeren Körpergewichts ist, daß man nicht so viel Überflüssiges mit sich herumschleppt und nicht sooft bei Sitzungen einschläft. Ich werde bei dem Programm mitmachen, wenn es kommt. Man könnte Wettbewerbe organisieren, zum Beispiel Stuttgart gegen Karlsruhe. Natürlich müßte man vorher und nachher die ganze Bevölkerung wiegen. Aber wir wollen doch nicht gleich mit Bedenken kommen, wenn uns eine neue Idee begegnet. Ich habe so etwas einmal in einem amerikanischen Regiment gesehen. Ein voller Erfolg. Weshalb nicht auch bei uns?

Vielleicht will der Zuschauer die Tour de France trotz Doping sehen

Jeder Mensch muß sich manchmal Arzneien einverleiben, wenn er krank oder Belastungen ausgesetzt ist.

Das Bild, das der Sportsfreund vor dem Bildschirm von den Teilnehmern der Tour de France bekam, ist unerfreulich und für den Radsport nachteilig. Spitzensportler haben ihre Leistung nicht nur aus eigener Kraft, sondern mit Hilfe von Doping erbracht. Das verführt die anderen, die ohne Doping auskommen, sich ebenfalls dopen zu lassen, um ihre Leistung zu steigern und ihre Chancen zu verbessern, so daß schließlich alle Teilnehmer an Radrennen, Fußballspielen und ähnlichen Veranstaltungen gedopt wären. Auch wenn dadurch so etwas wie Gleichheit der Chancen hergestellt wäre, es geht nicht an, daß Sportveranstaltungen zu Werbeaktionen für Drogen werden.

Der Alte Fritz schätzte es nicht, wenn sich seine Offiziere dem Alkohol ergaben. Das war in Preußen allgemein bekannt. Bei einer Parade machte ein junger Husarenoffizier einen besonders guten Eindruck auf den König. Aber ein hoher Offizier flüsterte Friedrich zu: „Majestät, der Mann säuft!" Dem entgegnete der König: „Weiß er was? Sauf er auch!" Niemand will eine so liberale Haltung für den Umgang mit dem Doping empfehlen. Es ist durchaus richtig, daß die Sportfunktionäre, die Politiker, die Fans, die Leistungssportler und vor allem die Medien gegen das Doping sind. Aber es fragt sich doch, ob sich die Gegnerschaft nicht zu radikal und zu kleinlich äußert und ob nicht der einzelne Sünder angesichts der offenbar in einigen Ländern praktizierten Duldung des Dopings und der herrschenden Verwirrung zu hart zur Rechenschaft gezogen wird.

Was soll das, wenn ZDF und ARD, erfüllt von heiligem Zorn gegen die Sündhaftigkeit dieser Welt, die Live-Berichterstattung über die Tour de France einstellen, weil mehr Dopingfälle entdeckt wurden als früher? Bei aller Lust an Dramatisierung und Übertreibung, aber es sollte doch nicht der Eindruck erweckt werden, als fände der sportliche Wettbewerb weniger zwischen den Athleten als zwischen den die Leistung steigernden Chemikalien statt. Bert Brecht weist darauf hin, daß Sport nicht gesund sei. Boxen, um den Stuhlgang zu verbessern, sei kein Sport. Vielleicht will der Zuschauer die Tour de France trotz der Teilnahme von Gedopten sehen? Schafft das Medium hier Tatsachen, anstatt zu berichten und sie zu bewerten? Ist mit solchen Strafaktionen künftig auch in der Politik zu rechnen, wenn diese Fehler macht?

Soll zum Beispiel vom öffentlich-rechtlichen Sender vier Monate Schweigen über die verantwortlichen Politiker verhängt werden, wenn der Haushaltsplan des Bundes nicht ausgeglichen ist? Und müssen jetzt alle Sportereignisse darauf überprüft werden, ob sie dopingfrei waren und womöglich für ungültig erklärt werden, wenn das nicht so war? Die Geschichte des Sports wäre dann nicht mehr eine Geschichte des Triumphs des menschlichen Willens und Geistes über die menschliche Trägheit und Faulheit, sondern eine Darstellung von Krankheiten, die den Menschen befallen, wenn er das Falsche ißt, trinkt oder sich irgendwo einspritzen läßt.

Jeder Mensch muß sich manchmal die vorzüglichen Erzeugnisse unserer Arzneimittelindustrie zuführen oder einverleiben, wenn er krank oder besonderen Belastungen ausgesetzt ist. Als ich vor mehr als einem halben Jahrhundert mein zweites juristisches Staatsexamen ablegte, setzten einige meiner Kollegen auf ein Kräftigungsmittel namens „Eidran", welches behauptete, die letzten Reserven der menschlichen Intelligenz aktivieren zu können. Auf das Stichwort „Jetzt wollet mir mal wieder eidranieren" wurden ganze Flaschen ausgetrunken. Hinterher wußte man aber nicht, ob man wegen oder trotz dieses Trankes ein ordentliches Ergebnis erzielt hatte.

Ich selber habe nicht „eidrainiert", sondern einige andere Pillen zu mir genommen, deren Produzent zwar ein waches Hirn versprochen hatte, aber nur mehrtägige Schlaflosigkeit liefern konnte. Es ist notwendig, daß die Sportverbände, die Politiker, bei uns in Deutschland vor allem unser Innenminister, sich für eine Sportwelt ohne Doping einsetzen. Eine Leistung, die der Chemie zu verdanken ist, als Sport zu bezeichnen, ist problematisch. Wichtig wäre die weltweite Übereinstimmung über die Unzulässigkeit des Dopings. Aber solange es die dopingfreie Welt noch nicht gibt, sollten jene, die der Versuchung erliegen, mit einer wohldosierten Milde rechnen können.

DAS SCHÖNE GESCHLECHT
UND DIE ALTE GENERATION

Die Frau ist dem Mann überlegen

Jüngere Freunde des schwarzen
Humors sagen, künftig dürfe jeder
ab 70 bei Rot über die Straße
gehen. Aber ab 80 werde es dann
Pflicht.

Wer glücklicher Besitzer eines Fernsehapparats ist und Lust hat, die vielen Krimis zu betrachten, wird selber zum Kriminalisten. Er weiß, es gibt dort den guten Polizisten und den bösen Polizisten. Jener versucht, den einer Straftat Verdächtigen durch Freundlichkeit zum Geständnis zu bringen, dieser durch Drohungen. Beide wollen dasselbe auf unterschiedlichen Wegen erreichen. Auch unter den Politikern gibt es welche, die Wohlwollen ausstrahlen und Gutes verheißen, und solche, die Ungutes androhen und manchmal auch durchsetzen. Die Minister, die Geld ausgeben wie zum Beispiel Familien-, Jugend- und Kulturpolitiker, machen die Menschen glücklich, indem sie ihnen etwas bieten, die Finanzminister weigern sich meistens, Geld herzugeben, oder nehmen sogar Geld weg.

Ein gemeinsames Ziel wie bei den Vernehmungsbeamten gibt es auch, es ist das allgemeine Wohl. Fast alle Minister wollen mehr Geld ausgeben, nur der Finanzminister will das nicht, sondern mehr Geld sparen. Optimisten glauben, daß das umstrittene Geld da sei, Pessimisten und Realisten wissen, daß es nicht da ist. Einige von ihnen fordern aber trotzdem, daß es ausbezahlt wird. Jedenfalls entsteht so jene Verwirrung, die nötig ist, um die Seiten unserer Zeitungen und die Sendezeiten von Fernsehen und Rundfunk zu füllen.

Die Schattenseite dieser Verwirrung ist, daß die Finanzen in Unordnung geraten sind. Bund und Land, Kanzlerin und Vizekanzler, Ministerpräsident und Stellvertreter wollen sie wieder ordnen. Das ist notwendig, macht aber viele gute Menschen hellhörig. So mancher Wunsch ist noch nicht erfüllt, so mancher Bedarf nicht befriedigt. Erst vor verhältnismäßig kurzer Zeit ist in das Bewußtsein breiter Bevölkerungsschichten gedrungen, daß seit Jahrhunderten, manchmal seit Jahrtausenden in den meisten Gesellschaften die Frauen ohne jede Rechtfertigung benachteiligt worden sind. Sie sind aber den Männern gleichwertig, nach Auffassung einer rasch wachsenden Minderheit, zu der auch ich mich seit längerer Zeit zähle, den Männern überlegen.

Das ist, bei einigem Nachdenken kommt man darauf, gar nicht erstaunlich, denn, wie wir aus der Bibel wissen, schuf Gott zwar zuerst Adam und dann Eva, aber er konnte bei der Herstellung von Eva alle Erfahrungen verwerten, die er mit Adam gemacht hatte. Deshalb vertraute Gott Eva die Sorge für den Nachwuchs bis zur Geburt und darüber hinaus an, Adam stand ziemlich linkisch in der Gegend herum. Ohne Eva hätte er auf die Erkenntnis von Gut und Böse lange warten müssen.

Jetzt will die Politik den Jahrtausendfehler der Unterbewertung der Frauen beseitigen. Das ist recht und billig, das heißt billig ist das nicht gerade, denn die Männer kokettieren mit ihrem Ungeschick und leisten bei der Aufzucht des Nachwuchses bei Weitem nicht das, was sie sollten. Außerdem sind sie gegen Dreck und Unordnung weithin resistent. Aus diesen und anderen Gründen steht die Politik vor der Notwendigkeit, ein umfassendes System der Bewahrung, Bildung und Erziehung von Kindern und Jugendlichen bereitzustellen, und zwar möglichst kostenlos für die Eltern.

Der Pferdefuß ist aber, daß das Geld nicht da ist. Die guten Minister tun so, als ob es doch da wäre, aber der Finanzminister sagt Nein. Die Möglichkeiten der Steuererhöhung seien ausgereizt, andere Bedürftige stünden vor der Tür. Die Finanzierung der Renten bereitet Probleme. Rentner leben länger und beziehen 17 Jahre anstatt früher zehn Jahre Rente. Das kostet. Je älter der Mensch wird, desto öfter erkrankt er und desto mehr steigen die Behandlungskosten. Die Zahl der Leistungsberechtigten steigt, die der Beitragszahler sinkt.

Mathematisch gesehen wäre es für die Finanzierung am günstigsten, wenn jeder von uns länger arbeitete und früher stürbe. Aber wer will das schon? Ich bin jedenfalls dagegen. Schon vor Jahren sagten jüngere Freunde des schwarzen Humors, künftig dürfe jeder ab dem siebzigsten Lebensjahr bei Rot über die Straße. Ab 80 werde es dann Pflicht. Früher erfreuten mich solche Betrachtungen. Heute kann ich über sie gar nicht mehr lachen. Denn ich nähere mich selber dem achtzigsten Lebensjahr.

Die Affäre mit den Äpfeln oder Warum die Männer den Frauen unterlegen sind

*Soll eine mit Luftlöchern
versehene Blechbüchse eines Tages
den männlichen Beitrag zur
Erhaltung unserer Gattung
ersetzen?*

Manche Geschichten eignen sich so gut zur Illustrierung eines Problems, daß ich sie gerne mehrmals erzähle. Hier ist so eine, die manche Leser wahrscheinlich schon kennen: Ein im Sterben Liegender hat sich einmal in einen Familienstreit darüber eingemischt, in welchem Wirtshaus denn der Leichenschmaus stattfinden sollte, indem er wiederholt empfahl: „Ganget doch ins Lamm!" Da fuhr die Gattin und künftige Witwe ihn an: „Sei doch du ruhig, du gehst ja gar nicht mehr mit!" Mit einer solchen Reaktion muß jeder alte Mensch rechnen, der sich über die Zukunft äußert. Aber er kann und sollte diese Denkarbeit dennoch nicht bleiben lassen, sondern auf unterhaltende Weise viele Stunden mit Überlegungen ausfüllen, die er in seiner aktiven Zeit nicht angestellt hat, weil er dazu keine Zeit hatte.

Die Zeit hat er nun. Die Vergangenheit meldet sich zu Wort. Sie weiß, daß sie sich nicht mehr ändern läßt und sie ewig besteht. Gerade deshalb macht sie sich so wichtig, ihre Wahrnehmungen bleiben fragwürdig, ebenso wie die Lehren, die sie gezogen hat. Man wundert sich, wie viel Unvernunft sie ertragen hat. Aber dennoch ist sie ganz unterhaltsam für den, der frei ist von Gespensterfurcht und weiß, daß die Vergangenheit wirklich vorbei ist.

Mit einer Zukunft, die nicht mehr unsere eigene Zukunft ist, gehen wir Alte großzügiger um, als mit einer, die wir noch selber erleben oder bereits zu erleben begonnen haben. Vieles hat sich verändert und vieles wird sich weiter verändern, man denke nur an die Rolle und den Rang der Frauen in der Gesellschaft. Wo viel geschwätzt wird, wird auch viel Unsinn geredet. Diesen vom Sinn zu trennen und zu entsorgen ist die eigentliche Aufgabe jeder Diskussion. Ob unsere Generation hier Vorbild war oder nicht? Das muß jeder für sich entscheiden und dabei in den Spiegel blicken.

Mark Twain soll, als er gefragt wurde, was wir Männer ohne die Frauen seien, geantwortet haben: „Selten, sehr selten!" Ich glaube nicht, daß ein so gescheiter Mensch wie Mark Twain damit ausdrücken wollte, man könnte überhaupt auf uns Männer verzichten. Zur Fortpflanzung sind wenigstens einige von uns Männern bislang unentbehrlich; aber wer weiß, was Stammzellforschung und biologische Ingenieurkunst noch alles möglich machen. Hier meine Meinung: 1. Die Stammzellforschung läßt sich nicht weltweit durch Verbote verhindern. 2. Wenn die Stammzellen bei der Bekämpfung von Krankheiten nützlich sind, werden sie überall verwendet, ohne daß die Politik das aufhalten könnte. 3. Die Existenz der männlichen Spezies wird durch den medizinischen und naturwissenschaftlichen Fortschritt nicht in Frage gestellt. Es wäre doch zu unerfreulich, wenn man den männlichen Beitrag zur Erhaltung der Gattung eines Tages aus einer mit einigen Luftlöchern versehenen Blechbüchse glaubte ersetzen zu können.

Aber ich weiß, daß wir Männer den Frauen unterlegen sind und daß das gockelhafte Betragen von Männern nichts anderes ist als das Angstgeschrei von Menschen, die plötzlich ihrer Hilflosigkeit und Unzulänglichkeit gewahr werden. Leistung im Berufsleben erbringen, den Haushalt einschließlich der Finanzen in Ordnung halten, die Familie ernähren, Kinder auf-, an-, aus- und umziehen – das alles zusammen schaffen viele Frauen besser als Männer. Aber das ist noch nicht alles. Wir

Männer brauchen jedenfalls noch darüber hinaus die Hilfe der Frauen, wenn wir glücklich sein sollen, und die Frauen sind robust genug, um neben Beruf und Kinderbetreuung diese Dienste erbringen zu können.

Es muß endlich einmal deutlich ausgesprochen werden, daß die Rangordnung zwischen Frauen und Männern sich nicht zwingend, wie die meisten Bibelausleger meinen, daraus ergibt, daß Gott zuerst Adam geschaffen hat und Eva erst später, sondern entscheidend ist die bessere Qualifikation. Adam war nur ein Modell, ein Prototyp, den Gott auf Mängel untersuchte, bevor er Eva schuf. Entgegen der Meinung von konservativen und auf Vorrechte des Alters pochenden Theologen, die seit der erstmaligen Veröffentlichung der Bücher Mose Adam als Nummer eins betrachten, gebührt dieser Rang Eva. Adam ist mit dem zweiten Rang noch gut bedient. Die Frau ist leistungsfähiger als der Mann. Bei der Affäre mit den Äpfeln vom Baum der Erkenntnis ist Adam nur herumgestanden wie bestellt und nicht abgeholt. Eva, nicht Adam, ist die Fähigkeit zur Aufnahme des Kindes für neun Monate verliehen worden und auch noch das Vermögen, den Nachwuchs zu ernähren. Die Männer können weder das eine noch das andere. Gott wußte warum.

Der Irrtum, daß in der Rangverteilung zwischen Mann und Frau dem Mann der erste Platz gebühre, lastet schon mehrere Tausend Jahre auf der Menschheit. Apostel Paulus („Die Frau schweige in der Kirche") hat zur Vertiefung dieses Irrtums beigetragen. Ein solcher in Geschichte und gesellschaftlicher Gewohnheit wurzelnder Irrtum läßt sich freilich nicht von heute auf morgen durch die Wahrheit ersetzen. Auch der Irrtum braucht seine Zeit, bevor er zur Wahrheit werden kann. Wenn wir das Problem weder lösen noch der öffentlichen Aufmerksamkeit entziehen können, sollten wir es wenigstens mildern; dabei ist aber in Betracht zu ziehen, daß die Ehe nicht einfach ein Dienstvertrag ist, womöglich auf Zeit mit bequemem Kündigungsrecht, sondern eine auf Lebensdauer angelegte Gemeinschaft zweier Menschen, und zwar unabhängig davon, ob Kinder da sind, denn mit der so verstandenen Ehe steht und fällt die Familie.

Die Erosion der Familienidee ist für unsere Gesellschaft, für unsere Demokratie und für unseren Sozialstaat eine Gefahr, die niemand unterschätzen sollte. Gewiß müssen auch die öffentlichen Hände tätig sein, aber die sind mehr für das Grobe geeignet. Das Wesentliche muß aus dem Inneren der Menschen kommen. Schließlich sollen niemals Kinder eher als Last und Schicksalsprüfung gelten denn als Hoffnungsträger, die dem Leben Sinn und Wert geben.

Alt und grau will keiner sein

Manchmal ist der Fortschritt
schon ein Kleiderhaken in der
Toilette, um seine Garderobe nicht
mit den Zähnen festhalten zu
müssen.

„Alt und grau will hier auf Erden keiner sein und jeder werden." Das ist ein Spruch, der einen jener Widersprüche beschreibt, die im menschlichen Leben nicht zu vermeiden sind. „Ich will nicht so alt werden", sagt sich leicht, solange man jung ist. Im Alter äußert man sich zurückhaltender, zumal das Alter heute ziemlich lange dauern kann. Früher dauerte das Alter in der Regel nicht so lange wie heute. Deshalb war damals auch die Möglichkeit, sich alle möglichen Leiden zuzuziehen, begrenzt, denn meistens ist man vorher gestorben. Heute ist die Lebenserwartung wesentlich höher. Das heißt, länger rüstig bleiben, länger Altersrente beziehen und länger medizinische Leistungen benötigen.

Dank günstiger Lebensumstände alt geworden, stelle ich fest, daß sich meine eigenen Anforderungen an das Umfeld stark verändern. Erkrankungen stellen sich ein, die ich nur bei anderen für möglich gehalten hatte. Die Maßstäbe für die Bewertung der Umgebung, aber auch des eigenen Befindens, sind nicht mehr dieselben. Beispielsweise wird der von Blasenproblemen Heimgesuchte einen Ort nach der Existenz und der Zugänglichkeit von Toiletten bewerten und dort, wo es keine gibt, nicht mehr hingehen.

Die Stuttgarter Stadtverwaltung hat kurz nach meiner Pensionierung die Toiletten im Rathaus mit Zahlenschlössern versehen, um ihren jederzeit tadellosen Zustand sicherzustellen. Die Geheimnummern konnten zwar auch mathematisch begabte Nichtberechtigte entschlüsseln, aber nicht immer in der knappen Zeit, die in solchen Fällen zur Verfügung steht. Ich weiß nicht, ob in der juristischen Wissenschaft ein Grundrecht, „austreten" zu können, diskutiert wird. Angemessen wäre das schon, denn was nützt dem Bürger seine Freizügigkeit, wenn es keine Toiletten gibt und es überdies verboten ist, sich im Straßenraum Erleichterung zu verschaffen. Darüber muß diskutiert werden, denn was sind schon die Leiden eines Rauchers, der nicht darf, im Vergleich zu denen eines Blasengeschädigten, der muß, aber nicht weiß, wo er kann?

Daß die Befriedigung existentieller Bedürfnisse auch diesem Personenkreis möglich zu machen ist, erscheint mir selbstverständlich. Es ist aber nicht überall anerkannt und üblich. Ich will hier gar nicht die Stuttgarter Stadtverwaltung kritisieren, die sich schon zu meiner Zeit redlich bemüht hat, sich widersprechende menschliche Bedürfnisse auszugleichen. Ich will auch nicht über jene repräsentativen Gebäude reden, die eine solche Feierlichkeit ausstrahlen, daß der gebildete Mensch es nicht wagt, nach einer Toilette zu fragen. Türschilder mit der Aufschrift „Damen" und „Herren" lassen sich allenfalls im zweiten Untergeschoß eines solchen Gebäudes anbringen. Im übrigen kommt in der Verwendung des Wortes „Herren" oder in England „Gentlemen" eine feinsinnige Höflichkeit zum Ausdruck. Bernard Shaw soll einmal von einem Herrn gefragt worden sein, wo die Toiletten sind und geantwortet haben: „Am Ende dieses Ganges steht auf einer Tür ‚Gentlemen'. Gehen Sie trotzdem hinein!"

Man spricht nicht über das, was aus Öffnungen des menschlichen Körpers mit Ausnahme des Mundes herauskommt. Dabei kann es wichtig sein im Unterschied zu manchem, was der Mund gelegentlich von sich gibt. Es geht bei der Lebensqualität oft um einfache Dinge. Zum Beispiel zeigen manche Gemeinden für bedrängte Menschen wenigstens dadurch Verständnis, daß sie an den Innenseiten der Toilettentüren Haken zum Aufhängen des Jacketts oder Mantels anbringen. In anderen Gemeinden fehlen solche Haken und das Verständnis. Dort nimmt man offenbar an, daß der Benutzer beziehungsweise die Benutzerin ihre Garderobe mit den Zähnen festhält, denn moderne Türschlösser sind im Unterschied zu den bewährten alten Türklinken für das Aufhängen von Garderobe ungeeignet. Ich bitte um Nachsicht, daß ich so konkret geworden bin. Aber ich habe bei meinen vielen Vorträgen im Land eigene Erfahrungen gemacht. Und was nicht konkret wird, kann sich zwar verschlechtern, aber nicht verbessern. Es gibt viele Problemchen, die – weil sie klein zu sein scheinen – der Aufmerksamkeit von Politik und Verwaltung leicht entgehen. Ein Problem, das im Gesamtzusammenhang klein zu sein scheint, kann jedoch für den von ihm Betroffenen sehr groß werden. Die Landesplanung und die kommunale Planung, aber auch die private Investitionstätigkeit gehen von der Tatsache aus, daß die meisten Haushalte ein oder mehrere Autos haben, mit denen sie ihre Besorgungen erledigen. Aber die langen Wege können für jene unerträglich sein, die kein Auto mehr fahren können oder dürfen und ihre Besorgungen zu Fuß erledigen müssen. Das trifft vor allem alte Menschen, die meist ohnehin nicht gut zu Fuß sind.

Je dünner besiedelt der Raum, desto länger die Wege, desto schlechter wegen der zwar dringlichen, aber zu geringen Nachfrage der öffentliche Personennahverkehr, desto problematischer die Wohnqualität. Relativ günstig sind noch Gemeinden, Städte und Stadtbezirke dran, in deren Kernen sich Dienstleistungen, Einzelhandel und Handwerk gehalten oder gar angesiedelt haben. Aber wer mit den Beschwerden des Alters durch das Land fährt oder gefahren wird, der erschrickt angesichts mancher dünn besiedelter Eigenheimgebiete, wenn er daran denkt, wie alte Bewohner ohne Auto und ausreichenden Nahverkehr zurechtkommen sollen, um ihr tägliches Brot samt dem, was draufliegt, herbeizuschaffen. Deshalb fahre jeder Ältere, der noch einen Führerschein hat, vorsichtig und umsichtig, damit er ihn behält. Und die Verwaltung lasse die Alten Auto fahren, so lange es vertretbar ist. Ich habe vor zwanzig Jahren einem Herren zum hundertsten Geburtstag gratuliert. Dieser eröffnete mir, daß er eigentlich mit der Stadtverwaltung nichts mehr zu tun haben wollte, weil diese ihm vor einem Jahr den Führerschein weggenommen hätte, während sein 75 Jahre alter Nachbar, den er als „Dackel" titulierte, ihn noch besitze, obwohl er rückwärts einen Zaun umgefahren habe.

Nun will ich, selber alt geworden, nicht die Sorge für die Alten zum vorrangigen Staatsziel oder zur wichtigsten kommunalen Aufgabe erklären. Das wäre nicht nur übertrieben, sondern falsch. Das Alter repräsentiert die Vergangenheit, die Jugend die Zukunft, aber auch die Jugend altert bereits. Sie merkt das allerdings nicht so wie wir Alten, weil ihre Leistungskurve steigt und unsere abfällt. Die Jungen können zwar fordern, daß sie alt werden können, wir Alten jedoch können den Anspruch, wieder jung zu werden, nicht erheben. Wir müssen uns damit abfinden, daß wir nicht mehr alles tun können und nicht mehr überall hinkommen. Aber das, was wir noch tun können, sollte uns erleichtert werden, zumal dann, wenn es mit einem Kleiderhaken in der Toilette getan ist.

Konflikte zwischen Alten und Jungen

*Politik will nicht nur intellektuell
begriffen, sondern auch emotional
bewältigt werden.*

Die Innenpolitik in einem demokratischen und sozialen Rechtsstaat zielt auf den Ausgleich von Interessen ab. Das ist vernünftig. Wenn Grenzen möglicher Wunscherfüllung sichtbar werden, hört man zwar gelegentlich Äußerungen, die auf Parolen hinauslaufen wie: „Nehmt es den Reichen und gebt es den Armen." Aber so radikal, wie sie klingen, sind solche Sprüche nicht gemeint. Man weiß heute, daß auch die Reichen nützlich sind und daß ihr Verschwinden die Armen nicht reicher, sondern noch ärmer machte. Daran kann niemand ein Interesse haben, es sei denn, der Trost, der darin liegt, daß auch andere in das Elend kommen, würde als ein politisch relevanter Gesichtspunkt anerkannt. Im Allgemeinen kommen die Generationen miteinander aus. Aber das muß nicht immer so sein.

Spannungsverhältnisse und Interessengegensätze zwischen Reichen und Armen, Arbeitgebern und Arbeitnehmern, Alten und Jungen sind keine Freund-Feind-Beziehungen. Beide Seiten brauchen sich, wollen aber jeweils von der anderen Seite mehr haben, als diese herzugeben bereit ist. In unseren Tagen scheint sich aber das Spannungsverhältnis zwischen Alt und Jung zu einem grundsätzlichen Konflikt zu entwickeln. Schon vor der Testamentseröffnung haben die Jungen gemerkt, daß der Nachlaß nicht so ergiebig ist, wie es den Anschein hatte, daß auf ihm Schulden und andere Verpflichtungen lasten und daß sie dieses Erbe nur durch Auswanderung ausschlagen können. Auch entspricht der Arbeitsmarkt nicht den Hoffnungen, welche die

Bildungspolitik erweckt hat. In Frankreich liegt die Arbeitslosenquote bei den unter 25jährigen bei 23 Prozent, das heißt, jeder vierte hat keinen Job. Die Revolte der Jungen gegen die Politik der Alten in Frankreich ist möglicherweise nur der Vorbote eines weltweiten sozialen Konflikts zwischen den Generationen.

In den Industriestaaten bietet die heutige Arbeitswelt der jungen Generation nicht mehr dieselben beruflichen Chancen wie vor wenigen Jahrzehnten, als die fachlich qualifizierte menschliche Arbeit noch das Rückgrat der Produktion war. Ein Grund hierfür ist die explosionsartige Steigerung der Produktivität durch den technischen Fortschritt: Bei gleichem menschlichem Arbeitsaufwand kann immer mehr hergestellt und geleistet werden. Die Maschine nimmt dem Menschen inzwischen nicht nur Arbeit ab, sondern weg, und zwar nicht allein in der Produktion, sondern auch bei Dienstleistungen, selbst solchen, die hohe Qualifikation erfordern. Das demonstriert der Stellenabbau bei Banken und Versicherungen.

Ein zweiter Grund für die Probleme der Jugend bei ihrer Suche nach Arbeit ist die Verschärfung des Wettbewerbs und die Erhöhung des Kostendrucks durch die Entstehung der globalen Märkte, welche die Leistungssteigerung der Kommunikationstechnik und des Transportwesens möglich gemacht hat. Dadurch haben die Nationalstaaten ihren Einfluß auf das Wirtschaftsgeschehen weithin verloren. Ihre Möglichkeiten, auf den Arbeitsmarkt und die sozialen Verhältnisse Einfluß zu nehmen, sind dadurch eingeengt. Sich aus dem globalen Wettbewerb auszuklinken ist, sofern überhaupt, nur um den Preis des eigenen Ruins denkbar.

Ein dritter Grund für das Unbehagen der Jugend liegt darin, daß sie den Besitz von Arbeitsplätzen, Renten und Vermögen für besser geschützt hält als die Chancen, einen Arbeitsplatz zu erhalten. In Abwandlung des bekannten Kissinger-Zitats über das Sicherheitsbedürfnis der früheren Sowjetunion könnte man sagen: Was die ältere Generation für sich als Sicherheit fordert, bedeutet Unsicherheit für die jüngere.

Ein vierter Grund für die Unruhe ist, daß bislang nur unzulänglich untersucht wurde, wie die künftige Berufswelt konkret aussehen soll und kann. Anstatt größtmögliche Klarheit anzustreben, drängen aus dem dichten Nebel, der die kommenden Probleme umhüllt, zwar immer wieder Sprüche heraus wie „Bildung ist das Wichtigste!" und „Wo Risiken sind, gibt es auch Chancen!". Die Realität ist aber, daß zehn, zwanzig, ja fünfzig erfolglose Bewerbungen eines Ausgebildeten keine seltene Ausnahme sind – in Deutschland wie in Frankreich.

Um einen Anreiz zu geben, Erstbewerber um einen Arbeitsplatz einzustellen, wollte der französische Premierminister den Arbeitgebern für die Erstanstellung ein befristetes Kündigungsrecht einräumen. Der an sich gutgemeinte und Erfolg versprechende Vorschlag wirkte wie ein Funke, der in ein Pulverfaß fällt. Die Protestaktionen mündeten in einen Aufstand, dessen Wucht und Nachhaltigkeit Angehörige der politischen Elite Frankreichs um den Bestand der französischen Republik fürchten ließen. Die Jugend empfindet die Regelung als diskriminierend.

Unter der Voraussetzung, daß Arbeitsplätze im privaten Sektor benötigt werden, ist es richtig, die Arbeitgeber zu ermutigen, Personal einzustellen. Es ist richtig, daß Unternehmen, die hohe Personalkosten haben und diese nicht senken können, wenn sich die Geschäftslage verschlechtert, Konkurs machen mit der Folge, daß alle Arbeitsplätze verschwinden. Es ist richtig, daß die Chancen jener, die einen Arbeitsplatz suchen, geringer sind, wenn der Besitz von Arbeitsplätzen durch umfassenden Kündigungsschutz gesichert ist. Politik will nicht nur intellektuell begriffen, sondern auch emotional bewältigt werden. Und das fällt jungen Menschen schwer, wenn von ihnen erwartet wird, daß sie die Renten und Pensionen der Älteren erwirtschaften, obwohl sie Schwierigkeiten haben, auf dem Arbeitsmarkt zum Zuge zu kommen. Eine solche Lage gleitet leicht in irrationales Klagen ab, das nichts heilt und schon gar nichts verbessert.

Jede Generation muß ihren eigenen Weg suchen

In der Regel ist der Rat eines alten
Menschen von Jahr zu Jahr
weniger gefragt.

Die Zeitspanne, in der ein Mensch noch auf dieser Erde herumspaziert, wird immer kürzer. Dieser Erkenntnis kann er um so weniger ausweichen, je älter er wird. Das Interesse des alternden Menschen an längerfristigen Entwicklungen äußert sich eher theoretisch, ist aber gegründet auf Erfahrungen. Viele dieser Erfahrungen waren ziemlich schmerzhaft, andere ermutigend. In der Rückschau verklärt sich manches, eine Eigenart des Menschen, die ihm hilft, sich selbst zu ertragen. Die meisten Alten würden gern mehr über ihre Erfahrungen erzählen, wenn es nicht an Zuhörern mangelte. Aber die Jugend erträgt die Erfahrungen der alten Generation allenfalls in kleinen Dosen. Dabei hat diese Großes geleistet. Das zeigt der Vergleich der Welt im Jahr 1920 mit der von heute. Sie hat aber auch Probleme hinterlassen, welche den ihr nachfolgenden Generationen Schweres aufbürden, selbst in den sogenannten Wohlstandsländern.

Eine der wichtigsten Erkenntnisse aus dem vergangenen Jahrhundert ist die Einsicht, daß die Möglichkeiten der Menschheit begrenzt sind und daß, wenn diese Grenzen nicht respektiert werden, mit Schäden gerechnet werden muß, die Leben und Gesundheit von Milliarden Menschen bedrohen. Es gibt keine Aussicht auf ewiges Wachstum in unserer begrenzten Welt, wenngleich das Ziel „soviel Wachstum wie vertretbar" vernünftig bleibt. Und es ist auch nicht gewährleistet, daß durch die Vernunft des Marktes Vollbeschäftigung auf Dauer erreicht werden kann. Wer den Arbeitsmarkt von heute mit dem vor fünfzig bis dreißig Jahren vergleicht und sich vor Augen hält, daß damals eigentlich jeder einen Job bekam und heute trotz herausragender Leistungen und Erfolge unserer Industrie viele qualifizierte Bewerber nach zwanzig oder dreißig Bewerbungen keinen Arbeitsplatz bekommen haben, dann kommt man schon ins Grübeln, ob die Formel „Unternehmen stärken, damit Arbeitsplätze entstehen" als Heilmittel ausreicht.

Alles hat zwei Seiten. Der alt gewordene Mensch nehme die Dinge, wie sie kommen, zumal schon seit seiner Geburt feststeht, daß jeder Tag von seiner Gesamtlebenszeit abgeht. Nur die Zukunft bietet dem Schicksal Angriffsflächen, und diese werden immer kleiner. Was aber vergangen ist, kann rückwirkend weder schlimmer noch besser gemacht werden. Nichts zwingt den Menschen, sich zum Melancholiker zu verbilden, der sich selbst und seinen Mitmenschen auf die Nerven geht. Damit er selbst nicht zu früh gehen muß, meide er Glatteis, schlecht beleuchtete Treppen und allgemein den Aufenthalt in der Kälte, speziell aber die sich in den letzten Monaten des Jahres häufenden Trauerfeiern und Bestattungen. Niemand, meistens auch nicht der Verstorbene, erwartet, daß sich die Trauernden auf dem Friedhof den Tod holen und ihm alsbald nachfolgen.

In der Regel ist der Rat eines alten Menschen von Jahr zu Jahr weniger gefragt. Das gebieten Vernunft und Selbsterhaltungsrecht, denn es ist logisch, daß über die Zukunft am besten die Generation entscheidet, welche diese wahrscheinlich erlebt, und nicht die, welche sie mit Sicherheit nicht mehr erleben wird. Es nutzt der Jugend, wenn sie ein respektables Erbe erwarten kann. Wenn vorwiegend Schulden und andere Verpflichtungen in der Erbmasse sind, ist das ein Nachteil. Deshalb sollte die Veräußerung des sogenannten Tafelsilbers durch den Staat zur Schließung von Deckungslücken immer mit Zurückhaltung beobachtet werden, zumal manchmal auch noch die Bettwäsche veräußert wird. Aber, wie man im Schwäbischen sagt, diese „Katz ist bereits de Baum hinauf", denn das sogenannte Tafelsilber ist weitgehend verkauft.

Jede Generation muß sich ihren Weg selbst suchen, aber das fällt ihr leichter, wenn wenigstens Mittel für die Reisekosten noch da sind. Sie kann sich nicht von den Älteren oder gar den bereits Verstorbenen an der Hand führen lassen. Das besagt nicht, daß es sinnlos wäre, die Leistungen und Fehler der Älteren zu studieren, um aus ihnen zu lernen. Manche Politiker sind von ihrer eigenen Meinung so begeistert, daß sie deren Gültigkeit und Verbindlichkeit für die Ewigkeit sichern wollen. So eindrucksvoll es ist, wenn jemand sagt, was er denkt, und tut, was er sagt – Versuche, der Menschheit vorzuschreiben, wie sie in der Zukunft zu denken und zu entscheiden hat und solche Festlegungen „unumkehrbar" zu machen, laufen darauf hinaus, daß die künftige Menschheit dem Diktat von Verstorbenen unterworfen wäre. Das eignet sich besser für einen Gruselroman.

In den letzten Jahrzehnten hat sich das Zahlenverhältnis zwischen den Angehörigen der alten und denen der jungen Generation stark verändert. Der Anteil der Älteren an der Bevölkerung ist größer und der Anteil der Jüngeren kleiner geworden. Immer weniger Jüngere müssen für immer mehr Ältere sorgen, bis eine neue Freude am Kind auch dieses Problem entschärft. Aber das dauert Jahrzehnte. Das Kind muß ja schließlich aufwachsen dürfen, bevor es als Steuer- und Beitragszahler herangezogen werden kann. Die Interessengegensätze zwischen der älteren und der jungen Generation mildern sich in dem Maße, in dem die jüngere Generation älter wird. Die ältere will die paar Jahre, die ihr noch verbleiben, gut leben, die jüngere hat diesen Wunsch auch, aber für eine wesentlich längere Zeit. Die ältere Generation wird von hohen Schuldaufnahmen nicht so betroffen wie die jüngere, denn diese muß die Schulden verzinsen und tilgen.

Es ist beruhigend, daß die Bundeskanzlerin und der Bundesfinanzminister der Ordnung der Finanzen und der Senkung der

Neuverschuldung Vorrang einräumen. Hoffentlich halten sie diesen Kurs trotz der Finanzkrise mittel- und langfristig durch und erliegen nicht den Sirenengesängen jener Politiker, die den Eindruck nicht scheuen, sie hätten in Mathematik eine Fünf gehabt. Wir Alten berufen uns gerne auf unsere Erfahrungen, die uns geholfen hätten, das Leben zu meistern. Wir vergessen aber gelegentlich, daß die Verhältnisse, aus denen die Erfahrungen stammen, sich verändert haben können. Daß einmal Banken, Industrieunternehmen und Versicherungen, auch wenn es ihnen gut geht, Tausende hochqualifizierte Mitarbeiter entlassen, weil sie diese nicht mehr brauchen, habe ich nicht für möglich gehalten. Die Zeiträume, für welche einigermaßen realistische Prognosen des Wirtschaftsgeschehens möglich sind, sind kürzer geworden. Das wird auf das Verhalten der Bürger erheblichen Einfluß haben.

Das Leiden der Vergeßlichkeit

*Am besten, man akzeptiert die mit
dem Alter einhergehenden
Behinderungen, weil einem ja auch
gar nichts anderes übrig bleibt.*

Was ist Vergeßlichkeit? Ein Leiden? Nicht immer. Es kommt
darauf an, was vergessen wird. Wer etwas Falsches, das er für
richtig gehalten hat, vergißt, kommt der Wahrheit näher. Wer
aber vergißt, daß etwas falsch war, läuft Gefahr, den Fehler zu
wiederholen. Wer Unwichtiges vergißt, entlastet sein Gehirn
und kann dieses für Dinge von Bedeutung einsetzen, etwa um
herauszufinden, wo der Hausschlüssel ist oder die Brille. Aber
was ist wichtig, was unwichtig? Da gibt es keine einheitliche
Antwort. Manche leiden darunter, daß sie sich keine Witze
merken können, andere merken sie sich und erzählen zu viele
oder winken gelangweilt ab, wenn einer erzählt wird. Ist der
Witz längere Zeit vergessen gewesen und taucht er wieder auf,
wirkt er plötzlich wie neu.

Während eines Manövers in der Kaiserzeit standen auf einem
Hügel die Generale der Manöverleitung und warteten ungeduldig
auf Nachrichten von dem Gefechtsverlauf. Da naht sich
ihnen ein Meldereiter mit großer Geschwindigkeit, setzt über
den Zaun, dann über den Graben. Mit letzter Kraft erreicht er
den Hügel. Springt vom Pferd und brüllt: „Melde jehorsamst:
Meldung verjessen!" Es kommt gar nicht so selten vor, daß einer
vor lauter Anstrengung den Zweck vergißt, dem die Anstrengung
dienen soll, in der heutigen Zeit häufiger als man denkt.

Grundsätzliche Erfahrungen zu vergessen, ist kaum möglich.
Irgendwie bleiben sie im Bewußtsein. Wer von uns Alten erin-

nert sich denn nicht mehr an den Krieg und das Dritte Reich? Die Erinnerung an solche Erfahrungen sind schmerzlich, aber diese bitteren Erfahrungen haben uns geprägt und machen einen Teil unseres Wesens aus. Alte Menschen leiden unter Vergeßlichkeit, weil die Hirnzellen nicht mehr so funktionieren, wie sie sollten. Junge Menschen neigen zur Vergeßlichkeit, weil sie an andere Dinge denken als an das, was sie sich merken sollten. Aber ihnen kann wenigstens geholfen werden. Sie brauchen einen elektronischen Apparat, der sie nicht nur daran erinnert, wann Mutter Geburtstag hat und wann der Unterricht ausfällt, sondern der im Bedarfsfall via Internet das fehlende Wissen besorgt.

Mit wachsendem Lebensalter versagt diese technische Hilfe gegen Gedächtnislücken. Die Vergeßlichkeit wird schicksalhaft. Da die Computerindustrie möglichst viele Informationen auf möglichst engem Raum anbietet, gerät die Tastatur oft so klein, daß sie nur mit einer Lupe gelesen und nur mit sehr beweglichen Fingern bedient werden kann. Deshalb können die meisten Älteren viele Wunderwerke der Elektronik nicht mehr nutzen. Sie müssen sich mit den alten Tricks begnügen, um mit der Vergeßlichkeit zurechtzukommen. Die wichtigsten unter ihnen sind erstens sogenannte Eselsbrücken, die mit gutem Grund so genannt werden, weil sie oft nicht ans rettende Ufer, sondern in die Irre führen. Zweitens ist dies die Undeutlichkeit der eigenen Sprechweise in Fällen, in denen man in Ruhe gelassen werden will und keinen Wert darauf legt, selbst etwas zu sagen. Wer ein paarmal undeutliche Antworten gegeben hat, bleibt in der Regel vor Leuten geschützt, die auf ihn einreden.

Diese Undeutlichkeit stellt sich mit zunehmendem Alter von selbst ein, kann aber durch zielstrebiges Training erheblich vergrößert werden. Wer im Rufe steht, nichts mehr so richtig mitzubekommen, wird zwar weniger belästigt, sollte aber dafür sorgen, daß sein geistiger Zustand besser ist als der Eindruck, den er macht. Vergeßlichkeit hat jedenfalls auch Vorteile, wenn sie auch nicht so anschaulich sind wie in jenem schwäbischen

Behindertenwitz, den zu erzählen ich berechtigt bin, weil ich selbst Parkinson habe. Zwei Freunde reden über Krankheiten. Einer fragt, was besser sei, Parkinson oder Alzheimer? Der andere antwortet: „Alzheimer. Bei Parkinson verschütte ich alles, bei Alzheimer vergesse ich nur zu zahlen." Ich habe schon in jungen Jahren Namen vergessen. Sie sind mir, wenn ich sie brauchte, nicht eingefallen, um eine halbe Stunde später ungefragt wieder aufzutauchen. Dann hilft nur, den fehlenden Namen oder Begriff zu umschreiben. Auf keinen Fall darf man zugeben, daß man einen Namen nicht kennt. „Unser hoch geschätzter Gastgeber" oder unser „verstorbener Freund" überbrücken die Gedächtnislücke. Bei historischen Persönlichkeiten reicht es meist, von „jenem großen deutschen Staatsmann" zu reden. Sie können hinzufügen „den wir alle kennen", um sicher zu sein, daß keine Nachfragen kommen. Unsere französischen Freunde brauchen sich nicht mühen herauszufinden, wie jemand heißt, denn „Monsieur" oder „Madame" genügen für den gesellschaftlichen Umgang. Bedauerlich ist, daß bei uns die das Gedächtnis entlastende Anrede „Gnädige Frau" aus der Mode kommt. Das ist ein großer Fehler. Bei Männern ist die Anrede mit Titeln und Amtsbezeichnungen möglich, aber wegen deren Vielfalt nicht risikofrei. Man kann sich auch mit „mein Lieber" oder „Kollege" oder auch „Genosse" behelfen, letzteres zwar nicht überall, aber immerhin.

Verlassen Sie sich nicht auf spontane Auskünfte von Nachbarn, Kollegen und Mitarbeitern. Diese sind auf ihre Frage nicht gefaßt, vergessen vor Schreck sofort, was sie sonst wissen und geben Ihnen eine falsche Auskunft. Im Notfall ist es klüger, Wissenslücken und heikle Passagen durch sogenanntes Murmeln und Nuscheln zu überbrücken. Das Murmeln kann vor allem jenen nützen, denen die schauspielerische Begabung fehlt, einen Hustenanfall vorzutäuschen. Versuche, Fehler zu korrigieren, während sie gemacht werden, schlagen meistens fehl. In der Kaiserzeit fragte ein alter Herr einen Altersgenossen: „Wie jeht's denn der verehrten Gattin?" Da fiel ihm ein, daß diese schon längst verstorben war, und er fügte schnell hinzu: „Ruht wohl immer noch auf demselben Friedhof?" Am besten ist es, man akzeptiert das Alter, die Behinderungen und die Vergeßlichkeit. Was bleibt einem auch anderes übrig?

ANTHROPOLOGISCHE GRUNDLAGEN

Die Sinnfrage

Wieslaw Budzienski: „Sei nicht
mißtrauisch. Suche nicht überall
nach einem Sinn."

Eine nicht kleine Zahl unter uns Bürgern behauptet, eine Antwort auf die Sinnfrage zu suchen, meistens dann, wenn sie private und berufliche Sorgen bedrängen, sie schlecht gelaunt sind und Alkohol getrunken haben. Einfacher wäre es zu fragen, ob etwas für irgendwen oder irgendwas Sinn ergibt, also etwas nützt. Aber an den Kosmos gerichtete Fragen nach dem Sinn (von allem?) wird dieser schwerlich beantworten, sondern durch Gegenfragen an den Fragesteller zurückweisen. Was denken denn Sie selber? Ich kenne solche Erörterungen aus der Zeit, als ich noch Alkohol vertrug und unbehelligt rauchen konnte. Sie bringen nichts, auch weil mit dem Problembewußtsein die Neigung zunimmt, das Wort zu ergreifen, obwohl es andere schon ergriffen und seither nicht mehr losgelassen haben. Deshalb raten lebenskluge Menschen davon ab, sich mit solchen Fragen zu befassen.

Der polnische Feuilletonist Wieslaw Budzienski warnte vor solchen Grübeleien, indem er über einen Schlafenden sagte: „Dieser Mensch schläft ruhig, er glaubt an die Ungerechtigkeit!" Budzienski gab die allgemeine Empfehlung: „Sei nicht mißtrauisch. Suche nicht überall nach einem Sinn!" Das ist aber, wie so vieles, leichter gesagt als getan. Sinnvoller ist jedenfalls, möglichst früh sich selbst zu fragen, was verstehst du selbst überhaupt unter „Sinn"? Denn selten findet, wer nicht weiß, was er sucht.

Suchen wir also zunächst die Bedeutung des Wortes „Sinn". Wir könnten ein dickes philosophisches Wörterbuch heranziehen. Das schadet nicht, wenn wir Kraft haben, es der Bücherei so rechtzeitig wieder zurückzugeben, daß die Verwirrung, in die es uns gestürzt hat, noch heilbar ist. Aber es bringt außer dieser Verwirrung nicht viel, wie ich in einem Selbstversuch festgestellt habe. Doch sei es, wie es will, wir sind wieder einmal auf unseren eigenen Verstand angewiesen, der im übrigen gar nicht so schlecht ist, wenn man ihn nicht überfüttert und überfordert. Dann rappelt er sich.

Auf unserer Suche werden wir feststellen, daß ein ziemlich großer Unterschied besteht zwischen dem Sinn des Ganzen und dem Sinn einzelner Zustände, Ideen und Handlungen. Fragen nach dem Sinn, bezogen auf einzelne Sachthemen, sind meistens Fragen nach der Zweckmäßigkeit, Notwendigkeit, Nützlichkeit, Effektivität. Wer nach dem Sinn des Französischunterrichts fragt, der Zweckmäßigkeit, einen Kindergarten auf einem bestimmten Grundstück zu bauen usw., stellt keine Sinnfragen, sondern bittet um Auskünfte. Die Sinnfrage richtet sich an Gott und das eigene Gewissen und erkundigt sich, ob die Existenz der Menschheit einen Sinn hat und, wenn ja, welche Folgerungen sich daraus ergeben. Es ist förderlich, wenn der Fragesteller bei der Suche nach einer Antwort mitwirkt und sich nicht in der Manier eines modernen Beschwerdeführers darauf beschränkt, darüber zu klagen, daß er noch keine Auskunft bekommen hat. Wer die Teilnahme am Dialog verweigert und lediglich mit leeren Worten in dem leeren Raum leere Fragen stellt, braucht sich nicht zu wundern, wenn auch die Antworten nicht gerade leuchten. Sinnvoll ist es, mit Hegel davon auszugehen, daß die Wirklichkeit jedenfalls in dem Sinne vernünftig ist, daß sie begriffen werden kann (leider nicht von jedem). Wer zum Sinnieren neigt oder wer nicht zum Sinnieren neigt, worunter ein Nachdenken mit geschlossenen Augen in halbwacher Verfassung zu verstehen ist, sollte sich mit der Erfahrung zufrieden geben, daß die Sinnfrage selten einen Menschen quält, der anderen Menschen hilft und nicht nur sich selbst als Problem sieht.

Aus allgemeinen Begriffen wie „Sinn" bilden sich weitere Begriffe wie „Unsinn", „Blödsinn", „Schwachsinn", „Trübsinn", wobei der „Unsinn" die Fehlerhaftigkeit des Sinns beanstandet, „Blödsinn" und „Schwachsinn" eine Kritik an der Geistesverfassung von Menschen ist, die eine Meinung geäußert haben, und „Trübsinn" den Gegensatz von „Frohsinn" darstellt. Es gibt noch den „Hintersinn" und den „Ordnungssinn" und den „Eigensinn" und den immer aktuellen „Gemeinsinn" und vielleicht noch ein paar andere. Darauf kommt es hier nicht an, sondern darauf, daß, wer entgegen Wieslaw Budzienskis Rat, einen Sinn sucht, nicht den falschen findet.

Die Unlust an der Selbstkritik

Der Zwischenrufer.
Wütend ruft er in den Saal:
Wo sind hier Anstand und Moral?
Der Redner zögert zwar
geschwind.
Doch wußt er auch nicht, wo sie
sind.

Das Interesse für ethische Werte und Tugenden ist größer geworden. Ein größeres Gewicht der Werte in unserem Bewußtsein erfordert auch den Mut zu mehr Vernunft. Der gute Wille muß vernünftig sein, wenn er praktisch werden soll. Das sollte er aber. Wir Deutsche haben Erfahrungen im Umgang mit Tugenden. Der berüchtigte, aber bedeutende Theoretiker einer Politik des wertfreien Denkens, der schon auf Seite 117 zitierte Machiavelli, hat die Tugenden der Deutschen sogar als vorbildlich gepriesen. Ob das ein Kompliment war? So ganz klar ist das nicht angesichts seiner Bemerkung, es sei das Zeichen großer Weisheit, sich zur rechten Zeit töricht zu stellen. Seine klugen, aber vom Zweckdenken begründeten Ratschläge werden zwar moralisch beanstandet, aber trotzdem befolgt.

Vor einigen Jahren ist ein Buch erschienen, das Machiavellis Empfehlungen den in der Wirtschaft Tätigen näher bringen sollte. Vorgänge aus der letzten Zeit deuten darauf hin, daß dieses Buch nicht wirkungslos geblieben ist. Machiavellis Lob für die angebliche Steuerzahlungsbereitschaft der Deutschen stammt dem 16. Jahrhundert. Stimmte es auch für die Gegenwart, wäre bei den heutigen Steuersätzen das Glücksgefühl grenzenlos. Ich kann mir das nicht vorstellen. Allenfalls kann ich einen Grund für ein so ungewöhnliches Verhalten dort sehen, wo eine zu hoch bezifferte Steuerschuld nicht vorhandene Kreditwürdigkeit vortäuscht. Das wiederum wäre strafbar. Es gibt also in der heutigen Zeit keinen Grund mehr, sich zu freuen, daß man Steuern zahlen darf, es sei denn man vergleicht seine Situation mit der, in der man sich befände, wenn man nicht steuerpflichtig wäre. Dann ist es allemal besser, man zahlt Steuern, als daß man keine zahlt.

Wir Deutsche halten uns im Allgemeinen selber für tugendhaft, zweifeln aber an den Tugenden der Politiker. Gewiß gibt es unter den Politikern einige Spitzbuben und Krummstiefel, aber das kann nicht anders sein, weil die Politiker eine Repräsentation des Volkes sind. Das Streben der Politiker nach der Macht ist nicht sündhaft, sondern notwendig, solange es im Rahmen der Rechtsordnung stattfindet, denn eine ohnmächtige Politik, der man Frischluft zufächeln muß, damit sie gelegentlich zu Bewußtsein kommt, könnte nichts leisten. Daß in Politik, Wirtschaft und Gesellschaft Tugenden vermißt werden, ist an sich ein gutes Zeichen, daß für die Zukunft hoffen läßt. Aber leider bemerkt der Mensch moralische Unzulänglichkeiten bei anderen sofort, bei sich selbst aber nur selten und dann ziemlich spät. Die Unlust an der Selbstkritik ist ein durchaus verständliches Phänomen. Schließlich geht es um Selbstachtung, dem wichtigsten Bedürfnis, das der Mensch befriedigt sehen will, wenn seine materielle Existenz gesichert ist.

Daß das Selbstwertgefühl durch das Erkennen, das Eingeständnis und die Korrektur von Fehlern und Unzulänglichkeiten eher gesteigert werden kann als durch Versuche, diese totzuschweigen, ist eine nützliche Erfahrung. Diese Erfahrung hat angesichts einer nur begrenzt vorhersehbaren Zukunft den wissenschaftlichen und technischen Fortschritt ermutigt und möglich gemacht. Wenn das Bessere der Feind des Guten ist, dann ist eine kritische Sicht des Guten notwendig, um das Bessere zu erreichen. Die Fähigkeit, die eigene Position kritisch zu hinterfragen, ist die Voraussetzung für weitere Erkenntnisse auf dem

Feld von Naturwissenschaft und Technik. Die Führungskräfte eines Industrieunternehmens können sich nicht darauf beschränken, sich selbst und die zur Zeit von ihrer Firma angebotenen Produkte zu bewundern, sondern sie müssen dafür sorgen, daß noch bessere oder sogar ganz neue Produkte entworfen und marktreif gemacht werden. Tun sie das nicht, wird ihre Firma nach Darwins Gesetz des „survival of the fittest" der Konkurrenz erliegen.

Die Bereitschaft, die eigene Position einer ständigen Kritik zu unterwerfen, wird auch in der Politik immer wichtiger. Der Politikertyp, der stets recht gehabt haben will und wie ein bronzener Felsen der Brandung trotzt, die Kritik abwehrt, ist nicht mehr zeitgemäß, wenn er es je gewesen ist. Dies gilt jedenfalls für die heutige Situation, in der sich die Welt im grauen Nebel von Vermutungen, Prämissen und Wahrscheinlichkeitsrechnungen einer Zukunft nähert, von der man nur weiß, daß sie anders sein wird als die Gegenwart. Selbstkritische Positionen einzunehmen fällt dort schwer, wo die Verantwortlichen alle paar Jahre bei den Wahlen behaupten sollen, daß sie alles richtig gemacht haben oder nach einem Wahlsieg richtig machen werden. Es fragt sich, inwieweit der Wähler solche Auftritte mit Rücksicht darauf abnimmt, daß ein richtiger Wahlkampf keine zu fein gesponnenen Aussagen verträgt. Das verständliche Bedürfnis, die eigene Position günstig darzustellen, braucht ja nicht so weit gehen wie in Ludwig Thomas gesammeltem Briefwechsel des bayerischen Landtagsabgeordneten Filser, in dem das Stoßgebet abgedruckt ist: „Lieber Gott, schick uns einen Schwindel, den das Volk glaubt!"

Ursachen und Auswirkungen der gegenwärtigen Veränderungen lassen sich jedenfalls nicht mit dem Anspruch auf absolute Richtigkeit darstellen beziehungsweise präzise voraussagen, allenfalls nach Kriterien der Wahrscheinlichkeit abschätzen. Das heißt, daß Politiker ihre Meinung ändern dürfen, unter Umständen sogar müssen. Es gibt keine Rechtfertigung für Versuche, Meinungen, die als falsch erkannt sind oder unter dem

Verdacht stehen, falsch zu sein, beizubehalten. Jeder ist verantwortlich für das, was er sagt und sagen wird. Deshalb verspreche er nichts, über das er nicht verfügt und kündige nicht mit Fanfarenstößen an, was er später bei gedämpftem Trommelklang zu Grabe tragen muß.

Guter Rat ist nicht teuer, aber manchmal lästig

*Die meisten Menschen schätzen
ihre eigene Meinung mehr als die
Meinung anderer, was auch
Bismarck zugegeben hat.*

Richard Wagner sagte einmal, er wisse, wie den Russen geholfen werden könnte, wenn sie ihn nur fragen würden. Solches Selbstbewußtsein ist heute weit verbreitet. Ständig diskutieren wir über Politik, klagen und schimpfen, obwohl die meisten unter uns, wie die Meinungsumfragen zeigen, eigentlich ganz zufrieden sind.

Auch ich würde lauter klagen, wenn ich nicht vierzig Jahre lang Verwaltungsbeamter gewesen wäre. Durch „nachhaltiges" Sinnieren über Vernunft, Moral und die Wirklichkeit läßt sich jedes Wohlgefühl rasch in sein Gegenteil verwandeln. Irgendwie ist jeder benachteiligt. Er muß sich nur etwas anstrengen, um den Nachteil zu finden und den Politikern wegen der Benachteiligung Rat und Auskunft geben zu können. Aus der Erteilung von Rat wird nach § 676 des Bürgerlichen Gesetzbuches in der Regel nicht gehaftet. Das sollte beruhigen.

Ich habe seit dreizehn Jahren die Parkinsonkrankheit, die bekanntlich langsam, aber sicher fortschreitet. Wenn sich alle für benachteiligt halten, könnten wir mit unserer Krankheit das auch tun, aber was soll das? Wir Parkinsonbetroffene können zwar genauso gut denken wie Gesunde, aber es fällt uns immer schwerer, laut zu sprechen und uns Gehör zu verschaffen. Ich spreche auch zu leise und stockend. Während ich noch zu reden versuche, ergreifen oft mehrere Gesunde gleichzeitig das Wort und lassen es nicht mehr los. Auch wer schreibt, sollte nachdenken, querdenken, vordenken und nachdenken. Schreiben können wir im fortgeschrittenen Stadium der Krankheit nicht mehr so recht. Ich kann meine Handschrift manchmal selber nicht mehr lesen, so daß sogar die innere Kommunikation mit mir gestört ist. Ich versende solche Briefe aber trotzdem, damit der Empfänger wenigstens den guten Willen sieht. Fast noch dramatischer sind die Auswirkungen auf den Computer. Da der Parkinsonkranke mit seinen ungelenken Fingern die Tastatur nicht genau, sondern nur ungefähr trifft, entsteht ein stark geröteter Text, der ihm selber fremd ist. Zum Aberglauben neigende Menschen könnten ihn für eine Botschaft aus einer anderen Welt halten. Der Realist wird erkennen, daß er diesem Text durch mühsame Kleinarbeit, stets von Tipfehlern bedroht, seinen ursprünglichen Sinn wiedergeben muß, unter Umständen in mehreren Arbeitsgängen. Ich lege hier als Beispiel einen Urtext vor, vor und nach der Bearbeitung:

Vorher: „Derr Hinwei, daß guter Rat teuer sei, ist in einem Stuttgarter Rechsanwaltsüro so angeract„daßstndig dieeAufmerksamkkit des adanten und sadrer Gcsprächsteilnehmrafauf Ihnglentkt wurde,anverschiedenen Zwecen dienen:Rtens als Hnweiis daauf, daß die Denste einesRechtsanwatszwar vergebns sekönnnen, aber in der-Reel nichtuont id,wiens, zwitens der Ablenkungin demSinnne.daß de Mandannt weniger N Sen rechtlches roblemn als an die Gericts-nd nwatskosen dektunddttna daaaass derwalteine pünktlche Belechng seeiner rderng erwartet.“

Nachher: „Der Hinweis, daß guter Rat teuer sei, ist in einem Stuttgarter Rechtsanwaltsbüro so angebracht, daß ständig die Aufmerksamkeit des Mandanten und anderer Gesprächsteilnehmer auf ihn gelenkt wird. Er soll verschiedenen Zwecken dienen: Erstens als Hinweis darauf, daß die Dienste eines Rechtsanwalts zwar vergebens sein können, aber in der Regel nicht umsonst sind, zweitens der Ablenkung in dem Sinne, daß der Mandant weniger an sein Problem als an die Gerichts- und

Anwaltskosten denkt und daß der Rechtsanwalt eine pünktliche Begleichung seiner Forderung erwartet."

Nun müßte man eigentlich erwarten, daß die Texte jener, welche Parkinson verschont hat, nicht nur schöner geschrieben, besser durchdacht, sondern auch klarer formuliert sind. Das ist aber nicht immer so. Es macht eben doch einen Unterschied, ob für die Herstellung eines Textes zwanzig Minuten oder acht Stunden aufgewendet wurden.

Ein Nachteil der aufgezwungenen Langsamkeit ist, daß man den Satz, mit dem man anfangen wollte, vergißt, während man darüber nachdenkt, wie es weitergehen soll, oder, daß man die folgenden Sätze vergessen hat, wenn einem der erste wieder eingefallen ist. Aber das sind Lappalien.

Ich bleibe dem Kreis der Ratgeber und Auskunftgebenden noch eine Zeitlang erhalten. Wer aber die Kritik, Belehrung und Beratung der Politik als freiwillige Aufgabe übernimmt, macht die Erfahrung, daß die meisten Menschen ihre eigene Meinung mehr schätzen als die Meinung anderer. Das ist ein Phänomen, das nicht unterbewertet werden sollte. Auch Fürst Bismarck sagte in einer Debatte: „Wenn ich die Wahl zwischen Ihrer und meiner Meinung habe, ziehe ich meine Meinung vor." Das ist eigentlich unverschämt, aber es läßt sich dagegen wenig einwenden.

Die Bibel begegnet den Ratgebern mit Zurückhaltung, aber immerhin heißt es in den Sprüchen: „Wo nicht Rat ist, geht das Volk unter. Wo aber viele Ratgeber sind, geht es wohl zu." (Spr. 11,14).

Der Wein aus der Badewanne der frommen Helene

Die Fähigkeit zu unterscheiden,
was gut ist und was richtig,
bekommt man nicht geschenkt.

„Die Gefühle sind die Redner in den großen Versammlungen",
sagen die Franzosen. Die Gefühle sollten nicht der einzige Ratgeber der Politik sein. Die Vernunft sollte auch noch Gehör
finden. Rosa Luxemburgs geniale Formulierung: „Freiheit ist
immer die Freiheit der Andersdenkenden", ein Kerngedanke der
Demokratie, ist kein Gefühlsausbruch, sondern ein Produkt von
Erfahrung und Einsicht, also der Vernunft. Inzwischen hat die
Vernunft allerdings gelernt. Daß von Andersdenkenden, die sich
auf dieses Wort berufen, verlangt werden muß, daß sie selbst
ihre Freiheit nicht mißbrauchen, um die Demokratie abzuschaffen, die ihnen diese Freiheit gewährt.

Die Politik kommt nicht ohne Philosophie aus. Es nützt ihr,
wenn sie nicht nur auseinander denkt, sondern das Ganze zu
erfassen sucht. Mancher Theoretiker ist stolz darauf, wenn die
Gedanken, die er zu formulieren vermag, von anderen nicht
verstanden werden, weil sie über das bisher Gedachte hinaus-
reichen. Hier wären in unserem Lande manche Beiträge der
Philosophen Schelling, Heidegger und Hegel zu nennen. Von
der Unverständlichkeit geht eine besondere Würde aus. Daß
Gott unbegreiflich sein kann, ergibt sich aus der Natur der
Sache. Der Anspruch der heutigen Menschheit, alles das wissen
zu können, was Gott weiß, ist etwas anmaßend.

Eine dunkle Philosophie kann die größere Herausforderung
sein, denn sie bietet mehr Möglichkeiten und zwingt mehr zum
Denken als eine, die sofort einleuchtet. Deshalb ist Schopenhau-

ers Wirkung auf die Nachwelt weit geringer als die Hegels. Die Schwierigkeit, Hegels Texte zu verstehen, ist im übrigen nicht, wie Schopenhauer meinte, auf Mängel der Formulierung, sondern auf die Tiefe des Gedankens zurückzuführen – eine Überzeugung, die schwäbische Patrioten und studierte Marxisten sich nicht nehmen lassen.

Plato forderte, daß Philosophen seinen Staat regieren, Aristoteles lehnte das ab. Wir wollen Aristoteles dafür dankbar sein. Denn der Politiker muß nicht nur denken, sondern auch handeln. Er muß Kompromisse schließen, sich mit dem Möglichen zufrieden geben und versuchen, das Beste aus ihm zu machen. Es gibt allerdings auch Politiker, denen das Mögliche nicht genügt und die nur das Wünschenswerte akzeptieren. Das Mögliche antwortet auf eine solche Herausforderung dadurch, daß es kleiner wird.

Durch Adams und Evas unerlaubten Apfelverzehr hat die Menschheit zwar die Erkenntnis von Gut und Böse, aber nicht von Richtig und Falsch erworben. Das wird gerne übersehen, ist aber wichtig. Das Moralische stimmt nicht unbedingt mit dem Zweckmäßigen überein. Es wird abgeleitet von einer Vorstellung vom Guten, die meistens auf eine Selbstbeschränkung, eine Zügelung des Egoismus zugunsten anderer hinausläuft. Das Verteilen von Dingen, die nicht mehr gebraucht werden, an Bedürftige ist von geringem moralischem Wert. Zum Beispiel ist die Verteilung des Weins, in dem Wilhelm Buschs fromme Helene zuvor ein Bad genommen hatte, an arme Weinfreunde eine sehr fragwürdige soziale Tat. Wilhelm Busch läßt Helene trotz ihrer Frömmelei zu Recht in die Hölle fahren.

Ein Politiker sollte nicht nur gutartig sein, er sollte sich auch bemühen, die gute Gesinnung in die Wirklichkeit umzusetzen. Hier ist die Frage wichtig, richtig oder falsch oder was geht und was nicht geht, unterscheiden zu können. Die Fähigkeit zu unterscheiden, was gut ist und was richtig, bekommt man nicht geschenkt, sondern muß sie sich erarbeiten. Ein guter Mensch möchte, daß die Renten, das Arbeitslosengeld, die Sozialhilfe möglichst hoch sind. Zeigt sich aber, daß eine bestimmt Höhe nicht überschritten werden kann, ohne die Schmälerung der Finanzierbarkeit anderer ebenso wichtiger Aufgaben, zum Beispiel im Bildungswesen, Gesundheitswesen, dann sollte sich das moralische Streben an der Wirklichkeit ausrichten und versuchen, aus ihr das Beste zu machen.

Der Protest, wenn Tatsachen nicht zu ändern sind, ist meistens keine moralische Leistung. Noch weniger ist das der Fall, wenn die Betroffenen über das, was real ist, nicht informiert werden, weil sie das, was ideal wäre, lieber hätten als das Reale. Es gibt Themen, bei denen sich das soziale Problem wegen entgegengesetzter Interessen unterschiedlich darstellt. Zum Beispiel stellt sich das soziale Problem des Kündigungsschutzes, also der Sicherheit von Arbeitsplatz und Wohnung, aus der Sicht desjenigen, der einen Arbeitsplatz oder eine Wohnung hat, anders dar als aus der Sicht eines Menschen, der eine Wohnung oder einen Arbeitsplatz sucht. Die Frage, welches Interesse hier das wichtigere ist, läßt sich nicht wie eine Rechenaufgabe lösen, sondern nur entscheiden.

Das trifft auf die meisten politischen Fragen zu. Die Theorie ermöglicht vieles, auch solches, was nicht weiter bringt, weil es zu kompliziert ist. Als besonders wirksam erweist sich in solchen Fällen die Berufung auf Binsenwahrheiten, zum Beispiel: „Ohne Kapital keine Arbeit, ohne Arbeit kein Kapital." Das ist einfach richtig. Oder „Letztlich kommt alles Geld von der Wirtschaft, die es durch Steuern, Löhne und Zinsen aufbringt." Es läßt sich aber auch sagen: „Alles Geld kommt letztlich von den Arbeitnehmern." Das ist etwas schwerer zu begründen, aber ein redegewandter Mensch mit etwas Politikerfahrung schafft auch das.

Meinungsfreiheit

Geschichtsforschung ist kein Strafprozeß, der sich mit der Verurteilung von Straftätern zufrieden gibt.

Don Carlos fordert im gleichnamigen Theaterstück den spanischen König auf: „Geben Sie Gedankenfreiheit, Sire!" Der Monarch aber denkt, es reiche aus, wenn der Mensch gar nichts oder wenigstens dasselbe denkt, was er denkt, ein Standpunkt, den viele leitende Persönlichkeiten heute noch schätzen. Der österreichische Schriftsteller Johann Nestroy schrieb im Revolutionsjahr 1848 in seinem Stück „Freiheit in Krähwinkel": „Sogar Gedankenfreiheit haben wir gehabt, wenn wir von ihr keinen Gebrauch gemacht haben."

Es geht um die Freiheit, eine (eigene) Meinung zu haben. Sie auch äußern zu dürfen, ist ein weiterer Schritt in die Freiheit, denn sie schließt das Recht ein, andere zu kritisieren. Diese können aber den Spieß umdrehen und wiederum den Kritiker kritisieren, was dieser bedenken sollte, bevor er seine Kritik äußert. Es gibt aber Situationen, in denen wir Bürger nicht ausweichen sollten, sondern moralisch verpflichtet sind, Stellung zu beziehen. Das ist der Fall, wenn heute wieder – von einer kleinen Minderheit – das NS-Regime gepriesen, Rassenhaß gepredigt und Menschen verfolgt werden, die oder deren Vorfahren nach Deutschland eingewandert sind. Im Unterschied zur NS-Zeit, als sich viele über die Natur der NS-Diktatur täuschen ließen, auch im Ausland übrigens, sind heute Art und Ausmaß der damaligen Staatsverbrechen bekannt.

Diese Vergangenheit läßt sich nicht durch Überwältigung der Wahrheit bewältigen. Jene dunkle Seite unserer Geschichte, von der wir heute eine gesicherte Kenntnis haben, und die Vernunft verpflichten uns Deutsche, jedem Versuch einer Wiederbelebung der NS-Ideologie entgegenzutreten und Widerstand zu leisten. Wer aus einer solchen Vergangenheit nichts lernt, dem ist nicht zu helfen.

Die Meinungsfreiheit geht nicht so weit, daß sie Kritiker vor der Kritik anderer Kritiker schützen würde. Was ein Mensch vor Jahrzehnten gedacht hat, ist nicht mehr so wichtig. Entscheidend ist, ob er im positiven Sinne dazugelernt hat. Bei der Bewertung des Denkens und Verhaltens eines Menschen wäre nicht nur zu berücksichtigen, wie er in einem bestimmten Zeitabschnitt war, sondern auch, wie er sich später entwickelt hat. Das Schema „einmal SA-Mann, immer SA-Mann" oder „einmal Kommunist, immer Kommunist" ist für die Bewertung von Menschen wenig geeignet.

Geschichtsforschung ist kein Strafprozeß, der sich mit der Verurteilung von Straftätern zufriedengibt. Meinungsfreiheit ist auch die Freiheit, eine Meinung zu ändern. Das Verständnis der Generationen füreinander ist naturgemäß begrenzt. Die Unterstellung, was die jüngere Generation im Nachhinein erfahren hat, hätte die ältere von vornherein gewußt oder wissen können, ist fragwürdig: dies gilt insbesondere für Zeiten einer totalitären Herrschaft. Von der Zukunft weiß der Mensch wenig, von der Vergangenheit könnte er fast alles wissen. Wenn die alte Generation heute lebte, dächte auch sie dann so, wie die heutige?

Die Möglichkeiten menschlicher und gesellschaftlicher Entwicklung sind vielfältig. Und: der Mensch ist (fast) zu allem fähig. Vieles hängt vom richtigen Umfeld ab. Dieses zu finden setzt Meinungsfreiheit voraus. Diese erfordert das Engagement aller Bürger und deren Widerstand gegen erneute Versuche, durch Mißbrauch der Freiheit die Freiheit Andersdenkender abzuschaffen.

Das ist in Deutschland geschehen, als Hitler in den dreißiger Jahren in einem noch nie dagewesenen Ausmaße das Volk entmachtete und des Schutzes der Gesetze und einer sich frei bildenden öffentlichen Meinung beraubte. Es gelang ihm, den Rechtsstaat in einen Unrechtsstaat zu verwandeln. Die meisten Verbrechen der NS-Zeit wären in einer Demokratie nicht möglich gewesen. Der Versuch, die Verbrechen möglichst geheim zu halten, wäre mißlungen. Er wäre an der Pressefreiheit gescheitert. Man stelle sich eine Reportage über die Vernichtungslager, über das Schicksal der Juden, über den Kommissarbefehl vor! Der NS-Staat brauchte das Dunkle und Nebelhafte, die Geheimhaltung und durch Terror, Überwachung und Demagogie erzwungenes Schweigen des Volkes. Die Bildung einer Opposition läßt sich in einer Demokratie nicht aufhalten. In einer straff organisierten Diktatur ist sie von innen heraus schwer zu bewerkstelligen, schon wegen der Verwirrten, die es für eine patriotische Pflicht halten, Kritiker und sonstige Oppositionelle bei den Sicherheitsorganen anzuzeigen.

Ich gehöre der sogenannten Luftwaffenhelfergeneration an, Jugendliche und Heranwachsende im Alter von 15 bis 18 Jahren, die ab 1943 zum Dienst an Flakgeschützen und Scheinwerfern eingezogen wurden. Die meisten von uns waren vorher bei Jungvolk und Hitlerjugend gewesen, so daß wir salutieren, singen und marschieren konnten. Der NS-Staat legte Wert darauf, daß nach außen alles möglichst geordnet erscheint. Von 1942 an gelang ihm das immer weniger. Immer mehr Zwangsarbeiter traten in Erscheinung, von Posten bewachte ausgemergelte Gestalten. Die alliierten Bomber und die Trümmer demonstrierten, daß auch der Himmel nicht mehr uns gehörte.

Daß Kritik verboten und strafbar war, wurde deutlicher. Die Frage, ob man Nationalsozialist sei, hätten wohl die meisten von uns mit „Jawoll!" beantwortet, ohne allerdings genau sagen zu können, um was es sich eigentlich handelt. Einige unter uns waren stolz darauf, daß sie einige Seiten in Hitlers Buch „Mein Kampf" gelesen hatten. Der Umstand, daß es langweilig, schwer verständlich und in schlechtem Deutsch abgefaßt war, genügte als Nachweis des Hitlerschen Tiefsinns.

Als wir nach dem Dritten Reich die Fotos aus den Konzentrationslagern sahen, die aufgetürmten Haufen ausgemergelter Leichen, als nicht mehr zu leugnen war, daß der NS-Staat Millionen von Menschen fabrikmäßig umgebracht und versucht hatte, das Volk in seinen eigenen Untergang mitzunehmen, daß er alle einschließlich vieler seiner Anhänger hinter das Licht geführt und Deutschland mit Schande bedeckt hatte, da erlosch auch in meiner Generation jede Neigung, sich jemals wieder auf Faschismus und Abschaffung der Meinungsfreiheit einzulassen. Man konnte nicht, wie nach dem Ersten Weltkrieg, den Gefallenen zurufen: „Ihr seid nicht umsonst gestorben!", sondern die Ehre der Gefallenen verlangte das Eingeständnis, daß es besser war, den Krieg zu verlieren, als ihn unter Hitler zu gewinnen.

KULTUR UND BILDUNG

Ist alles Kunst?

*„Ersatz" ist einer der wenigen
deutschen Wörter, die Eingang in
die französische Sprache gefunden
haben.*

Der gebildete Bürger sollte in etwa ahnen, was Kunst ist. Er
braucht es nicht so genau zu wissen, vor allem dann, wenn er die
bei uns in Deutschland selten anzutreffende Kunst beherrscht,
im richtigen Moment den Mund zu halten. Es merkt nämlich
niemand, daß er nicht viel weiß, sofern er nicht redet oder
ständig gähnt und dadurch sein Unwissen und Desinteresse
offenbart.

Die Begriffe kunstvoll, künstlerisch, künstlich müssen voneinander unterschieden werden. Der Satz „Was du machst, ist
keine Kunst" verwendet den Begriff „Kunst" anders als der
Buchtitel „Die Kunst im 19. Jahrhundert". „Artistic" bedeutet
eher kunstvoll oder geschickt. Im Deutschen bedeutet „künstlich" etwas nicht Natürliches, von menschlicher Unzulänglichkeit Hergestelltes, so zum Beispiel „Kunsthonig". Der Kunsthonig ist schlechter als der Naturhonig. Er ist Ersatz. Ersatz ist
immer schlechter als das, was er ersetzen soll. „Ersatz" ist
übrigens eines der wenigen deutschen Wörter, die Eingang in
die französische Sprache gefunden haben. Ein weiteres derar-
tiges Wort ist „Krach". Im Geiste der deutsch-französischen
Freundschaft wäre es eigentlich angebracht, ein Dutzend zusätzliche, aber freundlichere deutsche Worte in die französische
Sprache aufzunehmen.

Was ist Kunst? Der Betrachter äußere sich nie zur Frage, ob etwas keine Kunst sei, was als Kunst dargeboten wird. Denn es gibt, wie wir noch sehen werden, fast nichts, was kein Kunstwerk sein könnte, wenn die richtigen Leute sagen, es wäre eines. Abzuraten ist auch von Bitten, der Künstler möge doch sagen, was das Kunstwerk bedeute. Wenn der Künstler das in Worten ausdrücken könnte, dann hätte er auf die Herstellung des Kunstwerks verzichtet und einen Brief geschrieben. Jede Kunst hat eine eigene Sprache, mit der sie teils mehr, teils weniger aussagen kann, als andere Künste das vermögen.

Kaiser Wilhelm II. sprach am 18. Dezember 1901 in Berlin über seine Kunstvorstellungen, und er tat dies offen und ohne Sachkunde. Davon ausgehend, daß es besser ist, ohne Grund fröhlich zu sein als ohne Grund verdrossen, sagte er: „Der Künstler soll mithelfen, erzieherisch auf das Volk einzuwirken. Die Kunst soll auch den unteren Ständen nach harter Mühe und Arbeit die Möglichkeit geben, sich an den Idealen wieder aufzurichten. Wenn die Kunst, wie es heute vielfach geschieht, weiter nichts tut, als das Elend noch scheußlicher hinzustellen, wie es schon ist, dann versündigt sie sich am deutschen Volke. Die Pflege der Ideale ist zugleich die größte Kulturarbeit!"

Es kam aber dann anders, wie das oft in der Kunst geschieht, die ständig etwas Neues will und die das Neue rasch veralten läßt. Jedenfalls fragte sich angesichts der Meinungsäußerung des Kaisers so mancher Nörgler, ob man die Ideale, anstatt sich an ihnen am Feierabend aufzurichten, nicht verwirklichen könnte, unter anderem, indem man mit den Mitteln der Kunst das Elend bekämpft und vielleicht besiegt. Die elende Realität mußte dargestellt werden, wenn sie ihre die Gesellschaft verändernde Kraft entfalten sollte. Inzwischen haben sich die der Kritik bedürftigen Themen erheblich ausgeweitet, aber noch mehr die Vorstellungen darüber, was Kunst sei.

Man könnte sich ja damit zufriedengeben, daß das Grundgesetz in Artikel 5 Absatz 3 die Kunstfreiheit schützt, aber zur Erfüllung dieser Pflicht sollte der Staat eigentlich wissen, was

Kunst ist und nicht ist. Früher wurde, damit etwas als Kunst gelten kann, ein schöpferischer Akt verlangt. In der Kunstszene wird aber auch die Art trouvée, nicht geschaffene, sondern gefundene Gegenstände und Gedanken, als Kunst angesehen. Dort beschränkt sich der Beitrag des Künstlers auf das Auffinden oder/und die Inbesitznahme der Fundsache oder auch auf deren Weihe zu einem Kunstwerk. Bei der „gefundenen Kunst" kann es sich auch um einen Gegenstand des täglichen Gebrauchs handeln, etwa um einen Einkaufskorb oder ein Bügeleisen. Nach neuem Kunstverständnis geht die Kunstwerkseigenschaft nicht verloren, wenn der Gegenstand gelegentlich im Rahmen seines ursprünglich praktischen Zweckes genutzt wird, zum Beispiel mit dem Bügeleisen gebügelt wird.

Manche Künstler sollen sich schon selbst zu einem Kunstwerk erklärt haben. Wenn es so weitergeht, wäre schließlich alles Kunst. Unser Bundesverfassungsgericht, das zum Glück vor nichts zurückschreckt, hat aber schon vor geraumer Zeit den Begriff der Kunst definiert: Das Wesentliche der Kunst sei „die freie schöpferische Gestaltung, in der Eindrücke, Erfahrungen und Erlebnisse des Künstlers durch das Medium einer bestimmten Formensprache zur unmittelbaren Anschauung gebracht werden". Nach deutschem Verfassungsrecht ist, damit Kunst entstehe, eine schöpferische Handlung eines Künstlers nötig. Aber wer ist ein Künstler? Braucht er ein staatliches Diplom? Oder kann er sich selbst zum Künstler ernennen wie Napoleon, der sich selbst die Kaiserkrone auf das Haupt gesetzt hat?

Es ist die Regel, daß Begriffe, in denen komplexe Sachverhalte zusammengefaßt sind, nicht so präzise formuliert werden können wie der Tatbestand des Diebstahls im Strafgesetzbuch. Über Freiheit, Gerechtigkeit, Natur und Mensch läßt sich tagelang philosophieren, ohne zu einem abschließenden Ergebnis zu kommen. Der polnische Aphoristiker Stanislav Lec hat zwar die tröstliche These formuliert: „Ein Kunstwerk begreift selbst der Dummkopf, aber, ach, wie anders."

Das sollte allerdings nicht zum Leichtsinn verführen. Eine Schulklasse wurde einmal bei einem Besuch der Kunsthalle von einem Journalisten gefragt, ob ihnen der Besuch gefallen hätte. Ein Mädchen antwortete: „Ha ja, er ist halt schön, der alte Lumpengruscht." Wer über Kunst urteilen will, braucht zunächst einmal Kenntnisse, unabhängig davon, ob Kunst von Können kommt oder nicht. Diese Kenntnisse erwirbt man nicht mühelos, nicht ohne Arbeit an sich selbst. Aber wer sie einmal hat und die Bereitschaft dazuzulernen nicht verliert, dem öffnen sich Erlebnisräume, die seinem Dasein Form und Inhalt geben können.

Was verstehen wir überhaupt unter Bildung?

*Es wäre absonderlich, wenn nach
den Katastrophen des vergangenen
Jahrhunderts die Ethik zu einem
rein intellektuellen Problem
heruntergestuft würde.*

Die Zukunft hat einen Namen: Bildung. Aber was ist das? Darüber muß man doch reden! Es gibt Bildung des Geistes, des Herzens, des Charakters. Alle Arten von Bildung braucht der Mensch. Vor allem braucht sie der Bürger in einem demokratischen Staat, wenn er sein eigener Souverän sein soll. Ein solcher Bürger sollte, einem inneren sittlichen Bedürfnis folgend, zum Guten streben und nicht nur durch das Gesetz, also durch Druck von außen, auf den rechten Weg gezwungen werden.

Der Philosoph des Mittelalters und Kirchenlehrer Thomas von Aquin meinte, der allmächtige Gott könne das, was nicht wahr sei, nicht wahr machen, so könne er nicht einen Menschen in einen Esel verwandeln. Der neuzeitliche britische Philosoph Bertrand Russel hält in seiner Geschichte der Philosophie dieses Beispiel für unglücklich gewählt, wohl zu Recht. Der Mensch kann sowohl sich selbst wie auch andere zum Esel machen, wenigstens im übertragenen Sinne. Deshalb liegt die Verwandlung eines Menschen in einen Esel nicht außerhalb von Gottes Allmacht, denn was der Mensch kann, kann Gott schon lange. Eher ließe sich behaupten, der Esel sei geschaffen worden, damit der Mensch keiner sei, also zur Abschreckung – ein Gedanke, den Heinrich Heine in seiner „Harzreise" geäußert hat. Aber wir wollen uns hier weder auf Heines Spott noch auf mittelalterliches Argumentieren einlassen. Auf jeden Fall vermag ein Mensch sich aus der geistigen Gemeinsamkeit mit dem Esel dank der ihm verliehenen Gaben zu befreien und mit Hilfe von Eltern, Freunden, Schulen, Medien und eigenen Bemühungen zum Bildungsbürger werden. Bildungsbürger ist eine Persönlichkeit, in der sich Wissen, Können, Willenskraft, Charakterfestigkeit und innere Bindung an das Sittengesetz vereinigen.

Alles zu wissen ist unmöglich, aber etwas wissen sollte man schon deshalb, weil ohne jedes Wissen der Verstand ebenso wenig betriebsbereit ist wie ein Motor ohne Treibstoff. Bildung ist ein vielfach verwendetes, oft mit Vorsilben angereichertes Wort. „Abbildung" deutet am deutlichsten darauf hin, daß das Bild Ursprung des Wortes „bilden" ist oder umgekehrt. Die Vorsilbe „Un" bedeutet immer etwas Unangenehmes, so auch in dem Wort „ungebildet".

Während Ausbildung, Fortbildung, Abbildung positiv bewertet werden, ist Einbildung etwas Negatives. „Einbildung" hat zwei Bedeutungen: erstens etwas für wirklich zu halten, das nicht da ist – zum Beispiel: „Der bildet sich ein, er sei gescheit." Zweitens stolz zu sein auf Eigenschaften, Fähigkeiten oder Besitz, die man zu haben meint. Bildung ist jedoch kein Besitz, sondern ein Prozeß. Ein Gebildeter lernt dazu, ein Eingebildeter nicht, weil er denkt, er wisse, was er brauche. Einbildung kann einen Menschen glücklicher machen als Bildung, denn sie ist ohne gelegentliche Zweifel an den eigenen Vorstellungen nicht möglich, während Einbildung selbstkritische Anwandlungen nicht aufkommen läßt. Einbildung ist leichter zu erlangen und leichter zu ertragen als Bildung. Gebildete wie auch eingebildete Menschen leiden darunter, daß das mögliche Reale ganz anders, nämlich bescheidener ist als das nicht mögliche Ideale. Im politischen Leben strebt der Gebildete nach Verbesserungen im Rahmen des Möglichen. Der Eingebildete hingegen beschimpft die Realität, die sich weigert, seinen Vorstellungen zu entsprechen.

Ein Gebildeter hat Interesse an Neuem. Er braucht den Blick für das Wesentliche, einen Sinn für Zusammenhänge, Ursachen und Wirkungen. Er muß nicht alles wissen, das kann er gar nicht, aber er muß Ordnung im Kopf halten, das heißt: die Ordnung immer neu herzustellen versuchen, wenn sie gestört wird. Und das ist ständig der Fall. Alle paar Jahre verdoppelt sich das Wissen der Menschheit. Auch wenn im menschlichen Gehirn noch große ungenutzte Kapazitäten vorhanden sind, wie uns die Wissenschaft mitteilt, ist es ausgeschlossen, daß der einzelne Mensch in diesem Tempo des Zuwachses mitkommt. Man rechne einmal die Reihe 2 hoch x aus, und man erkennt die Hoffnungslosigkeit eines solchen Unternehmens. Wichtig ist das Vermögen, das benötigte Wissen finden und nutzen zu können. Solches Können muß gelernt und gelehrt werden. Die Vorstellung, das Internet und andere Kommunikationstechniken nähmen dem Menschen auch diese Arbeit ab, ist utopisch. Es erfordert eine beachtliche Grundbildung, um herauszufinden, was man sucht, wo man sucht und was man tut, wenn das Gesuchte gefunden ist, und welche Schlüsse zu ziehen sind, wenn die Suche erfolglos war. Mehr denn je muß der Mensch sein eigenes Denkvermögen aktivieren und der Ablenkung durch die heutige Überflutung mit Informationen zu widerstehen.

Einfälle und Gedanken, die binnen Sekundenbruchteilen das Hirn durcheilen, sollte man notieren, wenn man sie hat. Wer sie erst sucht, wenn er sie braucht, findet meistens nichts. Mit Worten und Zahlen umgehen zu können ist wichtiger als je. Die Neigung, Sachverhalte zu ignorieren, die nur mit Zahlen, nicht mit Worten darzustellen sind, hat zur allgemeinen Verwirrung und zur gegenwärtigen Finanzkrise beigetragen. In unserer Zivilisation gilt es bis jetzt nicht als Bildungsmangel, wenn man von Naturwissenschaften und Technik nichts weiß und nicht rechnen kann. Diese borniert Einstellung ist zum Glück im Abklingen begriffen.

Schwieriger, aber noch wichtiger ist die Vermittlung von Werten und die Ermutigung der Bereitschaft, sich an diese auch dann zu halten, wenn es einem selber unbehaglich wird.

Moral und Ethik lassen sich nicht einpauken wie französische Vokabeln oder das Einmaleins. Für den Intellekt ist schon einiges gewonnen, wenn er angeregt wird, über Ethik nachzudenken, und begreift, daß es eine Hierarchie ethischer Normen gibt: Ein Bankräuber wird nicht dadurch entlastet, daß er fleißig und pünktlich ist, und die ethische Wirksamkeit eines gutartigen Schlampers wäre größer, wenn er fleißig und pünktlich wäre. Der Charakter wird nicht nur vom Intellekt bestimmt, sondern auch vom Willen. Ein Fach „Wertekunde" könnte den Religionsunterricht nicht ersetzen, weil dieser nicht nur informiert, sondern auch motiviert und erzieht. Es wäre absonderlich, wenn nach den moralischen Katastrophen des vergangenen Jahrhunderts die Ethik zu einem rein intellektuellen Problem heruntergestuft würde.

Bildung, Familie und das liebe Geld

Der Weltgeist denkt mit den
Köpfen der Menschen. Wenn die
nichts mehr denken, denkt er auch
nichts.

Um verläßliche Politik wieder möglich zu machen, wird die Berliner Koalition aus CDU, CSU und SPD die Finanzen in Ordnung bringen und manches Wünschenswerte zurückschneiden müssen, auch wenn das schmerzt. Es handelt sich hier nicht um Körperverletzung, sondern um medizinische Maßnahmen, die der Wiederherstellung der Gesundheit dienen. Der Schmerz wäre jedenfalls viel größer, wenn sie unterblieben. Gewiß: Die Jugend ist unsere Zukunft, und wir sind die Zukunft der Jugend. Die Qualität der Bildung ist von Bedeutung für Wettbewerbsfähigkeit und Arbeitsmarkt. Es war und bleibt sinnvoll, auf die Bildung innerhalb der Gesamtpolitik von Bund, Ländern und Kommunen einen Schwerpunkt zu legen. Das schließt eine Familienpolitik ein, welche die Aussichten, daß überhaupt Kinder geboren werden, verbessert.

Aber diese Festlegungen werden durch andere Schwerpunkte relativiert, zum Beispiel durch die Finanzierung von Leistungen der Sozialversicherungen und der Kosten der Arbeitslosigkeit. Für beides wird der Gesamtstaat weit mehr Steuermittel einsetzen müssen, als er früher gedacht hat, selbst dann, wenn er bei den Hochrechnungen von günstigen Annahmen ausgeht und diese Annahmen sich bestätigen.

Die teilweise Rückübertragung von Leistungen der Sozialversicherungen in die Eigenverantwortung, das heißt, daß der Bürger sie selber bezahlen soll, ist notwendig. Die Summe der

Abgaben und zusätzlichen Ausgaben darf aber den Bürger nicht überfordern. Die Rückkehr der Vollbeschäftigung mit einer Entlastung bei Arbeitslosengeld und Sozialhilfe wird, auch wenn sich 2007/2008 ein positiver Trend abzeichnet, gerade wegen der Finanzkrise und dem auch durch sie ausgelösten Rückschlag in der Realwirtschaft auf sich warten lassen. Der Finanzbedarf der übrigen Aufgaben läßt sich auch nicht auf Null zusammenstreichen. Fazit: Wenn die Finanzierung von Bildungspolitik und Familienpolitik auf solidem Boden stehen soll, muß, wie immer, wenn über Geld gesprochen wird, zunächst geprüft werden, ob es da ist oder nicht.

Die mathematische Untermauerung politischer Programme muß auf wirklichkeitsnahen Annahmen beruhen. Frei schwebendes Wunschdenken hat seit jeher die Wirklichkeit eher zu ihrem Nachteil als zu ihrem Vorteil verändert. Das Problem ist verhältnismäßig einfach. Eine Rechenaufgabe aus der Grundschule: Eine Familie mit zehn Personen hat 25 Zentner Kartoffeln. Fünf Zentner verzehrt die Familie selbst, 20 Zentner fressen die 40 Schweine, deren Aufzucht die Familie betreibt. Wie viel Kartoffeln verbleiben der Familie, wenn sie zwei weitere Schweine aufzieht? Ein Schüler kann sich einer konkreten Antwort nicht dadurch entziehen, daß er einen Onkel erfindet, der die Kartoffeln stiftet oder daß er die Kartoffeln einfach für unverzichtbar erklärt.

In der Politik fallen jedoch an der Fragestellung vorbeigehende Lösungsvorschläge gar nicht mehr auf. Es wird nicht gelingen, Eltern so zu stellen, als wären sie fröhliche und freie Junggesellen – es sei denn, die Betreuung der Kinder wird vorwiegend Aufgabe eines Sozialdienstes und der Großeltern. Der Sozialdienst wird ständig weiter ausgebaut. Er kann aber nicht bis zur Vollversorgung und völligen Entlastung der Eltern fortentwickelt werden. Viele Großeltern übernehmen bereits Aufgaben der Eltern. Einige unter ihnen sind aber einer solchen Aufgabe nicht mehr gewachsen. Es gebricht ihnen an der gebotenen Festigkeit. Dadurch kommen auch die Eltern in

Schwierigkeiten, weil der Nachwuchs erst nach den Spätnachrichten ins Bett geht, um entweder nicht einzuschlafen oder, von Albträumen gequält, bald wieder aufzuwachen.

Albträume sind auch Forderungen an Staat und Kommunen, mehr zu tun, als sie leisten können, weil sie das Wohlbefinden stören, ohne etwas zu bringen. Die Entlastung der Eltern soweit auszudehnen, daß allen ein Anspruch auf Erzieherinnen oder Erzieher gewährt wird, die, wenn auch sie Eltern sind, dasselbe beanspruchen können, ist kaum vorstellbar. Dies heißt aber nicht, daß es nicht gefordert würde. Dafür sorgen schon jene Politiker, die es so gut mit den Menschen meinen, daß ihnen die reale Welt nicht ausreicht. Daß Eltern im Vergleich mit Kinderlosen in der Regel finanziell schlechter dastehen, daß die Bildung und Pflege der Kinder anstrengend und zeitraubend ist, daß ein Ausgleich nötig ist, und daß ein grundlegendes öffentliches Interesse an einer guten Entwicklung und Bildung der Jugend besteht, kann nicht bestritten werden. Wenn aber Kinder eher als Last angesehen werden und ihre Geburt als Unfall und weniger als Wert und Lebensziel, dann fehlt der Gesellschaft eine wichtige ethische Grundlage. Eine Gesellschaft, die kein Herz für die Jugend hat, weil für sie nur die Gegenwart zählt, hat keinen Bestand.

Zusätzliches Geld für Bildung und Ausbildung muß auch frei gesetzt werden durch Rationalisierung und Einsparung in den Bildungseinrichtungen. Niemand hier zu Lande möchte den Lehrer oder den Professor durch Computer ersetzen und ein virtuelles Bildungswesen empfehlen. Aber die Kommunikationstechnik kann weitere Lehr- und Lernmittel beitragen, die Abstraktes anschaulich achen und die Aufmerksamkeit aktivieren. Die Fähigkeit, mit dieser Technik zurechtzukommen, ist eine Voraussetzung für den beruflichen Erfolg. Zur Zeit wird uns durch den umfangreichen Stellenabbau in unserer Autoindustrie, in Banken und Versicherungen demonstriert, daß wirtschaftliches Wachstum nicht mehr zwingend zusätzliche Arbeitsplätze hervorbringt, sondern eine drastische Verminderung von Arbeitsplätzen erfordern kann.

Zweck der Bildung ist auch die Sicherung von Berufschancen. Eine Prognose des künftigen Arbeitsmarkts, die sich mit den denkbaren Folgen wachsender Produktivität auseinandersetzt, wäre nützlich, gerade für die Bildungsplanung. Eine Ausbildung ins Blaue hinein, in der Erwartung, der Hegelsche Weltgeist werde schon das Rechte finden, wäre bedenklich. Der Weltgeist denkt mit den Köpfen der Menschen, und wenn die nichts mehr denken, dann denkt er auch nichts.

Der Staat als Kadettenanstalt?

Die Langeweile, die dem Denken
förderlich war, ist fast überall
abgeschafft worden.

Im Unterschied zu den Vögeln und Mäusen, in welche das Wissen, das sie im Leben brauchen, fast ganz einprogrammiert ist, wenn sie aus dem Ei schlüpfen oder geboren werden, kommt der Mensch zwar mit einem ganz ordentlichen Verstand, aber mit wenig moralischen Einsichten und noch geringerem Sachwissen auf die Welt. Gott traut offenbar dem Menschen zu, daß er sich beides aneignen kann und aneignen will. Das sollte uns ermutigen, denn die Möglichkeiten sind bei weitem nicht ausgeschöpft. Die Wahrnehmung der Tatsachen und die Erfahrungen bleiben unermüdliche Lehrmeister. Der Mensch kann sich bis zum Ende seines Lebens selbst bilden und erziehen. In der Kindheit ist er besonders aufnahmefähig. Den größten und in der Regel besten Einfluß auf die Bildung von Wertebewußtsein haben die Eltern oder jene, die an Stelle der Eltern Kinder betreuen. Je klarer deren Wertvorstellungen sind und je deutlicher sie sich in ihrer Lebensweise wiederfinden, desto besser ist die Aussicht, daß sie in der Jugend Wurzeln schlagen.

Das Bild der Welt, das sich heute kleinen Kindern erschließt, ist anders als die mit Weihnachtsmann, Christkind und Engelein ausgestattete Idylle, die ich vor vielen Jahrzehnten als Kleinkind erlebt habe. Als ich fünf Jahre alt war, glaubte ich immer noch an den Weihnachtsmann, bis meine Eltern mir die Wahrheit eröffneten. Da war ich tief enttäuscht. Als Amtschef im Finanzministerium und als Oberbürgermeister ist mir dann der Glaube an den Weihnachtsmann endgültig abhanden gekommen. Sehr früh merkt heute der Nachwuchs, daß hinter der Kapuze meistens ein ihnen bekannter Mensch steckt und der Fernsehapparat nur ein technisches Gerät ist und nicht der Onkel Willibald.

Die Aufnahmebereitschaft für eine religiös fundierte Weihnacht wird wohl wieder wachsen, wie überhaupt das Interesse an den letzten Fragen nach dem woher, warum, wohin? mit der zunehmenden Präsenz der physikalischen Welt dringender werden wird. Die Kinder brauchen heute mehr Zeit, als berufstätige Eltern sie aufbringen können – ein Dilemma, das sich mildern, aber nicht beseitigen läßt. Hilfe bei den Hausaufgaben, Fahrdienste zur Schule, zum Arzt, zum Sport, Pflege und vieles andere sind für Alleinerziehende noch belastender als für Ehepaare. Aber diese Belastung wird die öffentliche Hand allenfalls etwas mildern, nicht aber übernehmen können.

Noch nie hat sich das Umfeld des Menschen so sehr verändert wie in der jüngsten Vergangenheit. Die Welt zeigt sich ihm nicht im Bilde seiner engeren Heimat oder des Vaterlandes, sondern in ihrer wirklichen Ausdehnung und Vielfalt. Das ganze Umfeld erzieht mit, die Familie, die Kollegen, die Geschäftspartner, auch das Fernsehen. Es ist weit besser als sein Ruf. Gewiß, jedermanns Geschmack trifft es nicht, wie wir spätestens seit Marcel Reich-Ranickis spektakulärem Auftritt bei der Verleihung des deutschen Fernsehpreises im Herbst 2008 wissen. Aber es bekennt sich, wie auch der überwiegende Teil der anderen Medien, in seinen eigenen Aussagen fast durchweg zu Menschlichkeit und Toleranz, wendet sich gegen Rassismus und überzogenen Egoismus und steht, jedenfalls in Deutschland, klar auf der Seite des demokratischen Rechtsstaats.

Allerdings kosten Fernsehen, Computer und Handy Zeit, die früher verfügbar war, um im Garten zu arbeiten, Staub zu saugen oder sich zu langweilen. Die Langeweile, die dem Denken förderlich war, ist fast überall abgeschafft worden. Jugendliche von heute müssen weit mehr Einwirkungen von außen verarbeiten und verkraften als frühere Generationen.

Diese Einwirkungen können nicht mit Stellschrauben sorgfältig dosiert, sondern müssen mit Hilfe jener dicken Haut
ertragen werden, welche eine weitere nützliche Gabe des Him-
mels ist. Vorschulen, Schulen und Hochschulen können nicht
allein den Erziehungsauftrag erfüllen und überall dort in die
Bresche springen, wo Eltern ihren Ärger mit Erziehung und
Bildung loshaben und nach der Devise leben wollen: „Der
Klügere gibt nach". Eine solche Verstaatlichung des Erziehungs-
auftrages, etwas polemisch ließe sich sagen, Verwandlung des
Staates in eine große Kadettenanstalt, wäre weder wünschenswert noch möglich, ja nicht einmal denkbar.

Der Lehrer klagt:
Wie soll ich diesem Knaben denn
den Weg zur Tugend zeigen,
wenn ständig mich die Mutter stört,
vom Vater ganz zu schweigen.

Der Staat schätzt die Möglichkeiten, bürgerliche Tugenden für
das allgemeine Wohl so zu aktivieren, daß Vorschriften über-
flüssig sind, realistisch, also skeptisch ein. Er erläßt Gesetze, die
nicht nur empfehlen, sondern befehlen, was als richtig gilt. Die
Beachtung des Rechts ist auch ein Punkt der Moral. Wo immer
einigermaßen klar ist, was ethisch gilt, stellen sich Menschen
ein, die nur vorspiegeln, das Richtige zu denken und zu tun.
Aber ständig die Rolle eines moralischen Menschen zu spielen,
kann weit mehr anstrengen, als moralisch zu sein. Wichtig ist,
daß das Recht hin zum Guten führt. Das freut den Juristen.

Damit der Mensch auf seinem Wege zum Rechten und Richtigen nicht strauchele, wird er zahlreichen Prüfungen unterworfen: Führerschein, Staatsexamen, Genehmigungsverfahren; darunter befindet sich auch die medizinisch-technische Untersuchung (MTU), die neben vielem anderen auch seine
Standfestigkeit gegenüber den Versuchungen des Alkohols ermitteln soll. Mir fällt dazu immer eine Anekdote ein, die auch
bei ihrer Wiederholung einiges für sich hat: Zwei Männer, die
zur Prüfung geladen waren, verabredeten, daß der erste, der von

den Prüfern hereingebeten wird, dem zweiten seine Erfahrungen mitteilt. Der erste kommt froh gestimmt wieder heraus und sagt, es sei ganz leicht gewesen. Er sei gefragt worden, was der Unterschied ist zwischen einem Fisch und einem Kamel. Er habe geantwortet: „Der Fisch schwimmt im Wasser, und das Kamel läuft auf dem Land herum." Der zweite Kandidat kommt, kreidebleich, gleich wieder heraus und sagt: „Ich bin durchgefallen. Die haben mich gefragt, was der Unterschied sei zwischen dem Ochsen und dem Lamm, und da habe ich geantwortet: ‚Der Ochsen schließt am Freitag und das Lamm am Dienstag!'" Wer solche Fehler macht, ist selbst schuld und muß die Folgen tragen.

HISTORISCHE ANMERKUNGEN

Die Bibel und die Moderne

*Es ist ein einmaliger Vorgang, daß
eine Kultur von einer anderen
übernommen und gleichzeitig das
Volk, das sie hervorgebracht hatte,
verfolgt wurde.*

Ich habe seit meinem zehnten Lebensjahr immer wieder das
Bedürfnis gespürt, in der Bibel zu lesen, nicht aus dem Gefühl
heraus, dazu verpflichtet zu sein, sondern aus Interesse und
geistigem Vergnügen. Als Heranwachsender glaubte ich, nichts
zu glauben, bis ich erkannte, daß es so etwas nicht gibt, denn wer
nichts zu glauben meint, glaubt auch etwas, nämlich daß es
nichts gibt. Ihre Meinung beweisen und die entgegengesetzte
Meinung widerlegen können beide nicht, weder der eine noch
der andere, weder wer an eine dem Menschen übergeordnete
Ordnung glaubt, noch wer an eine solche Ordnung nicht glaubt.
Man vergebe mir diese Kurzbeschreibung meines Entwicklungs-
weges, der mich, den Spuren Immanuel Kants folgend, dazu
brachte, an Gott und seine Gebote zu glauben und mich gerade
deshalb in Übereinstimmung mit Logik und Erfahrung zu wissen.
Die Bibel, die Begegnungen mit den historischen Persönlichkeiten, Moses, König David, dessen Portrait die alte Kaiserkrone schmückt, mit den Weisheiten, die heute noch so aktuell
sind wie vor 3000 bis 2000 Jahren, mit den Propheten und mit
Jesus Christus, haben mein Weltbild plausibler und reicher gemacht. Als ich dann auch noch einige Male Israel besuchen
konnte und sah, daß es die Orte, von denen in der Heiligen

Schrift die Rede ist, tatsächlich gibt und Spuren, die in die biblische Vergangenheit weisen, noch sichtbar sind, war ich begeistert – eine Gemütsverfassung, die sich bei mir nicht ohne weiteres einstellt.

Die Bibel zu lesen ist ein Bildungserlebnis und ein geistiges Vergnügen. Mir ist im Laufe der Zeit bewußt geworden, wie viel das Judentum zu der Kultur des Abendlandes beigetragen hat. Es fragt sich, ob der Begriff „Abendland" oder „Europa" nicht nur geographisch, sondern auch von den kulturellen Wirkungen her definiert werden müßte. Es ist jedenfalls ein ungewöhnlicher, ja einmaliger Vorgang, daß eine ganze Kultur samt der Geschichte, den Heilligen und Helden von einer anderen übernommen und gleichzeitig das Volk, das sie hervorgebracht hatte, erbittert und gnadenlos verfolgt wurde.

Im Zusammenhang mit der Bibel gibt es manches Seltsame, zum Beispiel finden wir ein Wort an die Thessalonicher in Artikel 12 der sowjetischen Verfassung wieder, allerdings mit einem kleinen, aber entscheidenden Unterschied. Im Thessalonicherbrief heißt es: „Wer nicht arbeiten *will*, der soll auch nicht essen" (Kap. 3, Vers 10) und in der sowjetischen Verfassung: „Wer nicht arbeitet, der soll auch nicht essen." Nach dem sowjetischen Text kann das Essen allen, die nicht arbeiten, entzogen werden, nach dem Bibeltext nur dem, der nicht arbeiten will.

Wer die Bibel verstehen will, muß sich zur Sorgfalt im Umgang mit dem Wort erziehen. Das Wort aus dem Thessalonicherbrief hat für Hartz IV besondere Bedeutung: Es ist zu hoffen, daß nach der Version der Bibel verfahren wird. Im übrigen sollten sich die Berliner Koalitionspartner über Hartz IV und andere Themen wenn überhaupt auf christliche Weise streiten, damit auf sie nicht das Wort aus der Apostelgeschichte 19,32 zutrifft: „Etliche schrieen dafür, etliche dawider, und die Gemeinde ward irre, und das mehrere Teil wußte nicht, warum sie zusammengekommen waren."

In der Bibel gibt es scheinbare Widersprüche, so in der Frage, wie sich der Christ gegenüber der Politik zu verhalten hat. Einerseits heißt es im Römerbrief 13.1: „Jedermann sei untertan der Obrigkeit, die Gewalt über ihn hat. Denn es ist keine Obrigkeit außer von Gott. Aber wo Obrigkeit ist, die ist von Gott angeordnet". Andererseits lesen wir in der Apostelgeschichte (ApG 5, 29): „Man muß Gott mehr gehorchen als den Menschen." Nach dem Grundgedanken der Bibeltexte setzt aber das Wort aus dem Römerbrief voraus, daß sich auch die Obrigkeit an die göttlichen Gebote hält. Als ich Behördenleiter war, traf das zu. In der politischen Auseinandersetzung ist Jes. 41, 24 beliebt: „Siehe, ihr seid aus nichts und euer Tun ist auch aus nichts und euch zu wählen ist ein Greuel." Wer dieses Zitat anwendet, prüfe aber, ob diese Bibelstelle nicht ihn selbst im Auge hat und er das nicht erkannt hat wegen des Balkens in seinem Auge (Matt 7,3).

Es gibt eine Menge Formulierungen, die aus Spaß oder Unkenntnis der Bibel zugeschrieben werden, so im Zusammenhang mit dem Fußball „Jesus stand im Tor und die Jünger abseits". Das steht nicht in der Bibel – ebensowenig wie das im Zusammenhang mit der Kochkunst gelegentlich angeführte Wort „Josua dämpfte den Auflauf der Amalekiter". Es trifft aber zu, daß die Bibel dem Sport keinen sonderlichen Wert einräumt. Es heißt in Timotheus 4.8: „Denn die leibliche Übung ist wenig nütze; aber die Frömmigkeit ist zu allen Dingen nütze und hat die Verheißung dieses und des zukünftigen Lebens".

Wer jedoch den Text genau liest, entdeckt, daß die Bibel nichts gegen den Sport hat, sofern er nicht an die Stelle des Gebets tritt. Aber welcher fromme Sportsfreund betet nicht, wenn es beim Fußball um Aufstieg oder Abstieg der eigenen Mannschaft geht? Zwar heißt es im Psalm 127,2: „Den Seinen gibt's der Herr im Schlaf." Aber Hegel hat eingewendet: „Was man im Schlaf bekommt, das ist auch danach."

Manches Bibelwort versucht der Mensch mit einer praktischen Ergänzung zu versehen, unter anderem die in Psalm 7,16 ausgesprochene Warnung: „Wer anderen eine Grube gräbt, fällt selbst hinein: „The First Law of Holes" (das erste Gesetz der

Löcher) lautet beispielsweise: „If you are in one stop digging!"
Das heißt in etwa: „Wenn du schon in einem steckst, höre
wenigstens auf zu graben!"

Ich wünsche den Lesern dieses Buches, daß sie in keine
Gruben hineinfallen, weder in von ihnen selbst noch von den
anderen gegrabene, und, wenn ihnen das doch widerfahren
sollte, sie die Grabung wenigstens zu einem Zeitpunkt einstellen, zu dem sie noch aus der Grube herausgelangen.

Bei schwäbischen Poeten wird kräftig gehauen und gestochen

Eine eigene Kriegsgeschichte hatte der Südwesten zwar nicht, aber seine Dichter waren führend bei Kriegs- und Soldatenliedern.

Wenn man von dem mißlungenen Feldzug des Grafen Ulrich V. von Württemberg und seines Kumpanen, des Markgrafen von Baden, 1462 gegen den bösen Fritz im Heidelberger Schloß (Pfalzgraf Friedrich) absieht, lösten kleinere deutsche Länder keinen größeren Krieg aus. Diese waren meistens am Frieden interessiert, was aber nicht ausschließt, daß sie Chancen nutzten, die ihnen die großen Kriege boten. Dies taten auch die Länder Baden und Württemberg, die mit beiden Händen zugriffen, als Napoleon ihnen das Angebot machte, größer zu werden. Ihre Außenpolitik hingegen war bis zur Gründung des Bismarckschen Kaiserreichs vom Vorsichtsprinzip bestimmt, nämlich von der Einsicht, daß der beste Krieg jener sei, der nicht stattfindet. Diese Einsicht wurde gestärkt und vertieft durch den Dreißigjährigen Krieg, der die Bevölkerung beider Kleinstaaten auf weniger als die Hälfte verminderte.

Dennoch mußten sich die beiden Länder als Verbündete der Größeren bereithalten. Dadurch erlangte ihre Außenpolitik eine bemerkenswerte Vielfalt und eine europäische Dimension. Württemberg war zum Beispiel verbündet mit Schweden gegen Österreich, mit Österreich gegen Türken und Franzosen, mit England und Österreich gegen Franzosen und Bayern, mit den Franzosen gegen Österreich, Preußen und Russen (aus einem französischen Soldatenlied: „Les Russes et les Prussiens se couchent sous la Terre"), mit Rußland, Preußen, Österreich und England gegen Frankreich.

Gegeneinander waren Baden und Württemberg meines Wissens nie im Kriegszustand, aber der deutsche Südwesten spielte bei der Herstellung von Kriegs- und Soldatenliedern eine führende Rolle. Meist handelte es sich nicht um zum Kampfe aufreizende Gesänge, sondern um traurige Lieder. Der Text von „Ich hatt einen Kameraden" stammt von Ludwig Uhland, die Musik von Friedrich Silcher. Silcher hat auch die Volksweise „Kein schönerer Tod auf dieser Welt als wie vom Feind erschlagen" mit einer Melodie versehen. Und Wilhelm Hauff verdanken wir: „Morgenrot, Morgenrot, leuchtest mir zum frühen Tod", dessen emotionale Wirkung noch durch das Tremolo „Morgenrohot" vergrößert wurde.

Man muß sich darüber wundern, welche gewalttätigen Gedichte sich unsere schwäbischen Poeten ausgedacht haben. Man blättere nur in einer Sammlung der Gedichte von Uhland, und man wird staunen, wie kräftig dort gehauen und gestochen wird. Aber eine eigene Kriegsgeschichte hatten die Badener und Württemberger nicht.

Im 20. Jahrhundert hat Deutschland zwei Weltkriege verloren, von denen der Zweite dadurch belastet ist, daß die nationalsozialistische Regierung, ihn ausgelöst hat. Die NS-Regierung hat sich eine größere Macht über das Volk zu beschaffen gewußt als je ein anderer Machthaber in Europa. Und sie hat ihre Macht und den Krieg mißbraucht, um Verbrechen zu begehen, die es uns Deutschen unmöglich machen zu bedauern, daß wir unter Hitler den Krieg nicht gewonnen haben. Eine geistige Katastrophe ist einmalig in der Weltgeschichte. Die militärischen Operationen deutscher Truppen im Ersten und Zweiten Weltkrieg zu verschweigen, damit friedliche Gedanken in den Herzen wohnen, ist zwar gut gemeint, aber gefährlich.

Mit etwas Realismus sollte die Geschichtsschreibung geimpft sein, soll sie nicht von Vorurteilen infiziert werden. Mit der Geschichte auf bequemem Wege fertig zu werden, etwa indem die alte Generation zur Tätergeneration erklärt wird und das Ergebnis des Grübelns die Verwunderung darüber ist, daß so schlechte Vorfahren einen so aufrechten und klarsichtigen Nachwuchs zeugen konnten, gelingt nicht. Eine wichtige Lehre ist die Erfahrung, daß, wenn Menschenwürde und Bürgerfreiheit ihren Kurswert verlieren, um die Effizienz zu verbessern, Mißtrauen angezeigt ist.

Die Generation, die das Dritte Reich noch selber erlebt hat, wird die jüngeren Generationen schon aus biologischen Gründen nicht mehr lange belästigen. Eine Diktatur oder einen Krieg überlebt kaum einer ohne Schatten auf der Seele. Ein solcher Schatten kann nicht, wie 1648 im Frieden von Münster und Osnabrück, durch gegenseitige Verzeihung der gegeneinander begangenen Verbrechen zum Erblassen gebracht werden, denn die jüdischen Menschen haben niemand etwas getan.

Wer sich nach dem Zweiten Weltkrieg zum Frieden durch Abschreckung äußerte, was Militärs schon aus beruflichen Gründen ziemlich oft tun mußten, pflegte er dem Wort „Krieg" den Halbsatz anzufügen: „den Gott verhüten möge". Diesen Satz hat Gott offenbar als Gebet akzeptiert, denn der Dritte Weltkrieg fand nicht statt und bleibt uns wohl auch in der Zukunft erspart.

Wir werden die deutsche Militärgeschichte nicht so ohne weiteres losbekommen. Aber Frieden und Zusammenarbeit über frühere Grenzen, Gräben und Fronten hinweg, das sind heute keine Illusionen mehr, sondern von den Völkern und ihren Politikern geschaffene Tatsachen.

Rückblick auf Weimarer Verhältnisse

Politik heißt vorauszublicken,
aber ein gelegentlicher Blick
zurück erleichtert unsere
Orientierung in der Gegenwart.

Die Zukunft der Welt hängt davon ab, daß es gelingt, die Idee der freiheitlichen Demokratie dort, wo sie verwirklicht ist, zu bewahren und dort zu verwirklichen, wo sie nur auf dem Papier steht oder überhaupt nicht existiert. Die demokratische Freiheit erlaubt auch, Falsches zu sagen und zu tun. Ein kluger Mensch macht jedoch von diesem Recht möglichst keinen Gebrauch. Es muß das Richtige zuerst gesucht und gefunden werden, bevor es gesagt werden kann. Jedenfalls sollte Brüderlichkeit nicht auf Gefühle reduziert werden, wie sie Familienangehörige nach heftigen Erbstreitigkeiten füreinander empfinden, weil jeder meint, er hätte zu wenig und die anderen zu viel bekommen. In der Politik lähmen Ansprüche, die sich widersprechen, das Ganze, wenn sie nicht im Kompromißwege aufeinander abgestimmt werden. Deshalb ist Kompromißfähigkeit unverzichtbar, denn es kann schließlich nicht für jedes Interesse eine besondere Partei gegründet werden.

Politik heißt vorausblicken, aber ein gelegentlicher Blick zurück erleichtert unsere Orientierung in der Gegenwart. Fehler oder Mißverständnisse lassen sich nicht immer vermeiden, aber meistens korrigieren, wenn sie zugegeben werden. In einer Demokratie werden die Verhältnisse eher beklagt als gelobt, auch von jenen, welche sich eigentlich ganz wohl fühlen. Nichts rechtfertigt es, die Verhältnisse in der Bundesrepublik in diesem Jahrhundert mit den Zuständen im Weimarer Staat in den dreißiger Jahren des vergangenen Jahrhunderts gleichzusetzen. Mit der Geschichte der Weimarer Republik sollten wir uns dennoch immer mal wieder auseinandersetzen. Das schärft den Blick für das Wesentliche. Einer der Vorwürfe gegen die Weimarer Politik lautete: Nicht genug Effizienz. Der wesentliche Grund für solche Mängel lag allerdings in dem zu großen Spielraum für die Feinde der Demokratie.

Am Anfang der dreißiger Jahre hatten die demokratischen Parteien im Reichstag bereits die Mehrheit an die Parteien verloren, welche die Demokratie ablehnten. Regiert wurde durch sogenannte Präsidialkabinette. Das waren Reichsregierungen, die sich nicht auf eine Mehrheit im Parlament stützen konnten, sondern vom Reichspräsidenten getragen wurden, der von seinem ihm von der Weimarer Reichsverfassung für den Notfall eingeräumten Gesetzgebungsrecht Gebrauch machen konnte. Ein von ihm erlassenes Gesetz konnte der Reichstag aber wieder aufheben. Der Reichspräsident konnte wiederum das Parlament auflösen, was dann Neuwahlen zur Folge hatte. Diese konnten aber Ergebnisse haben, welche die Lage noch verschlimmerten. Hitlers NSDAP, die bei der Reichstagswahl 1928 mit einem Stimmenanteil von 2,6 Prozent noch bedeutungslos erschien, erreichte 1932 mehr als das 14fache, nämlich 37 Prozent.

Die von der SPD tolerierte und vorwiegend von der katholischen Zentrumspartei im Bündnis mit der Bayerischen Volkspartei getragene Regierung des Reichskanzlers Heinrich Brüning tat ihr Bestes, scheiterte aber schließlich an den Verhältnissen. Weltwirtschaftkrise, Arbeitslosigkeit und Zukunftsangst, Reparationen an die Siegermächte des Ersten Weltkrieges, die nicht verkraftete Niederlage, Furcht vor einem kommunistischen Umsturz, aggressiver Nationalismus, eine sich aus Vorurteilen, Intoleranz, Mißgunst und Haß speisende Judenfeindschaft und die haltlose Polemik der Feinde der Demokratie schufen eine Gefühlslage, in der auch die Vernunft keine Mehrheit mehr hatte. Heute stehen alle im Bundestag vertretenen Parteien auf dem

Boden der Verfassung. Das war in der Weimarer Republik ganz anders. Am 31. Juli 1932 gab es nach der Reichstagswahl bei 608 Abgeordneten eine Mehrheit von 368 Abgeordneten, also von mehr als 60 Prozent, die Gegner der Demokratie waren. Sie hatten selbst dann eine Mehrheit von über 52 Prozent (319 Abgeordnete), wenn man nur die rechtsradikale NSDAP (230) und die linksextreme KPD (89) zusammenzählt und den konservativen Deutschnationalen (39), die auch vorübergehend an Regierungen der Weimarer Republik beteiligt waren und dem Reichspräsidenten Paul von Hindenburg, dem ehemaligen Generalfeldmarschall, nahestanden, eine zeitweise gemäßigtere Haltung zubilligt.

Die NSDAP wollte die Demokratie abschaffen und durch einen faschistischen Staat, ein als Führerstaat gestaltetes Großdeutschland ersetzen. „Volksgenosse" sollte nur sein, wer deutschen Blutes war, was für die jüdischen Deutschen verneint wurde. Die Deutschnationale Volkspartei wollte die Erbmonarchie unter den Hohenzollern wieder errichten. Sie war gegen eine Zusammenarbeit mit der SPD und antisemitisch vorbelastet. Die KPD war zwar gegen den Faschismus, sie wollte aber auch die Demokratie abschaffen. Sie hatte wohl keine Chance, sich durchzusetzen, obwohl sie Aufstände im Ruhrgebiet, in Sachsen und Thüringen anzettelte, um die Revolution in Schwung zu bringen. Ein Aufruf Max Hoelzls, dem Leiter der kommunistischen Aufstandsbewegung in Mitteldeutschland 1920/21, drohte sogar damit, sofort eine Stadt anzuzünden und die Bourgeoisie abzuschlachten, wenn sich die Reichswehr nähern sollte. Der Kommunist Wilhelm Pieck, 1949 erster Präsident der DDR, erklärte am 17. Oktober 1930: Die KPD wolle Sowjetdeutschland mit revolutionären Mitteln erreichen. Dabei gehe es um die Unschädlichmachung aller Stützen des kapitalistischen Systems. Fernziel war die Vereinigung Rätedeutschlands mit der Sowjetunion.

In der SPD verblaßte der Klassenkampf nach den Lehren von Karl Marx und Friedrich Engels vom Programm zur Theorie.

Jene Sozialdemokraten, die ihn für eine geschichtliche Notwendigkeit hielten, sahen ihn als Auseinandersetzung mit geistigen Waffen an, ohne gewaltsame Zerstörung der bestehenden Wirtschaftsgrundlagen und bei Fortbestand der Demokratie. Zur Erhaltung der Demokratie war die SPD verbündet mit dem katholischen Zentrum, der Bayerischen Volkspartei und den liberalen Demokraten, zu denen Theodor Heuss und Reinhold Maier gehörten (später auch mit der nationalliberalen Deutschen Volkspartei des langjährigen Reichsaußenministers Gustav Stresemann). Ohne diese Parteien wäre das Fundament der Demokratie nicht gelegt worden und nach Ende der NS-Diktatur nicht tragfähig genug gewesen, um die Demokratie in Deutschland neu zu errichten.

Adenauer, Schmidt und die Jungfrau von Orleans

*Helmut Schmidt über Oskar
Lafontaine: „Kann mir einfach
den Namen nicht merken!"*

Ein kluger Mensch lernt aus Fehlern anderer, intelligente Menschen lernen aus eigenen Fehlern, aber nur unter günstigen Umständen. Unter weniger günstigen Umständen machen sie mehrmals denselben Fehler, weil sie ihn gewöhnt sind, weshalb sie oft nicht nur als dumm, sondern als „riegeldumm" verhöhnt werden. Jeder betagte Politiker könnte der Nachwelt eine Liste von Fehlern hinterlassen, die ihm begegnet oder sogar unterlaufen sind, damit die Zukunft wenigstens nicht schlechter und möglichst besser wird als die Vergangenheit.

In einem demokratischen Staat sollte alle politischen Kräfte das gemeinsame Bekenntnis zur Demokratie verbinden, zu den Grundrechten und, soweit möglich, auch zu den Grundrechenarten. Mehr Einigkeit ist willkommen, wird aber nicht verlangt, das heißt, Einigkeit ist gut und schön, sofern die Meinung, über die Einigkeit besteht, nicht falsch ist. In diesem Fall ist Uneinigkeit besser. Gerade bei an Einmütigkeit heranreichender Übereinstimmung ist die Kritikfähigkeit gelähmt. Es kommen Fehler vor, weil der Instinkt versagt und jeder meint, eine so große Mehrheit könne sich nicht irren. Sie kann.

Ich erinnere mich noch gut an den einmütigen Beschluß von Bundestag und Bundesrat, den Eltern einen Rechtsanspruch auf einen Platz im Regelkindergarten einzuräumen. Adressat dieses Anspruchs waren die Landkreise und Gemeinden, die in ihrer überwiegenden Mehrheit die dazu nötigen Mitarbeiter und Gebäude noch nicht bereitstellen oder finanzieren konnten. Die

Wirkung des Rechtsanspruches war, daß sich viele Kommunen auf die Regelkindergärten konzentrierten, um den Rechtsanspruch erfüllen zu können, und die Mindestausstattung mit Krippen- und Hortplätzen zurückstellten, obwohl dort der Bedarf dringlicher war.

Zügeln wir unsere utopische Sehnsucht nach Übereinstimmung. Uneinigkeit schließt einen fairen Umgang miteinander nicht aus. Die Höflichkeit sollte aber keine selbstmörderische Wirkung haben. In der Schlacht von Azincourt nördlich der Somme (Ende Oktober 1415) zwischen Engländern und Franzosen riefen die französischen Ritter ihren zahlenmäßig unterlegenen Gegnern zu: „Meine Herren Engländer, schießen Sie als erste!" Darauf ging auf die Franzosen, deren Reiterei im Schlamm steckengeblieben war, ein so dichter Hagel von Pfeilen und anderen Geschossen der berühmt-berüchtigten englischen Bogenschützen nieder, daß sie die Schlacht verloren und die Engländer, die einige Zeit später sogar in Paris einzogen, ein anderthalbes Jahrzehnt lang die Stärkeren in Frankreich waren. Erst durch das Auftreten von Jeanne d'Arc, der 17jährigen Jungfrau von Orleans, faßten die Franzosen in ihrem Hundertjährigen Krieg mit England neuen Mut und konnten 1429 die Kriegslage zu ihren Gunsten wenden. Seitdem gilt die (1920 heiliggesprochene) Jungfrau als Retterin und Patronin Frankreichs, wie wir schon durch Schillers Drama wissen.

Politiker sind gut beraten, wenn sie das erreichbare Mitgefühl der Öffentlichkeit für ihre eigenen Leiden nicht überschätzen. Wer sich in der Öffentlichkeit ärgert oder vergrämt ist, zum Beispiel weil er einen Posten nicht bekommen hat, weil Lob ausbleibt oder einem anderen zuteil wird, der es nicht verdient, muß mit Hohn, Spott und Schadenfreude rechnen, wenn er auch noch jammert. Darum rege er sich, wenn überhaupt, dort auf, wo es niemand sieht oder hört. Wenn möglich behaupte er, den Urheber seines Kummers gar nicht zu kennen. Er halte sich an das Vorbild Konrad Adenauers und seines Pressechefs Felix von Eckardt.

Ein Journalist hatte einen kritischen und bösartigen Artikel über den Kanzler geschrieben und wartete auf eine verärgerte Reaktion. Doch der Kanzler reagierte überhaupt nicht, nicht nach einer, nicht nach zwei Wochen. Schließlich fragte der Verfasser den Pressechef, wie sich der Kanzler zu seinem Artikel geäußert habe. Eckardt antwortete: „Leider ist es mir bislang noch nicht gelungen, die Aufmerksamkeit des Bundeskanzlers auf Ihren Artikel zu lenken!"

Wenn Helmut Schmidt über eine jedermann bekannte Person sein Mißfallen zum Ausdruck bringen wollte, tat er gelegentlich so, als fiele ihm dessen Namen nicht ein und befragte das Publikum. So fragte er einmal nach dem Namen des damaligen SPD-Vorsitzenden und kommentierte die Zurufe „Lafontaine!" mit der Behauptung: „Kann mir einfach den Namen nicht merken!"

Nach dem Ersten Weltkrieg wurde aus dem Königreich Württemberg eine Republik mit dem Staatspräsidenten Hieber an der Spitze. Ein Kritiker dieser Entwicklung meinte: „Der Hieber ist schon recht, aber wir sollten halt einen gelernten König haben!" Fraglos erhielten jedenfalls die männlichen Nachkommen der deutschen Fürstenhäuser eine gute Ausbildung. Die Vorstellung, ein König kann alles, weil er das in seiner Jugend gelernt hat, ist noch nachvollziehbar. Zu einem Politiker oder gar Staatsmann wird man jedoch nicht nur durch das Studium der Politologie oder der Rechtswissenschaften. Es gibt keine Laufbahn für Politiker. Aber es gibt hierfür Begabte und Unbegabte. Auf beide muß geachtet werden, auf die Begabten, um sie zu fördern, und auf die Unbegabten, um sie zu verhindern.

Wer ein politisches Amt einnehmen will, sollte ein verläßlicher, robuster und intelligenter Mensch sein, selbstbewußt genug, um anderen sein Vertrauen zu schenken. Er muß sich rechtzeitig, das heißt vor der Entscheidung, ein Bild davon machen können, worauf es ankommt. Er sollte unter keinen Umständen Fähigkeiten, die er nicht hat, vorzuspiegeln versuchen. Ein Wissender kann sich dumm stellen, aber ein Unwissender nicht gescheit. Daß seine Mitarbeiter von ihrem jeweiligen Fach mehr wissen als er, ergibt sich aus der Natur der Sache, der politische Chef sollte diesen Umstand nutzen und keine Hemmungen haben, Auskünfte zu erfragen. Er gewinnt dadurch an Autorität.

Schließlich muß er für den Umgang mit der Macht begabt sein. Zweifel an dieser Begabung bestehen bei solchen in die Politik Verirrten, die ständig glauben, demonstrieren zu müssen, daß sie kraft Amtes gescheit sind. Heute haben die Mitarbeiter mehr Wissen und Macht als ehedem, als es für die Autorität genügte, daß der Chef einer Behörde oder eines Betriebes einen Mitarbeiter anraunzte: „Wenn Sie mich das nächste Mal grüßen, nehmen Sie gefälligst Ihre Zigarre aus dem Mund!" und dessen Einwand, er sei Nichtraucher, mit der Bemerkung zurückwies: „Jetzt lügt er auch noch!"

Im Trüben der Erinnerung nach Gold fischen

*Die Möglichkeiten, aus den
Erfahrungen politischen Nutzen
zu ziehen, vermindern sich in
zunehmendem Alter.*

Angesichts des Übermaßes an Informationen unterschiedlicher
Qualität wäre es schrecklich, wenn man sich alles merken
müßte und könnte. Auf dem beschwerlichen Weg in die Zukunft
sollte möglichst wenig nutzlose Last mitgeschleppt werden,
denn schon der Transport des Nützlichen ist mühsam genug.
Wer Kränkungen nicht bemerkt oder vergißt oder nicht tragisch
nimmt, kommt weiter und trägt seine Last leichter als derjenige,
der Kränkungen geradezu sammelt und sie bei jedem Anlaß
vorwurfsvoll aufzählt. Es gibt schon Ereignisse im Leben, die
man nicht vergißt und auch nicht vergessen sollte. Aber nur
darüber zu grübeln, weshalb Vergangenes nicht zu ändern ist,
führt nicht zu höherer Weisheit und größerer Klugheit. Wer aus
der Vergangenheit nichts lernt, ist selbst schuld. Wer aus ihr
lernen will, muß sich an sie erinnern. Die Möglichkeiten, aus
den eigenen Erfahrungen praktischen Nutzen zu ziehen, vermindern sich zwar mit zunehmendem Alter, aber es ist doch ein
schöner Gedanke, daß man könnte, wenn es noch ginge.

In der griechischen Mythologie wird behauptet, die Verstorbenen müßten, bevor sie Einlaß in die Unterwelt finden, vom
Wasser des Flusses Lethe trinken, was alle Erinnerung auslö-
sche. Wie dies auch sei, ich warne davor, solches Lethe-Wasser
auch auf Erden zu verabreichen. Das Erinnerungsvermögen ist
eine überwiegend nützliche Eigenschaft. Sie soll dem Menschen
helfen, Fehler, die er gemacht hat, nicht mehrmals zu wieder-

holen, wozu sein Eigensinn ihn drängt. Aber das menschliche Aufnahme- und Erinnerungsvermögen ist begrenzt. Überinformation kann deshalb in Desinformation umschlagen. Die Kommunikationstechnik erweitert ständig das Informationsangebot. Es geht weniger darum, daß die Daten nicht vorhanden wären, sondern darum, die gesuchten Daten in der Datenmenge zu finden. Zwar werden die Suchtechniken immer leistungsfähiger, aber die Anforderungen an sie wachsen in gleichem Tempo. So stellt sich auch hier die Frage, inwieweit der Mensch seine Errungenschaften aushält.

Die moderne Welt erzeugt Tag für Tag noch mehr Informationen und posaunt sie in den Erdkreis hinaus. Das ist ziemlich belastend für Besitzer eines guten Gedächtnisses, weil diese sich alles merken wollen bei wachsendem Zweifel daran, ob sie sich auf das verlassen können, was ihnen ihr Gedächtnis mitteilt. Die Zeit, aus der trüben Informationsmenge die Goldkörner herauszuwaschen, haben sie nicht, so daß sie Gefahr laufen, daß der Ballast in ihrem Kopf ständig zunimmt und die Aufnahmekapazität für Nützliches schrumpft. Solche Sorgen hat der Besitzer eines schlechten Gedächtnisses nicht. In dessen Kopf wird ständig etwas frei, so daß Neues Aufnahme finden kann, das er dann allerdings auch vergißt. Als Zeuge geladen, kann er der Vernehmung gelassen entgegensehen. Die Trübung seiner Erinnerung ist echt und nicht nur vorgeschoben. Das erkennen erfahrene Richter.

Mit den Herausforderungen unserer Welt kommt aber nur eine Politik zurecht, die ihr Erinnerungsvermögen pflegt, auch hinsichtlich dessen, was unangenehm ist. Langfristige Trends bestimmen unser Leben. Es rächt sich, wenn sie nicht erkannt oder nicht beachtet werden oder in Vergessenheit geraten. Die Folgen des Trends kündigen sich an. Aber wenn sie erst einmal eingetreten sind, ist es zu spät, um sie abzuwenden. Trends und Folgen zu erkennen ist weniger eine Frage das Erinnerungsvermögens als der Erinnerungsbereitschaft. Langfristige Trends sind beispielsweise 1. die Erwärmung der Erde als Folge des

Treibhauseffekts, 2. der wachsende Energiebedarf, 3. die Notwendigkeit, die Energieproduktion wegen des Treibhauseffekts einzuschränken, 4. die Erschöpfung der Vorräte von Erdöl und Erdgas und die zunehmende Bedeutung regenerativer Energien, 5. die stetig wachsende Kriegsgefahr, 6. die leichtere Verfügbarkeit gefährlicher Waffensysteme, 7. die Entwicklung der Arbeitsmärkte im Zeichen von Computer und Roboter, 8. die Erhöhung des Konfliktrisikos aus wirtschaftlichen, religiösen und kulturellen Ursachen, 9. die zunehmende Veralterung der Gesellschaft in Deutschland.

Die Liste läßt sich fortführen. Eine Politik, die diese Trends nicht beachtet, befindet sich auf dem Weg zum Mißerfolg. Dasselbe trifft zu, wenn Alternativen, Voraussetzungen und Folgen politischer Entscheidungen nicht bedacht werden. Es muß stärker in das Bewußtsein treten, daß es keine Alternative zur Demokratie gibt außer dem Chaos und jede Politik, auch die soziale oder kulturpolitische Reformpolitik, in einem soliden Finanzierungsprogramm verankert sein muß, welches die ganze Finanzwirtschaft und damit die ganze Wahrheit umfaßt. In den großen Fragen entschuldigt Vergeßlichkeit nicht. Wer will, der kann sich erinnern. Der Mangel an Erinnerungsvermögen und -bereitschaft beschädigt die Grundlagen der Politik ebenso wie die der Kultur. Aus der Erinnerung läßt sich Kraft und Mut gewinnen.

Unter den Ursachen für die Freude an Kunstwerken nennt Nietzsche die Meinung, sie zu verstehen, die Erinnerung an das, was in der Vergangenheit angenehm war, und die Erinnerung an das Unangenehme, sofern es überwunden ist. Das läßt sich auch über die Einstellung zur Politik sagen. Mehr noch als in der Kunst kommt es in der Politik auf das an, was tatsächlich geschieht. Viele Projekte erfordern von der Idee bis zur Fertigstellung ein oder mehrere Jahrzehnte. Der Reiz des Neuen verblaßt selbst dann, wenn Dringlichkeit und Nutzen des Projektes größer werden.

Auch in Kultur und Kunst hat die Erinnerung Bedeutung, aber keine so große wie in der Politik. Für Leser, Theaterbesucher, Fernsehbenutzer usw. hat jedenfalls ein schlechtes Gedächtnis den Vorteil, daß ihnen alles neu vorkommt, auch wenn sie es schon mehrere Male gesehen, gehört und erlebt haben. Die Kunst versteht sich lieber als Avantgarde und ungern als Arrieregarde (Nachhut). Diese Rolle muß die Politik manchmal übernehmen. Schriftsteller mit gutem Erinnerungsvermögen neigen zum Grübeln. Das beschädigt die Kreativität. Schriftsteller mit schlechtem Erinnerungsvermögen sind anfällig für den Irrtum, daß alles, was ihnen einfällt, von ihnen stammt. Letztere sind die glücklicheren Menschen, denn Esprit hat, wer sich Pointen merkt und den vergißt, von dem sie sind (von wem diese Formulierung stammt, habe auch ich vergessen).

DEUTSCHLAND UND DIE WELT

Vom Krieg der Gegenwart

In einem Guerillakrieg verringert sich die Überlegenheit des modern ausgebildeten und ausgerüsteten Berufssoldaten.

Prolog. Das Infanterieregiment 124 in Weingarten hatte im Ersten Weltkrieg 2900 Gefallene zu beklagen. Im September 1914 erhielt das Regiment den Befehl, beim Bois de Defuy die französische Stellung zu stürmen. In der Chronik des Regiments heißt es: „Alle Gewehre waren ungeladen, es sollte nur mit der blanken Waffe angegriffen werden."

Ich bin Gott für vieles dankbar, besonders auch dafür, daß wir seit mehr als sechzig Jahren jedenfalls in Mitteleuropa keinen Krieg mehr hatten. In der Regel ist es leichter, einen Krieg zu beginnen, als ihn zu beenden. Was heißt Verteidigung heute? Durch die fortschreitende Waffentechnik wird die Zerstörungswirkung und die Zielgenauigkeit der Waffen immer größer. In einer Schlacht im Stile des Ersten und Zweiten Weltkriegs würden Menge und Qualität des Kriegsmaterials die Entscheidung bringen. Es fragt sich aber, ob das heute noch so ist, wenn Verhältnisse wie in Afghanistan oder im Irak herrschen und der Krieg in einen von einem Teil der Bevölkerung unterstützten Guerillakrieg einmündet. Dann hängt der militärische Kriegsverlauf weitgehend von der Infanterie ab. Die Zahl der Guerillakämpfer ist in der Regel größer als die der Infanteristen, die gegen sie kämpfen, die Bewaffnung und das Nachrichtenwesen etwas schlechter.

Am 11. September 2001 versetzten fanatisierte Selbstmordkommandos den USA als Führungsmacht der westlichen Welt mit Hilfe entführter amerikanischer Verkehrsflugzeuge einen Schlag, der den Lauf der Geschichte verändert hat. Die Terroristen nahmen die Besatzungen und Passagiere der entführten Flugzeuge mit in ihren eigenen Untergang. Kein Staat bekannte sich zu dem Angriff. Hinter den Mordanschlägen steckt ein islamistisches und terroristisches Netzwerk, dessen Ableger bis nach Europa und Amerika reicht. Dieses Netzwerk wird von einigen Staaten, erpreßt oder freiwillig, mit Geld, Waffen, Rekrutierungsmöglichkeiten und Ausbildungsstätten unterstützt. Es gelingt diesem Netzwerk, Selbstmordattentäter zu gewinnen und einzusetzen, obwohl das nach Meinung einer Mehrheit unter den islamischen Theologen mit dem Koran nicht zu vereinbaren ist. Als Gegner betrachten die Terroristen Israel und die USA sowie deren Freunde und Verbündete, zu denen auch Deutschland gehört. Großbritannien und Spanien waren bereits Opfer von Terroranschlägen. Deutschland sind sie angedroht worden.

Das Land, in dem der Terror mit besonderer Inbrunst unterstützt wurde, war Afghanistan. Es wurde von den gewaltsam zur Macht gelangten Taliban regiert, religiöse Fanatiker mit mittelalterlichen Vorstellungen, aber Kämpfer, an denen sich schon die Sowjetarmee die Zähne ausgebissen hatte. Aber die US-Streitkräfte und die Briten, „kamen, sahen und siegten", um Julius Cäsars berühmte Worte zu verwenden. Jedoch kämpfen die Taliban im Untergrund weiter. Die US-Streitkräfte und ihre Verbündeten kamen, sahen und siegten auch im Irak, in zwei Kriegen, aber auch der Sieg über die Truppen Saddam Husseins brachte den Frieden nicht, sondern den Krieg in Zivil, den Guerillakrieg. Dieser richtet sich nicht nur gegen die USA. Es werden auch interne Zwiste der Iraker ausgetragen, die schon Jahrhunderte zurückreichen, so der zwischen Sunniten und Schiiten, Kurden und Nichtkurden.

In einem Guerillakrieg verringert sich die Überlegenheit des modern ausgebildeten und ausgerüsteten Berufssoldaten. Seine Gegner, die Terroristen, tauchen aus der Volksmenge auf und tauchen wieder in der Menge unter, und der Soldat steht da in seiner Uniform und mit seinen modernen Waffen und weiß nicht, wer unter den vielen in einen Burnus Gekleideten Terrorist ist und wer nicht. Der US-Regierung, die ihre Soldaten in den Kampf gegen die Terroristen schickt, ist sehr an Vertrauen und Mitarbeit des irakischen Volkes gelegen. Das Opfer von Selbstmordanschlägen ist fast immer die nicht beteiligte Bevölkerung. Und viele moderne Waffen – Raketensprengköpfe, Fliegerbomben, Artilleriegeschosse – haben eine große Flächenwirkung und können deshalb nur begrenzt eingesetzt werden.

Auf die Dauer ist ein Blutzoll, wie ihn die US-Streitkräfte seit Jahren entrichten, unerträglich. Irgendwann müssen die USA und ihre Verbündeten ihre Truppen aus dem Irak und aus Afghanistan zurückziehen, aber möglichst erst, wenn in beiden Ländern demokratische Politiker fest im Sattel sitzen, die wirtschaftlichen Verhältnisse besser und die Rauschgiftpflanzen, mit deren Hilfe der Terror finanziert wird, auf den Feldern verschwunden sind. Wir müssen die USA unterstützen. Was im Nahen Osten geschieht, hat auch für Europa Bedeutung, nicht nur wegen des Erdöls, sondern auch wegen der Verhältnisse zu den Muslimen, gleich ob sie zu Hause bleiben oder nach Europa einwandern. Die Fragen berühren Deutschland unmittelbar, ob es hinsichtlich Israels und Palästinas endlich zu einer Einigung kommt und ob die demokratischen Institutionen, die seit dem Sieg über die Taliban in Afghanistan und der Entmachtung Saddam Husseins im Irak entstanden sind, erhalten bleiben. Auch Deutschland steht auf der Bühne und sitzt nicht im Zuschauerraum.

Die Bundeswehr am Hindukusch

Es macht uns Deutsche
sympathisch, daß wir uns kleiner
geben, als wir sind.

Auf einer Reise nach China begegnete ich einem hohen Funktionär, der erklärte, China und Deutschland seien stets gut miteinander ausgekommen. Solches hatte ich noch in keinem Land gehört. Ich fragte ihn, ob das nicht etwas mit der großen Entfernung zwischen China und Deutschland zu tun haben könnte und verfiel, nachdem wir uns verabschiedet hatten, in das schwäbische Sinnieren, eine Art Halbschlaf, der die Umgebung zum Verstummen bringt und Raum für eigene Gedanken schafft. Es wurde mir bewußt, daß früher Kriege mit Nachbarstaaten leicht, mit weit entfernten Staaten hingegen schwer zu führen waren. Die Schwierigkeiten konnten so groß sein, daß nicht nur keine Kriege stattfanden, sondern auch fast kein Austausch von Wissen und Können. So wußten die Europäer lange Zeit nicht, daß die Chinesen das Schießpulver erfunden hatten oder, um friedlichere Beispiele zu nennen, die Maultaschen, Spaghetti und Makkaroni.

Kriegerische Konflikte mit China austragen konnte nur ein europäisches Land, das über eine große Hochseeflotte verfügte. Das war in der Mitte des 19. Jahrhunderts allein Großbritannien. So kam es ab 1840 zu den beiden Opiumkriegen mit China. In diesen ging es um die Öffnung des chinesischen Markts für britische Importe, unter anderem für Opium. Heute sollen Produktion und Export von Rauschgift aus Afghanistan verhindert werden. Welche Umkehr der Ziele! Heute ist die Welt dank der Fortschritte in der Kommunikations- und Transporttechnik viel kleiner als früher. Grenzen und Distanzen, die früher unüberwindlich waren, sind heute überwunden. Neue Nachbarschaften sind auch ohne gemeinsame Grenzen möglich; es kommt weniger auf gemeinsame Grenzen als auf gemeinsame Interessen und Werte an. Es geht darum, die Welt insgesamt voranzubringen, vor ökologischem Unheil und Kriegen zu bewahren. Dieser Verantwortung kann sich die Bundesrepublik nicht entziehen, auch nicht durch den Hinweis, daß Deutschland mit Kriegen besonders schlechte Erfahrungen gemacht hat. Es gibt Chancen für alle, wenn es an der gemeinsamen Verantwortung aller für den Frieden in der Welt nicht fehlt. Diese Verantwortung kann überall eingefordert werden, auch am Hindukusch.

Der Terrorismus ist der Versuch, aus der Anonymität heraus durch Drohung und Gewalt Menschen zu nötigen, etwas zu tun, was sie selbst nicht tun wollen, was aber den Wünschen der jeweiligen Terroristen entspricht. Abweichend zu einschlägigen Verbrechern ist der Terrorist nicht mit einer Beute zufrieden, die sich in Geldwert ausdrücken läßt und die er sich angeeignet hat, sondern er will mehr; er will Unterwerfung, bedingungslosen Gehorsam. Der Terrorismus ist extrem gefährlich, weil er weltweit präsent sein will, wenn er das nicht schon ist, weil er über erhebliche Ressourcen und große Nachwuchsreservoire verfügt, weil er Massenmord nicht scheut und weil er die Religion mißbraucht. Er könnte zur ständigen Bedrohung des Weltfriedens werden, und deshalb muß die Welt sich gegen ihn wehren, auch in Afghanistan, wo er eine wichtige Basis hatte und wieder haben will.

Afghanistan war alles andere als ein „endroit de tout repos" (eine Idylle). Die afghanischen Stämme schätzten es im 19. Jahrhundert ebenso wenig, wenn Ausländer sie ohne Einladung besuchten, wie einige Jahrhunderte früher die Schweizer Kantone. Wie damals die Eidgenossen unaufgefordert einmarschierte Heere vernichteten, zerschlugen die Afghanen zwei britisch-indische Armeen. Die Schweizer Kantone besiegten noch mehr Heere unterschiedlicher Herkunft, sie sind aber heute ganz umgänglich.

Afghanistan hingegen wurde in seiner jüngsten Vergangenheit gegen den Willen der Mehrheit seiner Bevölkerung zum Refugium, zum Nachschubdepot, zur Ausbildungsstätte des Terrorismus. Dies geschah unter der Gewaltherrschaft der Taliban, fundamentalistischer Fanatiker, intolerant gegenüber anderen Kulturen, elementare Rechte der Frauen bestreitend, auf dem Weg zurück ins Mittelalter, aber tapfere Krieger mit viel Geld und mit Zugang zu moderner Technik. Gewiß geht es um den geistigen Disput, um politische Ordnungen, aber auch um militärische Aufgaben. Es ist nicht richtig, daß die Weigerung, an militärischen Aufgaben mitzuwirken, moralisch macht. Der Terrorismus führt seinen Angriffskrieg nicht nur gegen die USA, sondern auch gegen Großbritannien, Spanien, Frankreich, Italien und gegen Deutschland. Fortüne und Tüchtigkeit unserer Polizei ist es zu verdanken, daß bislang nicht auch bei uns Menschen durch Sprengstoffattentate umgebracht wurden. Von den vielen Fahnen, die dem Terrorismus voranwehen, sind die gefährlichsten jene, die einen weltumspannenden Religionskrieg führen sollen, den außer ein paar Wahnsinnigen niemand will: nicht die Muslime, nicht die Juden und Christen, nicht die Buddhisten.

Durch ihren Angriff auf die USA vom 11. September 2001 haben die Terroristen einen Krieg mit den bedrohten Staaten ausgelöst. Die USA und ihre Verbündeten schlugen zurück und beseitigten das Regime der Taliban. Einige von diesen scheinen einzulenken, andere wollen wieder an die Macht und mit ihnen der Terrorismus. Afghanistan wird jetzt von demokratischen Politikern regiert. Daß das so bleibt, hoffen wir. Daß das so bleibt, darum bemühen sich die USA und einige weitere Staaten, darunter Deutschland, Afghanistan so zu helfen, daß es sich aus eigener Kraft behaupten kann. Deutschland hat den Schwerpunkt nicht auf die Kampfstärke seiner Soldaten, sondern auf Verbesserungen der öffentlichen Infrastruktur gelegt, aber darüber hinaus fünf Aufklärungsflugzeuge zur Verfügung gestellt, deren Ergebnisse auch militärischen Nutzen haben. Diese Position wurde bislang von der Bundesregierung vertreten und von einer breiten Mehrheit unterstützt. Es macht uns Deutsche gewiß sympathisch, wenn wir uns bescheidener geben, als wir sind, aber so klein, wie wir uns manchmal darstellen, sind wir nicht, wenn wir unsere starke Position in der Weltwirtschaft berücksichtigen. Es wird kaum jemals wieder der Befehl ertönen: „The Germans to the front!" wie das während des Boxeraufstands in China geschehen sein soll. Aber eine Rollenverteilung dahin, daß die einen kämpfen müssen und die anderen Sozialarbeit leisten, ist kaum durchzusetzen und auch nicht wünschenswert. Aus Afghanistan zu verschwinden und die Afghanen, die uns vertrauen, ihrem Schicksal zu überlassen, wäre ein Triumph für den Terrorismus, eine Ermutigung zu weiteren Anschlägen und möglicherweise eine Destabilisierung von Bündnissystemen, die für die Zukunft unserer Welt wichtig sind. Die Bundesregierung operiert in dieser verworrenen Lage geschickt, klug und besonnen.

Amerika und wir

*Hätte sich Alexander der Große so
zögerlich verhalten wie manche
heute, er stünde immer noch
grübelnd vor dem Gordischen
Knoten.*

Der für seinen Witz berühmte und wegen seiner Formulierungskunst gefürchtete Göttinger Professor Lichtenberg schrieb im 18. Jahrhundert, in Deutschland lerne man die Nase früher zu rümpfen als zu putzen. Der kulturelle Fortschritt im Sinne des Kulturbeutels hat diesem Wort seine Schärfe genommen: Man putzt heute seine Zähne, deren weißer Glanz und goldener Hintergrund vom Fortschritt im menschlichen Dasein künden.

Verhältnismäßig viele unter uns halten sich zur Belehrung anderer Menschen und Nationen für befähigt, berufen und verpflichtet und wundern sich darüber, wenn diese verstockt an ihrer falschen Meinung festhalten, nachdem sie selbst so bequem zur richtigen gekommen sind. Sie glauben wirklich an eine solche Berufung, und sie meinen es gut. Aber viel Unheil entsteht trotz guter Absichten. In Europa, speziell in unserem Vaterland sind in den letzten Jahrhunderten einige ziemlich große Fehler gemacht worden. Deshalb ist die Furcht vor weiteren Fehlern da, ebenso wie das Mißtrauen, ob das, was richtig erscheint, nicht vielleicht doch falsch ist. Aber solche Furcht garantiert noch keine Fehlerfreiheit. Allerdings verführt zu große Selbstgewißheit dazu, andere zu unterschätzen. Gewiß hat die Regierung Bush große Fehler gemacht. Wenn sie das, was sie hinterher erfahren hat, von vornherein gewußt hätte, wäre es wahrscheinlich nicht zum Irakkrieg gekommen. Daß die Probleme durch Nichtstun verschwinden, wäre aber auch nicht zu erwarten gewesen. Es lohnt sich jedenfalls, darüber nachzudenken, wie viel Antiamerikanismus wir uns leisten können, ohne selbst Schaden zu nehmen. Auf das, was die USA für Europa getan haben, will ich hier gar nicht eingehen. Aber viele Millionen Amerikaner lebten nach dem Zweiten Weltkrieg in Deutschland. Die meisten von ihnen sind mit einer positiven Meinung über uns in ihre Heimat zurückgekehrt. Wir sollten sie nicht enttäuschen und gelegentlich daran denken, daß man Freundschaften erhält, indem man den Freunden hilft, wenn sie Hilfe brauchen, und sich nicht nur dann an die Freundschaft erinnert, wenn man selber Hilfe benötigt.

Die Verantwortung für die Welt tragen die USA unmittelbar. Im Unterschied zu den europäischen Staaten sind sie eine Weltmacht. Das lenkt und schärft den Blick auf das Ganze und erzwingt die Rückkehr auf den Pfad der Realität, wenn er verlassen wird. Behauptungen, daß führende Politiker in den USA einen engeren Horizont hätten als europäische und asiatische, werden durch ständige Wiederholung nicht richtig. Die Geschichte von dem Gouverneur von Texas, der einen Vorschlag, an den staatlichen Hochschulen eine zweite Sprache mit dem Argument abgelehnt haben soll „as English was the language of Jesus Christ it's also good enough for the kids" ist erfunden und ein Beispiel für die Kunst der amerikanischen Selbstverspottung. Während der Amtszeit Ronald Reagans erschien in einer US-Zeitung eine Karikatur, die in Form einer Weltkarte Reagans Weltbild darstellte. In Afrika stand nur das Wort „jungle" („Dschungel"), Israel war doppelt so groß wie Arabien, und in Europa las man „unreliable Allies" (unzuverlässige Alliierte).

Die Präsidenten der USA, die politische Elite Amerikas, die Diplomaten, Generäle und Admiräle, ob im Pentagon in Washington oder im US-Hauptquartier für Europa in Stuttgart, kennen die Welt, die Probleme und die Zusammenhänge. Die europäischen Staaten konnten in den letzten sechzig Jahren den

USA vertrauen. Es kommt jedoch auch darauf an, inwieweit sie uns vertrauen. Es stellen sich viele Zukunftsaufgaben, bei denen schwer vorstellbar ist, daß sie ohne die oder im Konflikt mit den USA gelöst werden könnten. Dazu gehören neben der Sicherung des Friedens und des ökologischen Lebensraums auch die Ausrichtung der globalen Wirtschaft auf die humanen und sozialen Bedürfnisse der Weltbevölkerung – gerade in einer Finanzkrise, die Erinnerungen an die dreißiger Jahre heraufbeschwört.

Den Terrorismus rasch zum Erlöschen zu bringen gelingt mit Sicherheit nicht, wenn die Verbündeten jetzt aus Afghanistan verschwinden und es der weiteren Entwicklung überlassen, ob die Taliban wiederkehren und Afghanistan wieder als Trainingsgelände für Terrorismus freigeben oder nicht. Der Kampf mit dem Terrorismus ist noch nicht zu Ende, und der Ausgang ist offen. Solche Konflikte werden nicht nur mit Waffen ausgetragen, sondern auch mit moralischen, kulturellen und psychologischen Verhaltensweisen. Der Haß ist in jeder Erscheinungsform eine besonders große Gefahr, nicht nur für jene, gegen die er sich richtet, sondern auch für jene, die ihn empfinden. Deshalb sind Mäßigung, Besonnenheit, Verläßlichkeit, Fairneß und Zusammenhalt das Gebot der Stunde.

Die USA waren und sind letztlich auf sich selbst angewiesen, sie wußten das und sie wissen, daß es immer noch so ist. Sie erwarten aber, daß ihre Verbündeten auch in kritischen Zeiten zu ihnen stehen, gerade dann, wenn etwas mißlingt. Das heißt nicht, daß die Verbündeten überall mitmachen und an jeder militärischen Aktion teilnehmen müßten, welche die USA für nötig erachten. Anders ist es, wenn ein der NATO angehörendes Land angegriffen wird. Im Falle des Krieges im Irak ist es juristisch unklar, ob eine deutsche Beteiligung überhaupt rechtlich zulässig gewesen wäre. Die Rechtsfrage konnte schon deshalb nicht auf die leichte Schulter genommen werden, weil Artikel 26 des Grundgesetzes die Vorbereitung und Führung eines Angriffskrieges für strafbar erklärt und weil es Rechtsmeinungen gibt, die jeden Krieg außer dem Verteidigungskrieg, insbesondere auch den Präventivkrieg, für einen Angriffskrieg ansehen.

Wir haben ein großes Interesse daran, daß unser stärkster Verbündeter, die USA, aus dem Irak mit möglichst wenig weiteren Blessuren herauskommt, und zwar so, daß ein demokratischer, einigermaßen stabiler Irak Herr der Lage bleibt. Auch ein Fortschritt in der Palästinafrage im Sinne einer Anerkennung des Staates Israel und eine Einigung über seine Grenzen ist im Interesse aller Beteiligten überfällig. Die Probleme vor sich hindümpeln zu lassen, löst wachsende Risiken aus. Hätte sich der große Alexander so zögerlich verhalten, er stünde, wenn er nicht gestorben wäre, immer noch grübelnd vor dem Gordischen Knoten.

Israel und Palästina – weiter so?

Wir Europäer können uns im
Nahen Osten nicht darauf
beschränken, mit dem Besenstiel
gegen die Decke zu klopfen.

Als es sich von der Substanz her noch lohnte, besuchte ich jeden Monat ein renommiertes Stuttgarter Friseurgeschäft, das einige Damen aus dem Libanon beschäftigte. Ich war in den fünfziger Jahren im Libanon gewesen und habe an die Menschen, denen ich damals begegnete, die besten Erinnerungen. Dies trifft allerdings nicht auf jene Autofahrer in Beirut zu, die so stolz darauf waren, ein Auto zu besitzen, daß sie bei Tag und vor allem bei Nacht durch ständiges Hupen auf diesen glücklichen Umstand hinwiesen. Die Damen erzählten aus ihrer Jugendzeit in diesem schönen Land. Sie waren bereits in Stuttgart integriert und sprachen ein leicht schwäbisch gefärbtes Deutsch. Nur selten formulierten sie etwas ungewöhnlich. Eine von ihnen fragte mich: „Herr Rommel, Sie haben uns alle gehabt, welche ist die Beste?" Ich schlug ihr eine Formulierung vor, die nicht mißdeutet werden konnte.

Inzwischen detonierten im Libanon Bomben und Raketensprengköpfe der israelischen Luftwaffe, welche der Hisbollah-Miliz galten, die für zahlreiche terroristische Akte gegen Israel verantwortlich ist und die weitere Terroraktionen plant. Von Zeit zu Zeit startet die Hisbollah-Miliz in Richtung auf israelische Städte Flugbomben, die ziel- und wahllos Menschen umbringen sollen. Die israelische Armee erwägt offenbar dann immer, die Miliz durch eine Bodenoffensive zu entwaffnen und auszuschalten. Wird hier mit Kanonen auf Spatzen geschossen? Aber was sonst soll Israel tun? Muß Israel, weil es zur Zeit noch stärker als seine Gegner ist, darauf verzichten, von dieser Stärke Gebrauch machen, den Terrorismus hinnehmen und seine ohnehin zur Selbstüberschätzung neigenden Feinde glauben machen, diese hätten bereits gewonnen? Diese Feinde bestreiten, daß der Staat Israel existiere, während sie die anderen Staaten, die nach dem Ersten Weltkrieg im ehemals türkischen Nahen Osten entstanden sind, rechtlich für gesichert halten. Aus Persien vernimmt man finstere Drohungen. Es geht schon lange nicht nur darum, daß für ein paar Wochen etwas Ruhe einkehrt, sondern es kommt darauf an, daß zwischen Israel und seinen Nachbarn ein verläßlicher Friede zustande kommt. Wir Europäer können uns bei dieser Sachlage nicht darauf beschränken, mit dem Besenstiel gegen die Decke zu klopfen, wenn es etwas laut wird. Die Menschen im Nahen Osten könnten gut zusammenleben, wie das Beispiel der deutschen Großstädte zeigt, wenn man sie nur ließe. Israel mit seinem hohen wissenschaftlichen und technischen Niveau und seinen weltweiten Verbindungen wäre ein großer Standortvorteil für den ganzen Nahen Osten und darüber hinaus. Aber was vernünftig ist, ist noch lange nicht wirklich.

Im Nahen Osten gelte eine andere Logik, hat mir ein weiser israelischer Politiker gesagt und dies durch folgendes Beispiel illustriert: Ein Skorpion will von einem Frosch über einen Fluß transportiert werden. Der Frosch lehnt ab, weil er fürchtet gestochen zu werden, aber der Skorpion erklärte: „Deine Furcht ist unlogisch, denn wenn ich dich steche, muß ich auch sterben." Der Frosch willigt daraufhin ein, den Skorpion über den Fluß zu bringen, die beiden schwimmen los, doch mitten im Fluß sticht der Skorpion zu. Der am Gift des Skorpions sterbende Frosch ruft: „Dein Verhalten ist doch total unlogisch!" Der ertrinkende Skorpion antwortet: „Wir sind im Nahen Osten!"

Die Wirklichkeit sieht so aus, daß sich dieselbe Entwicklung immer wieder in folgenden Phasen wiederholt: Erstens nehmen die Verhandlungen über Israel und Palästina eine günstige Wendung. Um dies zu verhindern, verüben zweitens palästinensischer Extremisten Terroranschläge. Drittens folgen Vergeltungsschläge Israels, worauf viertens die Verhandlungen scheitern. Danach gibt es fünftens neue Verhandlungen, die zunächst eine günstige Wendung nehmen. Sechstens: neuer Terroranschlag. Siebtens: Fortsetzung wie gehabt. Wie lange soll das so weitergehen? Zehn Jahre? Fünfzig Jahre? Hundert Jahre? Die weitere Verschiebung der Entscheidung, ob Frieden und Zusammenarbeit herrschen soll oder Krieg und Chaos, verhindert eine mögliche Lösung. Wir Europäer, geographisch verhältnismäßig weit entfernt vom Schauplatz des Geschehens, sind versucht, das Problem loszubekommen, indem wir aufhören, darüber nachzudenken. Aber die Wirklichkeit holt uns ein. Solange kein Frieden in Israel und Palästina herrscht, so lange besteht Gefahr für den Weltfrieden. Die Spirale der gegenseitigen Verletzungen erhöht die Wahrscheinlichkeit, daß irgendwann Atomwaffen eingesetzt werden, wenn deren Besitz und Herstellung praktisch freigegeben und nur noch die innere Angelegenheit von Staaten wäre und wenn es deshalb auch dem Terrorismus leicht fiele, sich solcher Waffen zu bedienen. Dann wäre das mühsam herangewachsene Urvertrauen der Menschheit, daß sie von ihrer Fähigkeit zur Selbstvernichtung keinen Gebrauch machen werde, zerstört. Der Glaube an und die Hoffnung auf eine friedliche Zukunft der Menschheit wären beschädigt, wenn nicht zerstört.

Es liegt im Interesse Europas und der Welt, daß es endlich im Nahen Osten zu einer tragfähigen Lösung kommt und daß nicht immer wieder bereits greifbar erscheinende Lösungen von einer terroristischen Minderheit wie Kartenhäuser umgeworfen werden können. Kernstück einer Lösung ist, daß die Existenz und das Lebensrecht des Staates Israel anerkannt werden, der Terrorismus aufhört und sich alle Beteiligten der wesentlichen Aufgabe zuwenden können, nämlich zusammenzuarbeiten, um die Lebensverhältnisse der Menschen zu verbessern, gleich ob es sich um Muslime, Juden oder Christen handelt.

Europa der Zukunft, Europa der Alten

Die Sorge für alte Menschen ist
kein biologisch einprogrammierter
Trieb, sondern eine moralische
Verpflichtung, die Tiere nicht
kennen.

Es gibt keine „richtige Politik", worauf in der Weimarer Zeit schon Kurt Tucholsky in seinen Anmerkungen zum kommunistischen Dogmatismus hingewiesen hat. Die Zukunft läßt sich nicht detailliert und exakt vorausberechnen. Aber wir können von ihr sehr viel mehr wissen, wenn wir das wollen, und uns nicht, wie zunächst bei den Bevölkerungsprognosen, dagegen sträuben, die Folgerungen aus Zahlen und Fakten zu ziehen. Die Zukunftsorientierung sollte der Kerngedanke der europäischen Politik sein. Die Notwendigkeit eines Zusammenschlusses der europäischen Staaten ergibt sich nicht nur als späte Konsequenz aus den Katastrophen in der europäischen Geschichte (Krieg, Diktatur, Rassenhaß, Intoleranz), sondern vor allem aus den Anforderungen der Zukunft, aus Trends, Risiken, Chancen und Notwendigkeiten.

Die Gefahr von Kriegen zwischen Staaten der Europäischen Union ist so gering, daß man sie vernachlässigen kann. Heute bereitet in Europa weniger der frühe Tod im Krieg Probleme als das lange Leben im Frieden. Das ist immerhin ein großer Fortschritt. Der Durchschnittseuropäer, auch der Durchschnittsdeutsche, wird viel älter. Deshalb wird der Zeitraum, in dem er nicht mehr arbeitet, kein Arbeitseinkommen mehr hat und doch Geld braucht, immer länger. Die Verlängerung der Lebensarbeitszeit stößt an Grenzen, schon deshalb, weil es angesichts von Rationalisierung und Automatisierung fraglich ist, ob genügend auskömmliche Arbeitsplätze bereitstehen. Wir müssen davon ausgehen, daß die Anforderungen an das soziale Netz größer werden. Weil die Menschen länger leben, erhöhen sich die Kosten für Rente, medizinische Behandlung und Pflege. Das Verhältnis von Beitragszahlern und Leistungsbeziehern wird ungünstiger, und die Kinderzahl geht zurück. Der Rückgang der Bevölkerungszahl und der steigende Anteil alter Menschen, möglicherweise verbunden mit hoher Arbeitslosigkeit, ist eines der dringlichsten und gewichtigsten Probleme in Europa.

Wenige alte Menschen konnten und können eine eigene, von öffentlichen Mitteln unabhängige Altersversorgung aufbauen oder von dem eigenen Vermögen leben. Lebensunterhalt, medizinische Behandlung und Pflege müssen deshalb teilweise, wie auch das soziale Netz, mit Steuermitteln finanziert werden. Die Finanzierung der einzelnen Aufgabengebiete steht nicht im Verhältnis der Harmonie, sondern der Konkurrenz. Was der eine zu viel bekommt, bekommen die anderen zu wenig. Die Aufgabe der Politik ist die eines Gärtners, nämlich die Pflege des Ganzen. Die Abnahme der europäischen Bevölkerung wird teilweise durch Zuwanderung aus anderen Kontinenten gemildert werden. Darauf muß Europa vorbereitet sein. Es hat auf seinen jüdisch-christlichen Grundlagen wesentlich dazu beigetragen, daß Menschenwürde und Menschenrechte heute von immer mehr Menschen als politische Leitlinien angesehen werden. Diese Orientierung muß auch die Zukunft bestimmen.

In fast allen Formen menschlicher Gesellschaft sorgt die junge und mittlere Generation für die alte, in der Erwartung, daß auch sie, wenn alt geworden, mit solcher Fürsorge wird rechnen können. Die Sorge für die alten Menschen ist kein biologisch einprogrammierter Trieb, sondern ein moralisches Bedürfnis, eine moralische Verpflichtung. Es gibt keine Tiergattung, welche die Alten pflegt. Fast jede gehobene Tiergattung sorgt für ihren Nachwuchs. Es kommt zwar vor, daß ein Elternteil den eigenen Nachwuchs frißt oder daß der männliche Elternteil, nachdem er seinen bescheidenen Beitrag zur Fortpflanzung geleistet hat, vom weiblichen umgebracht wird. Es kommt jedoch nicht vor, daß eine Tiergattung von ihrem Nachwuchs irgendwelche Leistungen zu erwarten hat. In der menschlichen Gesellschaft sind solche Leistungen selbstverständlich, nicht mehr im Rahmen der einzelnen Familien, aber auf der Ebene des Sozialstaates.

Beiträge zur Sozialversicherung wurden und werden in den meisten europäischen Staaten nicht nach dem Muster amerikanischer Pensionsfonds finanziert, indem durch Beiträge ein Kapital aufgebaut wird, aus dessen Substanz und Zinsaufkommen durch das Management die Versicherungsleistung erbracht wird. In Deutschland werden nach dem Generationenvertrag aus dem Beitragsaufkommen der Aktiven unmittelbar die Leistungen an die Berechtigten in der Erwartung finanziert, daß später auch die Renten der heutigen Beitragszahler so finanziert werden. Solange das Verhältnis der Summe der Rentner zur Summe der Beitragszahler ausgewogen ist, funktioniert das einigermaßen. Ändert sich aber das Verhältnis im Sinne von mehr Rentnern und weniger Beitragszahlern, müssen entweder die Beiträge der im Berufsleben stehenden Generation erhöht werden oder die Renten können nicht so steigen wie erhofft oder die Zuschüsse aus allgemeinen Haushaltsmitteln müssen heraufgesetzt werden, was wiederum durch Kürzung anderer Ausgaben oder durch Erhöhung von Steuern oder durch beides zu finanzieren wäre.

Dieses Dilemma berührt alle europäischen Staaten. Auf den gemeinsamen Mut zum richtigen Rechnen kommt es an. Die innere Einstellung muß stimmen. Ein Herr, dessen Uhr nicht mehr geht, begibt sich zu einem Schweizer Uhrmacher. Dieser sieht sich die Uhr an, schüttelt sie, horcht an ihr und erklärt: „Das ist kompliziert, das ist inwendig!"

Der Fragebogen der „DAMALS"-Redaktion

1. **Mit welcher Gestalt der Geschichte würden Sie gern einen Abend am Kamin verbringen?**
Entweder mit meinem Vater oder mit Papst Urban VIII.

2. **Was würden Sie dabei am liebsten erfahren?**
Mit meinem Vater würde ich über die Pläne zur Auflehnung gegen Hitler 1944 sprechen, mit dem Papst über Gallilei, die spezielle und allgemeine Relativitätstheorie und die Welterkenntnis moderner Physik.

3. **Bei welchem Ereignis der Geschichte wären Sie gern dabeigewesen?**
Bei der Schlacht von Waterloo, in der Stellung Wellingtons, aber möglichst etwas weiter hinten.

4. **Welcher Gestalt der Geschichte hätten Sie mehr Erfolg gewünscht?**
Reichskanzler Brüning.

5. **Und welcher ein früheres Scheitern?**
Adolf Hitler, eine Feststellung, die nicht sonderlich originell ist, aber unvermeidlich

6. **Ihr Lieblingshistoriker?**
Leopold von Ranke.

7. **Wo und wann, wenn nicht hier und heute, hätten Sie lieber gelebt?**
Wenn ich an die heutigen und an die früheren Methoden der Zahnbehandlung denke, will in mir der Wunsch nach einem

früheren Leben nicht aufkommen. Der Umstand, daß dieses Leben auch an einem anderen Ort stattfinden könnte, bietet hierfür keinen Ausgleich.

8. **Ihr Lieblingsfach in der Schule?**
Deutsch.

9. **Was hätte niemals passieren dürfen?**
Die Verspeisung des Apfels vom Baum der Erkenntnis durch Adam und Eva. Oder: Die Erfindung des Schießpulvers.

10. **Welches historische Werk würden Sie gern lesen?**
Die umfangreiche Literatur über die Weimarer Republik. Es ließe sich wohl etwas lernen, was für die Zukunft nützt.

Der Fragebogen erschien in einem „DAMALS-spezial" im Dezember 1996 zum Ende der Amtszeit von Manfred Rommel als Oberbürgermeister von Stuttgart

Ulrich Frank-Planitz

Mit Manfred Rommel im Berner Oberland

Vor zwei Jahrzehnten wäre Stuttgarts OB in der Schweiz beinahe vom Blitz erschlagen worden

Patensohn Christian sollte auch im Hochgebirge etwas geboten werden. Nachdem der Plan verworfen worden war, mit dem Achtjährigen und seinen Eltern über Stege und Galerien zwischen beidseitig senkrecht aufsteigenden Bergwänden in die wildromantische Schlucht des Unteren Grindelwaldgletschers vorzudringen, schlug Manfred Rommel seinen Freunden aus Stuttgart für den anderen Tag eine Wanderung auf einem Höhenweg vor, bei der man eine prächtige Sicht auf die Bergriesen Eiger, Mettenberg und Wetterhorn genießen könne.

Der Gastgeber und seine Frau Lilo verbrachten seit vielen Jahren ihre Ferien teils im Wallis, wo sie Zermatt am Fuße des Matterhorns bevorzugten, teils im Berner Oberland, wo sie das mehr als tausend Meter hoch gelegene Grindelwald favorisierten. Von diesem Luftkurort hieß es schon in Baedekers Schweizer Reisehandbuch von 1907, er sei nicht nur „ein vorzügliches Standquartier für Bergsteiger", sondern „wegen seiner geschützten, sonnigen und nebelfreien Lage und seines gemäßigten Klimas" ein guter Stützpunkt für Bergwanderer.

Ursprünglich verbrachten die Rommels die Sommerferien wie viele ihrer Landsleute an südfranzösischen oder norditalienischen Stränden. Zur Provence und zur Côte d'Azur hatte Lilo Rommel sowohl eine berufliche als auch eine familiäre Beziehung: Die Tochter eines Schwaben aus Neu-Ulm und einer Griechin aus Istanbul studierte in Tübingen Romanistik, unterrichtete Französisch an einem Stuttgarter Gymnasium, und ihre Schwester heiratete einen Franzosen. Auf einer Rückreise von der italienischen Riviera entdeckten Lilo und Manfred den Reiz der Schweizer Bergwelt, die sich als Urlaubsdomizil nach der Wahl des Ehemannes zum Stuttgarter Oberbürgermeister auch deshalb anbot, weil ein pflichtbewußter Spitzenpolitiker seine Ferien selten lange voraus planen kann und notfalls unterbrechen können muß. Da helvetische Hotels auf Reisewillige, die nicht lange vorher buchen möchten, eingestellt und von Stuttgart aus leicht erreichbar sind, fiel die Wahl schließlich auf Grindelwald und Zermatt.

Im Berner Oberland und im Wallis stießen Manfred und Lilo Rommel zum Kreis unermüdlicher Bergwanderer. Wandern und Sonnen hatte schon Jean-Jacques Rousseau Mitte des 18. Jahrhunderts empfohlen, weil er in den „Luftbädern in der reinen und so wohltätig wirkenden Gebirgsluft eines der vorzüglichsten Heilmittel gegen körperliche wie geistige Leiden" erkannt zu haben glaubte – anders als eine nur wenige Jahre zuvor in Rostock erschienene Studie, die der „Schweizerluft" nachsagte, sie verdumme wegen ihrer „ungesunden und groben Art" die Gemüter der Gebirgsbewohner.

Manfred Rommel folgte, bis ihn ein Bandscheibenleiden zur Vorsicht zwang, in dieser Hinsicht dem grünen Urvater Rousseau. Er wußte aber, daß seine Besucher im Sommer 1986 eher „Flachlandtiroler" waren, die die Gebirgswelt lieber von den Ufern des Lago Maggiore aus betrachteten als sie, abgesehen von gelegentlichen Spaziergängen und Skifahrten im Wallis, auf Schusters Rappen zu erkunden. Deshalb beschloß er, den ausgewählten Höhenweg zunächst mit dem Bus und nicht vom Talboden aus per Fuß zu erreichen. Und für den Abstieg stellte er einen bequemen Sessellift in Aussicht, was die Stimmung seiner bergunerfahrenen Gäste sichtlich hob.

Sie hatten die Strapazen der Wanderung – meist oberhalb der Baumgrenze – dennoch unterschätzt. Denn die Strecke folgte den sonnigen Hängen mit ihren Auf- und Abstiegen, was an diesem heißen Augusttag an alle durchaus sportliche Anforderungen stellte. Genüßlich zählte Manfred Rommel nach der Rast in einer Almhütte nicht weniger als siebzehn Zitronenlimonade- und Mineralwasserflaschen, bevor die fünfköpfige Schar zur Station der Sesselbahn aufbrach!

Wenige Minuten später kündigte sich ein Witterungsumschwung an. Die Berge färbten sich dunkelblau und hoben sich nun scharf vom Horizont ab, Federwolken zogen heran, in der Ferne wurde Staub aufgewirbelt, und der Wind wehte bergan. Schließlich blitze und donnerte es.

Kaum saßen Christians Patenonkel und seine Mutter im ersten Sessel, Lilo Rommel und Christian selbst im zweiten und Christians Vater im dritten, als es zu regnen begann und die Gewitterfront bedrohlicher wurde. Niemand außer den fünf Wanderern aus Stuttgart benutzte mehr die Bergbahn, deren Rückenplanen nichts gegen die peitschenden Tropfen ausrichten konnten, die bald auch von vorn kamen. Während es immer lauter donnerte und die Blitze immer schneller zuckten, blieben die Lifte plötzlich stehen – schon in Sichtweite der Talstation, aber unmittelbar über einer tiefen Schlucht, die die Bahn an dieser Stelle in zwanzig oder vielleicht sogar in dreißig Metern Höhe überquerte.

In den ersten paar Minuten glaubte jeder der Liftbenutzer, daß es gleich weitergehen würde. Aber weder nach fünf noch nach zehn Minuten geschah das. Dagegen ging der starke Regen in einen leichten Wolkenbruch über. Der Himmel sah schwefelgelb aus. Blitze fuhren hernieder, und das Donnergrollen brach sich in den Felswänden. Auch in die Schlucht schlug es nun ein. Wann würden die Blitze von den stählernen Liften angezogen, die mit den Insassen als Ziel frei im Wind hin und her schaukelten?

War eine Viertelstunde oder mehr vergangen, als sich die Sesselbahn endlich wieder in Bewegung setzte? „In die Bergstation hat der Blitz eingeschlagen", sagte der Liftführer in der Talstation ebenso bedächtig wie teilnahmsvoll, „und das Notaggregat sprang nicht gleich an. Tut mir leid, Herr Rommel, aber nach einer weiteren Viertelstunde hätten wir die Feuerwehr geholt!" Nach dem überstandenen Schreck witzelte der Grindelwalder Stammgast beim Abendessen: „Das wäre eine originelle Schlagzeile gewesen: ‚Stuttgarts Oberbürgermeister in der Schweiz vom Blitz erschlagen! Feuerwehr kam zu spät‘.“

Bibliographie
Die Werke von Manfred Rommel

Abschied vom Schlaraffenland
Gedanken über Politik und Kultur
Deutsche Verlags-Anstalt, Stuttgart 1981
8. Aufl. 1987 – Taschenbuchausgabe:
Ullstein, Frankfurt am Main/Berlin/Wien 1984

Wir verwirrten Deutschen
Betrachtungen am Rande der großen Politik
Deutsche Verlags-Anstalt, Stuttgart 1986
3. Aufl. 1987 – Taschenbuchausgabe:
Ullstein, Frankfurt am Main/Berlin 1989

Manfred Rommels gesammelte Sprüche
Hrsg. von Ulrich Frank-Planitz
Mit 13 Karikaturen und einer Umschlagzeichnung
von Friederike Groß
Engelhorn Bücherei, Stuttgart 1988
(ab 2001 Deutsche Verlags-Anstalt)
30. Aufl. 2007 – Großdruckausgabe:
Engelhorn Bücherei, Stuttgart 1995

Manfred Rommels gesammelte Gedichte
Hrsg. von Ulrich Frank-Planitz
Mit 14 Karikaturen von Manfred Rommel und
einer Umschlagzeichnung von Friederike Groß
Engelhorn Bücherei, Stuttgart 1993
(ab 2001 Deutsche Verlags-Anstalt)
15. Aufl. 2005

Die Grenzen des Möglichen
Ansichten und Einsichten
Deutsche Verlags-Anstalt, Stuttgart 1995
2. Aufl. 2000

Manfred Rommels politisches Lexikon
Hrsg. von Ulrich Frank-Planitz
Mit 9 Karikaturen und einer Umschlagzeichnung
von Friederike Groß
Engelhorn Bücherei, Stuttgart 1996
(ab 2001 Deutsche Verlags-Anstalt)
3. Aufl. 2005

Mit Rommel durchs Jahr
Ein Kalender für 1997
444 Blätter mit 53 Karikaturen von Friederike Groß
und Manfred Rommel sowie einer Deckblattzeichnung
von Friederike Groß
Engelhorn Verlag, Stuttgart 1996

Manfred Rommels gesammelte Witze
Hrsg. von Ulrich Frank-Planitz
Mit 15 Karikaturen von Manfred Rommel und
einer Umschlagzeichnung von Friederike Groß
Engelhorn Bücherei, Stuttgart 1997
(ab 2001 Deutsche Verlags-Anstalt)
13. Aufl. 2007

Trotz allem heiter
Erinnerungen
Deutsche Verlags-Anstalt, Stuttgart/München 1998
11. Aufl. 2003 – Hörbuchausgabe: Deutsche Verlags-Anstalt,
Stuttgart/München 1999 – Taschenbuchausgabe: Econ,
München 2001 (ab 2003 Ullstein/Heyne/List, Berlin/München)

Neue Sprüche und Gedichte
Hrsg. von Ulrich Frank-Planitz
Mit 22 Karikaturen von Friederike Groß und Manfred Rommel
sowie einer Umschlagzeichnung von Friederike Groß
Hohenheim Verlag, Stuttgart/Leipzig 2000
7. Aufl. 2007

Holzwege zur Wirklichkeit
Meine derzeitige Weltsicht
Hohenheim Verlag, Stuttgart/Leipzig 2001
2. Aufl. 2001 – Taschenbuchausgabe:
Ullstein/Heyne/List, Berlin/München 2003

Soll und Haben
Eine vorwiegend vergnügliche Bilanz
Mit 12 Karikaturen von Friederike Groß, Fritz Meinhard
und Manfred Rommel
Deutsche Verlags-Anstalt, Stuttgart/München 2001
2. Aufl. 2002 – Taschenbuchausgabe:
Ullstein/Heyne/List, Berlin/München 2003

Ratschläge und fromme Wünsche
Sprüche, Gedichte und ein Bühnenstück
Mit einer Umschlagzeichnung von Friederike Groß
Hohenheim Verlag, Stuttgart/Leipzig 2002

Das Land und die Welt
Streifzüge durch Politik, Wirtschaft und Kultur
Hohenheim Verlag, Stuttgart/Leipzig 2003
2. Aufl. 2003

Ganz neue Sprüche & Gedichte und andere Einfälle
Mit einer Umschlagzeichnung von Friederike Groß
Hohenheim Verlag, Stuttgart/Leipzig 2004
3. Aufl. 2006

Vom Schlaraffenland ins Jammertal?
Wir machen uns schlechter als wir sind
Hohenheim Verlag, Stuttgart/Leipzig 2006 –
Taschenbuchausgabe: Deutscher Taschenbuch Verlag,
München 2007

Gedichte und Parodien
Mit einer Umschlagzeichnung von Friederike Groß
Hohenheim Verlag, Stuttgart/Leipzig 2006

Manfred Rommels Schwäbisches Allerlei
Eine bunte Sammlung pfiffiger Sprüche, witziger Gedichte
und zumeist amüsanter Geschichten
Hohenheim Verlag, Stuttgart/Leipzig 2008

Editorische Notiz

„Wer beim Lesen dieses Buches an meine Beiträge in der Stuttgarter Zeitung und in anderen Zeitungen erinnert wird", hat Manfred Rommel 2006 in seinen Vorbemerkungen zu seinem Titel „Vom Schlaraffenland ins Jammertal?" geschrieben, „täuscht sich nicht. Ich könnte zwar jede Veröffentlichung mit einer anderen Meinung ausstatten, habe aber nach reiflicher Überlegung davon Abstand genommen."

Das gilt auch für dieses Buch – mit Ausnahme eines Beitrages über „Die Bibel und die Moderne", der in voller Länge als Geleitwort zu dem Buch „Wer suchet, der findet" (Belser Verlag, Stuttgart 2006) erschienen ist, hier aber gekürzt wurde.

Der Beitrag „Über Manfred Rommel" ist die schriftliche Fassung einer frei gesprochenen Laudatio, die Bundespräsident a. D. Richard von Weizsäcker bei der Verleihung des Hans-Peter-Stihl-Preises des Forums Region Stuttgart an Manfred Rommel am 23. September 2008 gehalten hat.

Die Beiträge von Professor Eberhard Jäckel und Ulrich Frank-Planitz sowie der „DAMALS"-Fragebogen sind dem „DAMALS spezial" vom Dezember 1996 entnommen, das zum Ende der Amtszeit von Manfred Rommel als Oberbürgermeister von Stuttgart in der Deutschen Verlags-Anstalt erschienen ist. Die beiden Beiträge und der Fragebogen lagen bisher nicht in Buchform vor.

Stuttgart, im November 2008   UFP